Unsere Region Hildesheim

Heimat mit Weltkulturerbe

Thomas Dahms, Paloma Klages

ISBN 978-3-86037-570-9

1. Auflage

Lüchower Straße 13a, 29459 Clenze
Telefon (0 58 44) 971 16-10, Telefax (0 58 44) 971 16-39
mail@limosa.de, www.limosa.de

Redaktion:
Dr. Thomas Dahms, Paloma Klages

Satz und Layout:
Lena Hermann, Zdenko Baticeli

Korrektorat:
Ulrike Kauber

Unter Mitarbeit von:
Karin Monneweg

Medienberatung:
Dr. Thomas Dahms

Gedruckt in Deutschland

Thomas Dahms, Paloma Klages

Unsere Region

Hildesheim

Heimat mit Weltkulturerbe

Blick von Westen über Hildesheim

Inhalt

Geschichte aus 1200 Jahren

Städte und Gemeinden

Blick vom Hohnsen-See auf Hildesheim

Mit Bildung in die Zukunft

WIRtschaft von HIer

Freizeit & Kultur

Kanufahren auf der Leine bei Freden

Juwelen im Landkreis

Partner der Bürger

Bei den Beiträgen mit **grünen** Überschriften handelt es sich um (Selbst-)Darstellungen der Protagonisten dieses Buches. Die mit **türkisfarbenen** Überschriften versehenen Beiträge sind redaktionelle Darstellungen zu verschiedenen Themen der Region Hildesheim.

Grußwort des Niedersächsischen Ministerpräsidenten Stephan Weil

Liebe Leserinnen und Leser,

mit der Gründung des Bistums Hildesheim im Jahre 815 wurde der Grundstein der Hildesheimer Stadtgeschichte und der Geschichte der gesamten Region gelegt. Es ist wahrhaftig ein Grund zum Feiern, wenn ein Gemeinwesen seine Wurzeln über 1200 Jahre zurückverfolgen kann.
Dieses Buch beschreibt die abwechslungsreiche Vergangenheit der Stadt und ihres Umlandes. Bereits der einzigartige Gründungshintergrund der Diözese Hildesheim, die uns in der Legende um den Tausendjährigen Rosenstock überliefert wurde, bietet Anlass, voll Stolz auf die Geschichte zurückzublicken. Wichtige Monumente für die Schaffenskraft der Menschen in dieser Region sind der Hildesheimer Dom St. Mariä Himmelfahrt und die St. Michaeliskirche mitsamt ihren herausragenden Kulturschätzen, die zu Recht als Weltkulturerbe der UNESCO anerkannt sind. Diese Bauten haben über die Jahrhunderte hindurch die umgebende Kulturlandschaft geprägt. Durch die Darstellung der kulturellen »Juwelen« und der einzelnen Ortschaften gewährt das Buch interessante Einblicke in das lebendige Erbe der Region Hildesheim und stellt die vielfältigen und eindrucksvollen kulturellen und örtlichen Besonderheiten vor.

Illuminiertes Weltkulturerbe

In der langen und bewegten Geschichte ihrer Stadt und Region wurden die Einwohnerinnen und Einwohner immer wieder mit Veränderungen konfrontiert und vor neue Herausforderungen gestellt. Das Jubiläum bietet die Gelegenheit, die Geschichte und Gegenwart in ihren vielseitigen Facetten zu betrachten und einer breiten Öffentlichkeit zu präsentieren. Das Bewusstsein über das Vergangene und Gegenwärtige kann in der heutigen Zeit mit ihren schnelllebigen Informationen eine wichtige Orientierungshilfe dafür geben, wie sich jeder Einzelne aktiv in die Gemeinschaft einbringen kann.
Heute bieten Stadt und Region Hildesheim mit den bestehenden öffentlichen Einrichtungen, Vereinen und Verbänden ein attraktives und umfangreiches soziales und kulturelles Angebot, das eine hohe Lebensqualität garantiert.
Dieses Buch führt die Leserinnen und Leser auf eine spannende Reise durch die Vergangenheit und Gegenwart, um bislang verborgen Gebliebenes zu entdecken und auch Neues erfahren zu können. Allen Einwohnerinnen und Einwohnern sowie Gästen wünsche ich viel Freude bei den abwechslungsreichen Jubiläumsfeierlichkeiten in diesem Jahr.

Hannover, im Februar 2015

Stephan Weil
Niedersächsischer Ministerpräsident

Grußwort des Landrates des Landkreises Hildesheim

Liebe Leserin,
lieber Leser,

1200 Jahre Hildesheim sind wohl das geschichtliche Ereignis der Region in diesem Jahr. Das ist gleichzeitig ein guter Anlass, zu diesem Jubiläumsjahr auch ein Buch zu präsentieren, in dem die Sehenswürdigkeiten, die Kultur, die Wirtschaft und die Aktivitäten der Heimatpflege in der Region Hildesheim dargestellt werden.

Insbesondere im Kapitel »Juwelen des Landkreises« wird eine interessante zusammenfassende Übersicht der kulturgeschichtlichen Highlights gegeben, die es in dieser Form wohl bisher noch nicht gab. Dass dabei die Weltkulturerbestätten in der Stadt Hildesheim und in Alfeld (Leine) die Leuchttürme mit überregionaler Strahlkraft sind, kann sehr wohl dazu beitragen, das Interesse an den vielen anderen Juwelen und Kleinoden in den Dörfern und Städten unserer Region weiter zu entwickeln.

Bücher dieser Art sind auch ein nicht zu unterschätzender Faktor, wenn es darum geht, den Entwicklungsstand des Landkreises Hildesheim im zweiten Jahrzehnt des 21. Jahrhunderts für die Nachwelt zu erhalten. Niemand weiß zu Beginn des Jahres 2015 wirklich, wie lange noch die derzeitigen kommunalen Strukturen Bestand haben werden. Insofern kann mit einem solchen Buch auch ein Stück weit Heimatverbundenheit hervorgehoben und festgehalten werden.

Als Landrat begrüße ich es sehr, wenn Verlage und Autoren sich dieser Aufgabe von Zeit zu Zeit immer wieder annehmen, um die in den zurückliegenden Jahren stattgefundenen Veränderungen in Wort und Bild zu dokumentieren.

So wünsche ich Ihnen viel Vergnügen beim Lesen – und anschließend »offene Augen« für die Schönheiten, die es in der Region Hildesheim zu entdecken gibt.

Hildesheim, den 21. Januar 2015

Reiner Wegner
Landrat

Der Morgennebel durchzieht das Leinetal.

Stolz auf das Erbe und die Leistungsfähigkeit dieser Region

2015 feiert Hildesheim »1200 Jahre«: Im Jahre 815 stiftete Kaiser Ludwig das Bistum Hildesheim, was zugleich auch die älteste Nennung des Namens und Ortes Hildesheim ist. Die katholische und die evangelische Kirche, die Stadt und der Landkreis, alle greifen dieses Jubiläum auf, um sich die Herkunft Hildesheims und dieser Landschaft einmal mehr bewusst zu machen. Zahlreich sind die Jubiläumsveranstaltungen im Jahr 2015, aber unter allen Veranstaltungen ragt der »Tag der Niedersachsen« vom letzten Juniwochenende 2015 hervor. In jedem dieser Feste und Veranstaltungen beweist sich die Lebensfreude der Bürgerinnen und Bürger. Ja, feiern können die Hildesheimer aus Stadt und Land.

Ein Jahr lang haben wir engagierte Menschen aufgesucht; ein Jahr lang waren wir für die Menschen der Region Hildesheim unterwegs. Es sollte ein umfassendes Buch werden, in dem möglichst viele Themen Platz finden. Es ist ja gerade der Reichtum an Themen, der zur Lebensqualität in der Region Hildesheim beiträgt.

Das Buch stellt Ihnen alle Mitgliedsgemeinden des Landkreises Hildesheim vor. Darüber hinaus finden Sie darin die Gemeinde Delligsen aus dem Landkreis Holzminden als Bestandteil der Leineberglandregion. Ob Leinetal oder Börde, ob Ambergau oder Lammetal – alle »Ecken« im Landkreis gehören dazu.

Auf die Mitgliedsgemeinden folgen Themeninseln wie »Mit Bildung in die Zukunft« und »WIRtschaft von HIer«. Gute Bildung ist eine wichtige Startvoraussetzung für das Berufsleben. Hier wird der Weg von der engagierten Grundschule über das breit gefächerte Schulangebot Hildesheims bis hin zur beruflichen Spezialisierung und zum Studienabschluss möglich. Daran anknüpfend stellen wir Ihnen erfolgreiche Unternehmen vor. Erfolg ist das Ergebnis eines Miteinanders, das sich auch über Generationen knüpft. Sie finden in diesem Buch daher nicht zufällig Unternehmen, die »Inhaber geführt« sind; Alle vorgestellten Unternehmen besitzen einen hohen Identifikationsgrad mit ihrem Standort in der Region Hildesheim.

Die Menschen leben und arbeiten gern hier, auch weil – wie es heißt: es schön »Hier« ist. Schön ist es, in den Höhenzügen zu wandern, auf der Leine Kanu zu fahren oder Radtouren durch die Börde zu unternehmen und die Natur im Jahreslauf zu genießen. Ein Kapitel »mit Kultur und Freizeit« informiert über Ausflugsmöglichkeiten und über kulturelle Ziele. Es steckt viel Kultur in Stadt und Landkreis Hildesheim.

Ehrenamtlich sind wir als Kreisheimatpflegerin und als Vorsitzender des Heimatbundes im Landkreis Hildesheim e.V. sowieso schon viel in der Region unterwegs. Der Kreisheimatbund bietet Bürgerinnen und Bürgern seit über 50 Jahren »Entdeckungen im Landkreis« an. Die Beiträge aus der Heimatpflege sind wichtige Säulen im Kapitel »Juwelen im Landkreis«, aber auch in anderen Kapiteln des Buches.

Am Ende bleibt »Danke« zu sagen. Wir bedanken uns bei allen Mitakteuren und bei den Autoren der Grußworte für ihre Beiträge und ihr Vertrauen in das entstandene Gesamtwerk. Wir wünschen Ihnen, liebe Leserinnen und Leser, viel Vergnügen bei Ihren ganz persönlichen Entdeckungen in Stadt und Landkreis Hildesheim.

Dr. Thomas Dahms, Paloma Klages

Unsere Region Hildesheim

Algermissen
Sarstedt
Harsum
Giesen
Söhlde
Schellerten
Schloß Marienburg
Nordstemmen
Hildesheim
Elze
Diekholzen
Holle
Gronau
Bad Salzdetfurth
Sibbesse
Bockenem
Duingen
Alfeld
Lamspringe
Delligsen
Freden
Bad Gandersheim

Karolinger, Ottonen und Bischöfe

Der Landkreis Hildesheim ist reich an Geschichte

Die Geschichtlichkeit der Landschaft im Landkreis Hildesheim ist weit älter als 1200 Jahre. Daran erinnern die bronzezeitlichen Grabhügel und die Beusterburg im Hildesheimer Wald unweit der Straße von Gronau (Leine) nach Heyersum. Die kaiserzeitlichen Gräber im Vorholz bei Schellerten stammen aus der Zeit (2. und 3. Jahrhundert), als auch die Siedlung bei Gronau existierte, die 2014 im Rahmen des Neubaus einer Eigenheim-Siedlung entdeckt wurde. In Gronau errichtete die Stadt für ihren mittelalterlichen Vorgängerort Empne eine Parkanlage auf dem Gelände des Bodendenkmals mit Informationstafel an der Straße nach Rheden. Zwischen Rheden und Empne (Gronau) verlief die Verwaltungsgrenze zwischen dem mittelalterlichen Aringau (Rheden) und dem Valetungau (Empne). Östlich der Leine lag der Gudingau (mit dem Ort Godenau). Entlang des Flusses Lamme erstreckte sich der Flenithi-Gau und entlang der Nette der Ambergau. Zwischen Leine und Innerste lag der Scotelingau. Die Hildesheimer Börde wurde damals durch den Ostfalengau erfasst. Dies war die Landesstruktur, die zur Zeit der Gründung des Bistums Hildesheim 815 existierte.

Archäologisch wertvolle Funde als Beweise frühester Besiedlung nahe der Dötzumer Straße in Gronau zeigt Samtgemeindebürgermeister Rainer Mertens im Mai 2014 bei einer Begehung durch das Baugebiet.

Der Altar der Eimser Kirche enthält Teile eines etwa 500 Jahre alten Altarschreins aus dem Vorgängerbau.

Die Sachsen, die im 6., 7., und 8. Jahrhundert hier lebten, hießen Ostfalen und nach ihnen das spätere Plattdeutsch ostfälisch. Wichtige Fernwege durchzogen das Gebiet des heutigen Landkreises, in deren Tradition heute die Bundesstraßen mit den einstelligen Nummern stehen: Bundesstraße 1 (Ost-West), Bundesstraße 3 (Nord-Süd), Bundesstraße 6 (Nordwest-Südost). Diese Bundesstraßen kreuzen sich in Elze (Saale) und in Hildesheim (Innerste); beide Kreuzungen existierten bereits in altsächsischer Zeit, so dass Karl der Große zunächst in Elze einen kirchlichen Verwaltungspunkt anlegte und sein Sohn Ludwig der Fromme das Bistum 815 in Hildesheim gründete. Bis heute ist diese karolingische Achse Elze-Hildesheim in der Landschaft als B 1 nachvollziehbar.

Von Wasser umgeben befindet sich mitten im Rössing das Schloss der Familie von Rössing, die seit etwa 900 Jahren dort ihren Rittersitz hat.

Ein ebenso altsächsischer Ort wie Name ist die Detfurth, die Volksfurt über die Lamme. Deitweg, Detweg, Dietweg, auch Deiweg bedeutet »öffentlicher Weg« – vergleichbar einer Bundesstraße heute; im Lateinischen nannte man diese Wege »via publica«. Bei der Detfurth kreuzte der Fernweg den Lamme-Fluss. Das Salzvor-

Teilansicht eines alten Türsturzes, Museum Freden (Leine)

kommen auf der Gemarkung von Detfurth war bekannt und so hieß der Salzort zunächst einfach nur »Solt to Detfurth« (= Salz bei Detfurth). Die Sankt Gallus-Kirche in Detfurth gehört zu den Urkirchen im Landkreis Hildesheim und ihre Wehrhaftigkeit kontrollierte nicht nur den Lamme-Übergang, sondern auch das Salzvorkommen. Der Fernweg durch das Lammetal führte über Lamspringe nach Gandersheim und war so bedeutend, dass hier gleich drei wichtige Klosteranlagen entstanden: Lamspringe, Brunshausen und Gandersheim. Dieser Weg ist als »Frankfurter Straße« überliefert und beweist mit seinem Namen die hohe strategische Bedeutung der Orte an diesem Weg.

Während Detfurth das Lammetal beherrschte, beherrschte der Kirchen- und Gerichtsort Holle das Tal der Nette (Ambergau). Unter den Ottonen kam als weiterer wichtiger Ort die Königspfalz Dahlum (Königsdahlum) hinzu. Die Pfalz Dahlum wurde im 10. Jahrhundert von den deutschen Königen aufgesucht. Während nun der Bördebereich mit Hildesheim eher im Zugriff der Bischöfe lagen, lag der südliche Bereich des Bistums durch die Königspfalz Dahlum und den Königshof Brüggen und nicht zuletzt durch das Reichsstift Gandersheim eher im Zugriff des ottonischen Königshauses: An diese historische Situation erinnert auch der Wanderweg »Königsweg«.

Unter Bischof Bernward (993 – 1022) erfuhr Hildesheim einen erheblichen Ausbau: Er vergrößerte die ummauerte Domburg, gründete das Benediktinerkloster St. Michael, mit den Kapellen »Heilig Kreuz« und »St. Martin« dabei, und ließ im Westen und Osten der Stadt Türme errichten. Darüber hinaus hinterließ

Der Königsstuhl-Stein an der alten Bundesstraße 3 zwischen Elze und Banteln. Hier wird ein Gerichtsplatz aus fränkischer Zeit vermutet.

Blick während der Erntezeit vom Norden in den Landkreis hinein. Hier erkennt man deutlich den Hildesheimer Wald als Begrenzung des Norddeutschen Tieflands.

Bischof Bernward mit den Bernward-Türen und der Christus-Säule zwei von vielen weiteren Meisterwerken des Bronzegusses. Den Bischöfen verdankt Hildesheim sein UNESCO-Weltkulturerbe.

An die Notwendigkeit der bischöflichen Befestigung um Hildesheim herum knüpften im 14. Jahrhundert die Burganlagen »Steuerwald« und »Marienburg« an. Die dauerhafte Konfliktsituation mit den Herren von Braunschweig (Grafen, Markgrafen, Herzöge) führte 1275 zur Zerstörung der wenigen wie wichtigen Leine-Übergänge: Sarstedt-Ruthe, Poppenburg-Burgstemmen und Empne-Lehde (Gronau) durch den Herzog von Braunschweig. Bischof Siegfried II. ließ diese Übergänge um 1300 neu befestigen und gründete in diesem Zusammenhang die Stadt Gronau. Aber auch die Burg Liebenburg (heute Schloss Liebenburg) entstand unter Bischof Siegfried II.

Weitere Leine-Übergänge gab es in Alfeld-Limmer und Kreiensen-Greene. Alfeld entwickelte sich zur Stadt und profitierte vom Export des Hopfens. Alfeld trat im 15. Jahrhundert der Hanse bei – ebenso wie Gronau und Bockenem. Hildesheim selbst gehörte zu den Gründungsmitgliedern der sächsischen Hanse und blieb das wirtschaftliche Zentrum des Bistums und späteren Landkreises. Grundlagen dazu wurden auch von Bischof Bernward (993 – 1022) gelegt: Seine Erzguss-Werkstätten schufen Weltkulturerbe; auch brachte er eine Münzprägung zur Blüte. Hildesheim war ein Metallurgie-Kompetenzzentrum und bildete mit der Erzgewinnung von Goslar eine Achse in der Region, die wir heute noch als B6 oder als »Innerste-Radweg« befahren können. In Hildesheim selbst weist das »Goschentor« auf die Richtung gen Goslar.

Für das Königtum war das Ritteraufgebot der Hildesheimer Bischöfe als Bestandteil des Reichsheeres wichtig. Die Ritterschaft lebte über das Bistum verteilt und bildete alsbald bedeutsamere Familien unter sich heraus wie die von Steinberg oder von Cramm, die auf Herrenhöfen lebten und Burgen des Bischofs bewohnten. Zu den Hildesheimischen Burgorten gehörten Sarstedt, Poppenburg, Empne/Gronau, Bodenburg, Oelber awW., an denen sich zum Teil Landstädte entwickelten (Sarstedt, Bodenburg, Gronau). Entstanden Burgen neu, versuchte der Bischof sie alsbald in seine Gewalt zu bekommen (Bockenem, Wohldenberg).

Krieg und Fehde gab es seit dem Erstarken der Grafen von Braunschweig um das Jahr 1000 zwischen den Braunschweigern und Hildesheimern: Die Schlacht bei Dinklar 1367 reiht sich in eine Folge von Schlachten zwischen den Bischöfen und Herzögen; bereits 1180 belagerte Bischof Adelog gar Braunschweig.

Als der Bischof von seiner Ritterschaft verpfändete Burgen zurückforderte bzw. auslösen wollte, kam es 1519 zum offenen Konflikt zwischen dem Bischof und Teilen seiner Ritterschaft, die sich mit dem Herzog Heinrich dem Jüngeren von Braunschweig-Wolfenbüttel verbündeten. Es kam zum Krieg, der unter der Bezeichnung »Hildeshei-

Winterstimmung an der Bockwindmühle von 1839 in Marienrode: Im Hintergrund ist das Jugendwanderheim und Tagungshaus zu sehen.

»Wenn man vom Bahnhof über die Leinebrücke ging, beeindruckte die Besucher, die nach Alfeld kamen, zunächst das imposante Gebäude des Kaiserhofs«, erinnert sich ein Alfelder.

Das stilecht restaurierte Haus der Familie Esse in Capellenhagen ist ein Blickfang an der Ortsdurchfahrt (B240) und nicht selten halten Bewunderer dort an.

Fruchtbarer Ackerboden – besonders im nördlichen Landkreis – ließ schon früh die Menschen hier sesshaft werden.

mer Stiftsfehde« in die Geschichtsbücher einging. Diese Hildesheimer Stiftsfehde (1519 – 1523) endete für das Hildesheimer Bistum trotz militärischer Siege am Ende katastrophal, da die meisten Ämter des Bistums dem Herzogtum zugeschlagen wurden. Dem Hochstift Hildesheim verblieb nur noch das »Kleine Stift« (mit der Börde). Dieser Zustand dauerte bis 1643 an, als das alte Hildesheimer Land bis zur Oker, bis Ohrum vor Wolfenbüttel an den Bischof zurückkehrte. Im 18. Jahrhundert baute Fürstbischof Clemens August († 1761) die Burgruine Liebenburg in eine barocke Schlossanlage mit Kapelle um; die Kapelle wurde von dem Bayern Joseph Gregorius Winck ausgemalt.

Unter Napoleon kam das Fürstbistum Hildesheim 1803 an das Kurfürstentum Hannover und blieb später, nach dem Wiener Kongress, beim Königreich Hannover. Die Fürstbischöfe waren keine Territorialherren mehr, sondern wurden zu obersten Seelsorgern und Sachwaltern des bischöflichen Bestandes.

Als Zeichen der Anerkennung für seine Hannöverschen Dienste erhielt 1814 Graf zu Münster von König Georg III. Derneburg, der es mit dem Architekten Georg Friedrich Laves zum repräsentativen Schloss umbaute. Heute lädt der Laves-Kulturpfad und das Glashaus zum Besuch ein. Aktuell erlebt das Schloss seine umfassende Restaurierung und seinen Umbau zu einem Zentrum für Moderne Kunst. Aus dem 19. Jahrhundert stammt das Schloss Brüggen. Im 18. Jahrhundert wiederum entstanden die barocken Schlossanlagen von Söder und Wrisbergholzen. In Wrisbergholzen entstand zudem eine Manufaktur für Fayencen, von deren Qualität noch das Fliesenzimmer im Schloss zeugt. Weitere Schlösser werden noch in Bodenburg, Oelber awW., Hoheneggelsen, Nettlingen oder Steinbrück bewohnt. Die Schlossanlagen befinden sich fast vollständig in Privatbesitz; das Gelände der Domäne Marienburg befindet sich mehrheitlich im Besitz der Stiftungsuniversität Hildesheim.

Mit der Eisenbahn Mitte des 19. Jahrhunderts kam ein wichtiger Anschub für die Industrialisierung: Symbol dessen ist das Fagus-Werk, das bewusst am Bahnhof von Alfeld errichtet wurde. Seit 2011 gehört es zum UNESCO-Weltkulturerbe. Besucher des Fagus-Werkes erleben das Werk von Fabrikinhaber Carl Benscheidt und Architekt Walter Gropius als Beginn des Bauhauses. Bewohner und Besucher erleben die Region Hildesheim als eine Kulturlandschaft von Rang und Heimat mit Weltkulturerbe.

Dr. Thomas Dahms

Halseisen aus dem 17. Jahrhundert, an dem Rechtsbrecher öffentlich zur Schau gestellt wurden – ein Relikt aus der Zeit der Gerichtsbarkeit des Klosters Lamspringe.

Aus Hildesheims reicher Stadtgeschichte

Von der mittelalterlichen Metropole zur jungen Großstadt

Gründung

Die früheste Quelle, die von der Gründung berichtet, wurde nicht von einem Zeit- oder Augenzeugen, sondern erst gegen Ende des 11. Jahrhunderts von einem unbekannten Schreiber verfasst. Es handelt sich um die »Fundatio ecclesiae Hildensemensis«, um die Geschichte von der Gründung der Hildesheimer Kirche. Sie schildert im Stil einer reizvollen Legende die um 815 zu datierende Errichtung eines Bischofssitzes durch den fränkischen Kaiser Ludwig den Frommen, der hier an einer Quelle eine Kapelle errichten ließ. Der reale Hintergrund der Bistumsgründung in jener Zeit in der Nähe eines Übergangs über die Innerste und an einer viel befahrenen Ost-West-Verkehrsachse dürfte freilich in der strategischen Bedeutung der Ortslage zu suchen sein. Nur wenige Jahre zuvor waren die heidnischen Sachsen von den Franken unterworfen und einer Zwangsmissionierung unterzogen worden. Die Bistumsgründungen im Sachsenland dienten nicht nur als Ausgangspunkt einer erst noch aufzubauenden Kirchenorganisation, sondern vor allem als militärische Stützpunkte zur Sicherung der eben erst errungenen weltlichen Macht im Land. Hildesheim trat an die Stelle der zuvor schon begründeten Elzer Kirche und erhielt bischöflichen Rang. Hildesheim war jedenfalls keine in »unwirtlichem« Gebiet angelegte Neugründung, wie die legendenhafte »Fundatio« behauptet. Die archäologische Forschung hat im Umfeld des späteren Doms frühe menschliche Siedlungsspuren nachgewiesen. Neueren namenskundlichen Forschungen zufolge muss der Ortsname »Hildesheim« auch nicht zwingend fränkisch sein, sondern könnte auch altsächsischen Ursprungs sein. Die militärisch obsiegenden Franken dürften den Ortsnamen bereits vorgefunden haben.

Das Stadtrechtsprivileg von 1249, untere Hälfte (Stadtarchiv Hildesheim, Best. 1, 790)

Siegeltypar des Stadtsiegels von etwa 1300 (Stadtarchiv Hildesheim, Best. 854, 1)

Die mittelalterliche Metropole

Hildesheim erlangte im frühen und hohen Mittelalter innerhalb des Reiches eine besondere Bedeutung. Dies lag vor allem an einer Reihe herausragender Bischöfe, darunter der sächsischem Adel entstammende Altfrid, der in der zweiten Hälfte des 9. Jahrhunderts im Auftrage des Königs Gesandtschaftsreisen unternahm. Die engen Bindungen Hildesheims und seiner Bischöfe an das Reich setzten sich auch in den folgenden Jahrhunderten fort. Genannt sei der kunstsinnige Bernward, der 993 den Bischofsstuhl übernahm und zuvor als Erzieher des späteren Kaisers Otto III. tätig war und 1010 den Grundstein der benediktinischen Klosterkirche St. Michael legte (seit 1985 UNESCO Weltkulturerbe). Auch Godehard gehört dazu, auf den die Gründung der St. Andreaskirche zurückgeht (1038) und der schon früh als Stadtpatron Hildesheims gilt. Die besondere Bedeutung Hildesheims im 11. und 12. Jahrhundert gründete sich nicht nur auf herausragende Persönlichkeiten, wichtig war auch der hervorragende Ruf der Domschule. Bis ins 12. Jahrhundert hinein spielte sie die bedeutende Rolle einer Pflanzstätte von Führungskräften, die an verschiedenen Schlüsselpositionen des Reiches wichtige Aufgaben übernahmen. Die besondere Bedeutung Hildesheims im 12. Jahrhundert wurde durch die Heiligsprechungen der Bischöfe Godehard (1131) und Bernward (1193) noch weiter gesteigert. Vor allem der Godehardkult gewann geradezu europäische Bedeutung. Reliquien dieses ersten Hildesheimer Heiligen waren in ganz Europa begehrt. Infolge dieser Heiligsprechungen wurde Hildesheim auch zu einem wichtigen Pilgerzentrum, was für die Stadt von erheblicher wirtschaftlicher Bedeutung gewesen sein muss.

Hildesheim als quasiautonome Stadtrepublik

Es versteht sich von selbst, dass sich im Schutze des Bischofssitzes Kaufleute und Handwerker ansiedelten. Ein reger Warenaustausch sorgte für eine kontinuierliche Ausweitung des Siedlungsgebietes und hob die wirtschaftliche Bedeutung der Siedlung. Nach der Ummauerung der Domburg unter Bischof Bernward um 1000, der mit der Errichtung der Michaeliskirche die Entwicklung eines zweiten Siedlungsbereichs im Umfeld des Michaelishügels begünstigte, nahm Hildesheim erste Konturen einer Stadt an: Um 1167 erscheint dann der Ort als nahezu vollständig ummauerte Marktsiedlung, die sich im Bereich des heutigen »Alten Marktes« und der Andreaskirche erstreckte. Schon 1146 wird Hildesheim erstmals als Stadt (»civitas«), seine Bürger als »burgenses« oder »cives« bezeichnet.

Die Stadt bildete zu Beginn des 13. Jahrhunderts erste Verfassungsorgane aus. Das Stadtrechtsprivileg von 1249 enthält den für die Zeit geradezu explosiven Rechtssatz »Stadtluft macht frei«. Nur ein halbes Jahrhundert später schuf sich die Stadt ein eigenes Stadtrecht ohne Einwirkung des Landesherren und entzog sich damit weitgehend der Einflussnahme des Bischofs und seiner Beamten. Urbane Konkurrenzgründungen, die an der Wende vom 12. zum 13. Jahrhundert im Süden (Neustadt) und im Westen (Dammstadt) der Stadt entstanden waren, konnten sich entweder nicht als wirtschaftliche »Konkurrenz« behaupten (Neustadt) oder wurden im militärischen Handstreich zerstört (Dammstadt: 1232). Ein neues Rathaus und ein städtisches Siegel, in dem sich die Bürgerschaft selbst nennt, spiegeln das gewachsene Selbstbewusstsein der Stadt. Ihre Verfassungsstruktur nahm nach anfänglicher Dominanz alteingesessener patrizischer Kaufmannsfamilien seit der Mitte des 14. Jahrhunderts durch die gewaltsam erzwungene Mitwirkung der Zünfte im städtischen Rat eine neue Gestalt an.

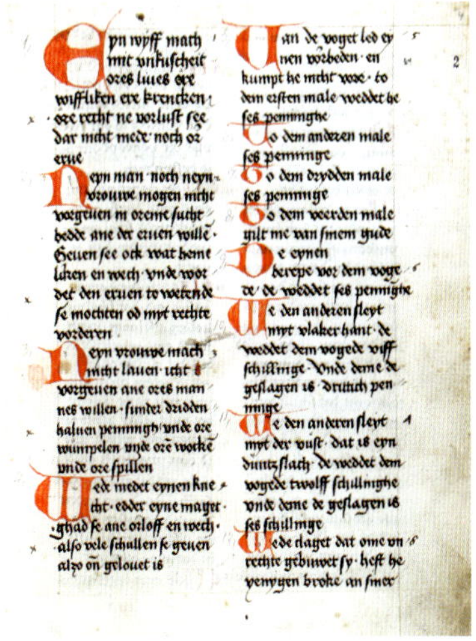

Ein Blatt des Hildesheimer Stadtrechts von 1300 (Stadtarchiv Hildesheim, Best. 50, 17)

Hildesheims vom Landesherren weitgehend unabhängige Stellung verdankt sich unter anderem auch einer geschickten Bündnispolitik mit den Landesherren der welfischen Nachbarterritorien. Zu nennen ist in diesem Zusammenhang die Zugehörigkeit Hildesheims zur Hanse von ihren Anfängen im 13. Jahrhundert bis zum Ende dieses Städtebundes im 17. Jahrhundert. Enge Bündnisbeziehungen unterhielt man vor allem mit den Nachbarstädten Braunschweig und Goslar; darüber hinaus gab es größere Bündnisse der sächsischen Städte, an denen Hildesheim immer wieder beteiligt war, die etwa auch dazu beitrugen, die Handelsstraßen sicherer zu machen. Militärische Auseinandersetzungen zwischen der Stadt und dem Landesherren – geführt etwa wegen der Wahrung des Bierprivilegs der Städter – waren am Ende des Mittelalters an der Tagesordnung. Eine solche Fehde – die so genannte »Stiftsfehde« – weitete sich zu Beginn des 16. Jahrhundert zu einem umfassenden regionalen Konflikt aus, an dem sich auch die Nachbarterritorien mit ihren je eigenen Interessen beteiligten.

Rezess von 1345 zur Neuordnung der Stadtverfassung (Stadtarchiv Hildesheim, Best. 1, 481 b)

Frühe Neuzeit und Dreißigjähriger Krieg

Die Reformation hielt erst mit Verspätung Einzug. Eine streng ausgerichtete katholische Führungsschicht konnte sich noch bis in die vierziger Jahre des 16. Jahrhunderts behaupten. 1528 erlangte man am Hofe Kaiser Karls V. sogar noch ein neues Wappen, das sich vom alten in Gold und Rot quadrierten Schild durch die Hinzufügung des halben (steigenden) Reichsadlers unterscheidet. Der ganze Adler, wie ihn freie Reichsstädte führten, blieb der Stadt freilich verwehrt. Dennoch dokumentiert das neue Wappen den besonderen Status Hildesheims, das sich innerhalb des kriegsgeschwächten Bistums noch eine lange Zeit unangefochten behaupten konnte.

Im Jahre 1583 kam es zur Vereinigung der beiden bislang selbstständigen Städte Hildesheim und Neustadt. Die Vertreter der Neustadt wurden in den Verfassungsorganen vereinnahmt, blieben seither aber permanent in der Minderheitsposition, was auf Dauer immer wieder zu internen Auseinandersetzungen führte. Erst die Beseitigung der alten städtischen »Freiheiten« mit ihren überkommenen Privilegien mit der Übernahme der Stadt und des Bistums durch Preußen im Jahre 1802 schuf eine einheitliche Stadtgemeinde.

Die Wirren und Verluste während des Dreißigjährigen Krieges waren für Hildesheim verheerend. Wechselnde Einquartierungen und durch militärische Gewalt erzwungene gewaltige Geldzahlungen hatten die Stadt bettelarm gemacht. Eine riesige Schuldenlast hatte sich aufgehäuft. Die Menschenverluste waren unermesslich: Die Altstadt hatte etwa ein Drittel, die Neustadt etwa die Hälfte ihrer Bürgerschaft verloren. Zahlreiche Wohngebäude waren verwahrlost, andere kriegszerstört. Die geschwächte Stadt war seit Beginn des 18. Jahrhunderts kaum noch in der Lage, selbstständig für sich zu handeln. Der welfische Einfluss auf die Stadt gipfelte in der dauerhaften Stationierung welfischer Truppenkontingente in Hildesheim seit 1711 und in einem neuen, 1703 errichteten Verfassungsstatut.

Das 19. Jahrhundert

Nach der kurzen preußischen, dann napoleonischen Herrschaft und schließlich der Zuordnung Hildesheims zum Königreich Hannover im Jahre 1815 zeigten sich erste Veränderungen im äußeren Stadtbild: Die militärisch unbrauchbar gewordenen Befestigungsanlagen wichen neuer Bebauung. Ein neues bürgerliches Bewusstsein entwickelte sich seit den 50er Jahren des 19. Jahrhunderts. Hermann Roemer begründete mit Hilfe eines Vereins das später nach ihm benannte Museum. Man kümmerte sich um das äußere Erscheinungsbild der Stadt,

Neubau des Roemer-Pelizaeus-Museums von 2000 (Stadtarchiv Hildesheim, Best. 951, 8612)

Der 1886 erbaute Hauptbahnhof (Stadtarchiv Hildesheim, Best. 952, 80-8)

versuchte historische Bausubstanz zu erhalten und zu »verschönern«. In dieser Zeit wurde die Bezeichnung Hildesheims als das »Nürnberg des Nordens« geboren. Ende des Jahrhunderts prägte die Industrialisierung die weitere Entwicklung des Stadtbildes. Der Eisenbahnbau erreichte auch Hildesheim, wenn auch nicht in der gewünschten Intensität der Anbindungen, was freilich zu einem guten Teil auch auf die kurzsichtige Politik in Hildesheim selbst zurückzuführen ist. Wesentliche Entwicklungsschübe und Modernisierungen verdankt die Stadt dem langjährigen Oberbürgermeister Dr. Struckmann, in dessen Amtszeit (1875 – 1909) sich die Bevölkerung Hildesheims von 22 000 Einwohnern auf 50 000 mehr als verdoppelt hatte. In seine Amtszeit fallen so wichtige infrastrukturelle Errungenschaften wie die Errichtung eines städtischen Krankenhauses und einer »Badehalle«, der Bau eines Elektrizitätswerks und eines städtischen Schlachthofes sowie die Eröffnung einer eigenen Straßenbahnlinie.

Die 1848/1849 neu erbaute Synagoge am Lappenberg (Stadtarchiv Hildesheim, Best. 952, 154-3)

Weimarer Jahre und nationalsozialistische Zeit

Das Ende der Kaiserzeit und die sich daran anschließenden wenigen Jahre der Weimarer Demokratie sind durch die bekannten Friktionen gekennzeichnet. Inflation und hohe Arbeitslosenzahlen stellten auch hier Verwaltung und städtische Kollegien vor schier unlösbare Aufgaben. Durch umfängliche Arbeitsbeschaffungsmaßnahmen wurden ein Stichkanal zum Mittellandkanal geschaffen und ein eigener Hafen errichtet. 1927 wurde nördlich der Stadt ein Flugplatz angelegt.

Die in Deutschland um sich greifende politische Radikalisierung nahm sich in Hildesheim milder aus. Sehr spät erst fassten die Nationalsozialisten (NS) Fuß in der Stadt. Selbst unter den Bedingungen der NS-Herrschaft konnten sich die demokratischen Parteien, die SPD und das traditionell in Hildesheim stark vertretene »Zentrum«, bei den Wahlen im März 1933 noch gut behaupten. Eine durch freie Wahlen erlangte Mehrheit besaßen die Nationalsozialisten in Hildesheim nie. Sie hatten 1933 nur 33,5 Prozent der Stimmen erreicht. In den katholischen Dörfern des Umlands hatten die Nationalsozialisten bei regulären Wahlen keine Chance. Aber: Die NS-Diktatur war nicht aufzuhalten. Nach Gleichschaltung und Parteienverbot setzten Verfolgungen ein, die am nachhaltigsten auf die jüdische Bevölkerung zielten und am Ende in die Deportationen und die Vernichtung der in der Stadt verbliebenen Juden mündeten. Die Militarisierung des Alltagslebens und am Ende der von den Nationalsozialisten angezettelte Krieg bestimmten das weitere Schicksal unserer Stadt. Nach ersten kleineren Luftangriffen folgte jener verheerende britisch-kanadische Luftangriff vom 22. März 1945, der die einstige Fachwerkstadt nahezu vollständig zerstörte, nur wenige Wochen vor dem Einmarsch der heranrückenden amerikanischen Truppen (7. April 1945).

Die Bilanz des Krieges ist niederschmetternd: Von den 69 000 Einwohnern, die vor dem 22. März 1945 in Hildesheim lebten, waren 34 000 obdachlos geworden. Fast 2000 Häuser waren völlig zerstört, 1325 hatten schwere, 1772 leichtere Schäden davongetragen. Von den einst vorhandenen etwa 20 000 Wohnungen wurden fast 6000 völlig vernichtet, etwa 3300 zeigten Schäden bis zu 60 Prozent. Über 40 Prozent aller Wohnungen in der Stadt waren zerstört oder zumindest vorerst unbenutzbar. Damit gehörte Hildesheim nach Wilhelmshaven (58,4 Prozent aller Wohnungen unbenutzbar), Emden (50,6 Prozent) und Hannover (47,5 Prozent) zu den am stärksten von der Kriegszerstörung betroffenen Städten Niedersachsens. Die städtische Statistik von 1957 vermeldet, dass allein der Bombenangriff vom 22. März 1006 Tote gefordert hat. Die Gesamtzahl sämtlicher Opfer des Luftkriegs beträgt nach dieser Statistik 1645 Menschen.

Der Wiederaufbau nach 1945

Im Mittelpunkt standen für die Menschen der »Stunde Null« zunächst einmal Fragen der Ernährung und der Unterkunft. Dennoch wurde schon sehr bald mit der Räumung der unendlichen Trümmermassen begonnen und der Wiederaufbau der Innenstadt in Angriff genommen. Die amerikanische Besatzungsbehörde setzte bereits am 8. April 1945 den inzwischen 73 Jahre alten und seit 1937 im Ruhestand befindlichen ehemaligen Oberbürgermeister Dr. Ernst Ehrlicher wieder als Chef der Stadtverwaltung ein. Seine Aufgabe war es, umgehend die Grundlagen für eine

Blick auf die nach dem Bombenangriff vom 22. März 1945 zerstörte Innenstadt, links die Fassade des »Tempelhauses« am Markt, rechts der Turm der Andreaskirche (Stadtarchiv Hildesheim, Best. 951, 2011-3)

funktionstüchtige Verwaltung der Stadt zu schaffen und sich um die Versorgung der Menschen mit Lebensmitteln, Wohnraum und Energie zu kümmern. Mit dem Wechsel von der amerikanischen zur britischen Besatzung begann der Aufbau einer örtlichen Selbstverwaltung. Im Herbst 1945 ernannte die britische Militärverwaltung einen aus 30 Personen bestehenden Rat. Am 13. Oktober 1946 fand die erste freie Kommunalwahl nach den Jahren der NS-Diktatur statt.

Gegen Ende des Jahres 1947 zählte Hildesheim schon wieder mehr als 66 000 Einwohner. Ausgebombte und vorübergehend in den Dörfern des Umlandes untergebrachte Hildesheimer waren zurückgekehrt, Tausende Ostflüchtlinge kamen kontinuierlich hinzu. Ende Januar 1952 hatte Hildesheim bereits 75 800 Einwohner. Der Wiederaufbau der Stadt geschah planvoll und durchaus nach traditionalistischen Vorstellungen. Das Netzwerk der alten Straßenzüge sollte im Prinzip beibehalten, städtebauliche »Fehlentwicklungen« aber sollten korrigiert werden. Als neuen Hauptverkehrsweg schuf man eine innerstädtische Ost-West-Verbindung, die sich von der Kreuzstraße löste, die Schuhstraße nutzte und zum Hindenburgplatz geführt wurde. Der in den 50er Jahren in Angriff genommene Wiederaufbau der zahlreichen Hildesheimer Gotteshäuser bot bei manchen von ihnen die Chance, die in Jahrhunderten vorgenommenen Veränderungen zu »korrigieren«. Dies zeigt sich nicht nur am Dom, sondern vor allem an der Michaeliskirche, bei der die Rekonstruktion als besonders gelungene Maßnahme später (gemeinsam mit dem Dom und seinen Bronzetüren und der Bernwardsäule) mit der Aufnahme in die Weltkulturerbe-Liste der UNESCO ausgezeichnet wurde.

Auch das kulturelle Leben war sehr bald wieder erwacht. Der Wiederaufbau des Stadttheaters war bereits im September 1949 abgeschlossen. Das Roemer- und Pelizaeus-Museum öffnete ebenfalls 1949 seine Pforten. Die Stadtbibliothek hatte schon Ende Mai 1945 ihre Arbeit aufgenommen. Kulturring und Volkshochschule waren seit 1945/1946 wieder aktiv. Am 1. Oktober 1949 erschien erstmals wieder die traditionelle Lokalzeitung, die Hildesheimer Allgemeine Zeitung der Gebrüder Gerstenberg. Die über 20 Amtsjahre des neuen Oberstadtdirektors Siegfried Kampf (1955 – 1975) bedeuteten eine lange Phase der Konsolidierung, die an die schweren Aufbaujahre des ersten Jahrzehnts nach Kriegsende mit neuen Akzenten anknüpfte. Hildesheim befand sich durch eine stetig wachsende Einwohnerzahl »auf dem Wege zur Großstadt«. 1970 betrug die Einwohnerzahl Hildesheims 93 800. Damit ging eine starke Zunahme von Arbeitsplätzen einher, die sich auf die Erweiterung des Dienstleistungsbereichs und vor allem auf die Ansiedlung neuer Industriebetriebe zurückführen lässt. Zu nennen sind hier insbesondere die Blaupunktwerke, die sich 1952 im Hildesheimer Wald ansiedelten und sich zum größten industriellen Arbeitgeber der Stadt entwickelten.

»Heimliche kulturelle Hauptstadt« trotz Gebietsreform

Zu Beginn der 1970er Jahre machte sich allmähliche Stagnation auf wirtschaftlichem Gebiet breit; mit dieser Entwicklung gingen auch Funktionsverluste einher, die unter dem Begriff »Gebiets- und Verwaltungsreform« die Gemüter beunruhigten. Schon 1966 lagen erste Pläne vor, nach denen unter anderem der Regierungsbezirk Hildesheim zugunsten eines größeren Regierungsbezirks Hannover aufgelöst werden sollte. Eine entsprechende Entscheidung wurde auf Landesebene aber nach heftigen Protesten vertagt. Man wandte sich zunächst der Gemeindereform zu. In diesem Zusammenhang wurde 1971 die Ortschaft Ochtersum eingemeindet. 1973 fiel die Entscheidung über die Einkreisung der Stadt in den Landkreis. Durch die Gebietsreform gewann Hildesheim im Jahre 1974 eine Reihe weiterer Ortsteile hinzu: Achtum-Uppen, Bavenstedt, Einum, Himmelsthür, Itzum, Marienburg, Marienrode und Sorsum. Damit hatte sich die Einwohnerzahl Hildesheims auf 107 000 Einwohner vergrößert. Hildesheim darf seither als »Großstadt« bezeichnet werden. Gegen die Auflösung der Bezirksregierung wurde weiterhin protestiert, aber vergeblich: 1978 hatte Hildesheim seine Funktion als Verwaltungsmittelpunkt eines Regierungsbezirks endgültig verloren. Bürgersinn und eine enorme Spendenbereitschaft machten es nach langen Auseinandersetzungen möglich, dass der Marktplatz im Jahre 1989 mitsamt dem berühmten Knochenhaueramtshaus wiedererstehen konnten: Für viele Hildesheimer mag die Wiederherstellung des Marktes in seinen alten Dimensionen als das eigentliche Ende der Nachkriegszeit und des Wiederaufbaus der Stadt nach 1945 erschienen sein.

Prof. Dr. Herbert Reyer

Die Michaeliskirche, seit 1985 Weltkulturerbe der UNESCO (Stadtarchiv Hildesheim, Best. 971, 232-1)

Hildesheim – eine Stadt mit ganz viel Gefühl

Kulturelle Vielfalt im aktiven Wirtschaftszentrum

Blick über den Magdalenengarten zum Michaelishügel

Die Stadt Hildesheim kann auf eine lange Geschichte zurückblicken: 2015 feiert sie gemeinsam mit dem Bistum, dessen Gründung 815 ihre Keimzelle war, ihren 1200. Geburtstag. Im Jubiläumsjahr wird allen Hildesheimerinnen und Hildesheimern, aber auch den Gästen aus nah und fern ein umfangreiches, vielfältiges Programm mit über 200 Veranstaltungen zum Thema »Stadtgefühl« geboten.

Herausragende Kirchen

»Stadtgefühl« vermittelt Hildesheim in den unterschiedlichsten Bereichen – davon überzeugen sich jährlich Tausende von Touristen, die sich von der unvergleichlichen Mischung aus Tradition und Moderne, kultureller und landschaftlicher Vielfalt sowie von den ganz speziellen Orten der Domstadt verzaubern lassen. Der Mariendom, 2014 feierlich wiedereröffnet, ist ebenso UNESCO-Weltkulturerbestätte wie die Kathedrale St. Michaelis. Mit dem Dom und seinen einzigartigen Schätzen wie dem tausendjährigen Rosenstock und St. Michaelis als einzigem großen Bau der ottonischen Epoche, verfügt die Stadt gleich über zwei bauhistorisch wertvolle Besuchermagneten. Überhaupt nehmen Kirchen eine herausragende Bedeutung ein, lohnen doch auch andere Gotteshäuser wie zum Beispiel St. Andreas – dessen Turm mit 114,5 Metern der höchste Kirchturm Niedersachsens ist – oder die dreitürmige Basilika St. Godehard den Besuch.

Malerische Altstadt

Besonders sehenswert sind die Altstadt – Hildesheim wird nicht umsonst das »Nürnberg des Nordens« genannt – und der Marktplatz mit dem berühmten Knochenhaueramtshaus, dem »schönsten Fachwerkhaus« der Welt. Darin befindet sich das Stadtmuseum, das auf fünf Etagen zu einer abwechslungsreichen Zeitreise einlädt, unter anderem auch zum sagenumwobenen »Hildesheimer Silberfund«. Schätze internationaler Museen gibt es im Römer- und Pelizaeus Museum zu sehen, das mit seiner bedeutenden Sammlung altägyptischer Kunst eine Weltattraktion darstellt.

Kulturelle Vielfalt und einzigartige Veranstaltungen

Hildesheim verfügt über eine überregional bedeutende Kunst- und Kulturszene und ist die heimliche Kulturhauptstadt Niedersachsens. Neben den Museen ist vor allem das Theater für Niedersachsen in dieser Hinsicht ein Leuchtturm. Darüber hinaus sorgen die freie Theaterszene, die Kulturfabrik und zahlreiche Kunst- und Kulturvereine für kulturelle Vielfalt. Diese wird ergänzt von einzigartigen Veranstaltungen wie dem Mera-Luna-Festival, dem »Pflasterzauber«, den »Wallungen«, der »Jazztime«, dem Magdalenenfest und vielem mehr. Auch sportlich hat Hildesheim mit tollen Events und einer breiten Palette an Vereinen einiges zu bieten.

Wochenmarkt vor dem historischen Rathaus

Der 2014 neugeweihte Dom von Hildesheim

Der Domhof mit Andreaskirche im Hintergrund

Blick vom Eichendorffhain über Hildesheim

Grüne Stadtoasen für Erholung und Freizeit

Hildesheim bietet aber auch viele grüne Oasen mitten im Herzen der Stadt. Der Magdalenengarten, der Ernst-Ehrlicher-Park, die Wallanlagen oder das Areal rund um den Hohnsensee sind Naherholungsgebiete, die nicht nur Einheimische anziehen. Hildesheim eignet sich zudem hervorragend als Ausgangspunkt für Ausflüge in den Harz, ins Weserbergland, die Lüneburger Heide oder zu den nahegelegenen Welterbestätten in Alfeld und Goslar.

Bildungshochburg

Die Bildungslandschaft der Stadt genießt einen hervorragenden Ruf. Die Stiftungsuniversität Hildesheim ist in den vergangenen zehn Jahren kontinuierlich gewachsen und zählt heute fast 7000 Studierende. Als Profiluniversität mit klarer inhaltlicher Ausrichtung in den Kernbereichen Bildungs-, Kultur-, Sprach- und Informationswissenschaften gehört sie zu den leistungsstärksten Hochschulen des Landes.
Die Hochschule für angewandte Wissenschaft und Kunst (HAWK) bietet nicht zuletzt mit der Fertigstellung des Campus am Weinberg an allen Standorten eine hochmoderne Ausstattung und optimale Studienbedingungen. Als zertifizierte familienfreundliche Hochschule betreibt die HAWK unter anderem eine Modellkrippe.
Darüber hinaus ist Hildesheim Standort der Norddeutschen Fachhochschule für Rechtspflege, von Fach- und Berufsfachschulen verschiedenster Fachrichtungen, einer Volkshochschule, der Musikschule und weiterer Bildungseinrichtungen. Keine andere niedersächsische Stadt verfügt über ein so vielfältiges wie herausragendes Schulangebot. Mit dem Gymnasium Josephinum, dessen Ursprung die 815 gegründete Domschule ist, befindet sich eine der ältesten Schulen Deutschlands in Hildesheim. Auch das renommierte Gymnasium Andreanum kann auf eine lange Geschichte zurückblicken.

Attraktives Wirtschaftszentrum – auch zum Shoppen

Hildesheim bildet mit seinen Unternehmen und Gewerbeflächen ein attraktives Wirtschaftszentrum der Metropolregion und ist mit allen Verkehrsträgern sehr gut erreichbar, ob über die Autobahn oder mit dem ICE. Darüber hinaus gibt es einen Binnenhafen am Stichkanal und einen Flugplatz für Segel- und Motorflugzeuge im Norden der Stadt.

Bäckergilde- und Knochenhaueramtshaus mit dem Rolandbrunnen

Grüne Lunge inmitten der Stadt

Das besondere Flair Hildesheims als Einkaufsstadt ergibt sich aus dem großstädtischen Angebot mit Shopping-Centern und Fußgängerzonen sowie den individuellen Produkten oftmals inhabergeführter Geschäfte. Kurze Wege und die attraktive, vielfältige Gastronomie runden das Einkaufserlebnis ab.
Entdecken auch Sie unsere wunderschöne, einzigartige Stadt – ich lade Sie herzlich ein!

Oberbürgermeister Dr. Ingo Meyer

UNESCO-Welterbe in Hildesheim

Dom und St. Michael

Spuren unserer Identität

Als herausragende Orte des europäischen Kultur- und Naturerbes leisten die Welterbestätten einen sichtbaren Beitrag zur Entwicklung eines hochwertigen, europaweiten Kulturtourismus. Für die Bevölkerung des Landkreises Hildesheim sind der Dom und die Michaeliskirche, die gemeinsam 1985 in die Liste des Welterbes aufgenommen wurden, aber vor allem ein entscheidender Ort kultureller Identifikation. Wer hat nicht schon dort seine Gäste hingeführt oder eine kirchliche oder kulturelle Veranstaltung besucht? Schließlich finanzieren viele Bürger auch die Erhaltung beider Kirchen mit, u.a. über die beiden Fördervereine. Dom und Stadt hängen eng zusammen: Wenn 2015 das Bistum Hildesheim sein 1200-jähriges Jubiläum feiert, ist das auch das Jubiläum von Hildesheim.

Die UNESCO

UNESCO steht für United Nations Educational, Scientific and Cultural Organization, Organisation der Vereinten Nationen für Bildung, Wissenschaft, Kultur und Kommunikation. Die UNESCO hat es sich zur Aufgabe gemacht, die Kultur- und Naturgüter der Menschheit, die einen »außergewöhnlich universellen Wert« besitzen, zu erhalten. 1007 Stätten weltweit sind Anfang 2015 auf der UNESCO-Liste des Welterbes verzeichnet. Deutschland ist auf der Liste mit 39 Welterbestätten vertreten. Es sind dies Baudenkmäler, Stadtensembles und Kulturlandschaften, aber auch Industriedenkmäler und außergewöhnliche Naturlandschaften. Die Liste wird jährlich erweitert: Niedersachsen hat zurzeit vier Welterbestätten: St. Michael und Dom in Hildesheim, das Bergwerk Rammelsberg, die Altstadt von Goslar und die Oberharzer Wasserwirtschaft, die Faguswerke in Alfeld sowie das Wattenmeer.

Das Hildesheimer Welterbe

Die beiden Hildesheimer Kirchen wurden als außergewöhnliche Zeugnisse der sakralen Kunst der Romanik in die Liste des UNESCO-Welterbes aufgenommen. Besonders beachtenswert fanden die damaligen Gutachter die Architektur der Michaeliskirche und die reiche mittelalterliche Ausstattung der beiden Kirchen, insbesondere die Bronzegüsse Bischof Bernwards im Dom und die bemalte Decke von St. Michael. Die meisten der besonders gewürdigten Kunstschätze stehen in sehr engem Zusammenhang mit dem Hildesheimer Bischof Bernward (ca. 960 – 1022). Bereits drei Jahre nachdem er zum Bischof von Hildesheim geweiht worden war, beschloss er, auf dem Hügel nördlich der Domburg das Michaeliskloster zu gründen, um sich, wie er schreibt, sein Seelenheil zu verdienen. Wie kein anderer Bau repräsentiert St. Michael unser Idealbild eines Kirchenbaus der Zeit um 1000.

Die wichtigsten Ausstattungsstücke

Die Gutachter der UNESCO hoben einige Ausstattungsstücke besonders hervor. In St. Michael sind es die Chorschranken, die nach der Heiligsprechung Bernwards Ende des 12. Jahrhunderts errichtet wurden, als man wegen der Pilgerströme die Krypta mit seiner Grablege erweiterte. Durch die Schranken konnten die Mönche ihren Gottesdienst ungestört auf dem Westchor abhalten. Um 1230 entstand die einzigartige, 27,8 Meter lange und 8,7 Meter breite, bemalte Holzdecke. Gezeigt wird die Wurzel Jesse, nach der Weissagung Jesajas der Stammbaum Jesu.

Im Dom ist die zweiflügelige Bronzetür Bischof Bernwards von

Betrachtet man die Michaeliskirche aus der Ferne, mag man angesichts der nur mit kleinen Fenstern versehenen Mauern und der Türme auf den ersten Blick an eine Burg denken. Beim näheren Anblick rücken mehr die Details der architektonischen Gestaltung ins Zentrum wie zum Beispiel die ausgewogenen Maßeinheiten.

Die Grabplatte zeigt Bischof Bernward mit dem Modell der von ihm gegründeten Michaeliskirche. Sie befindet sich im Westchor von St. Michael, oberhalb der Krypta, in der Bernward begraben wurde.

besonderer künstlerischer und technischer Bedeutung. Die Anordnung der 16 Bildfelder zeigt in Gegenüberstellung eine Bildfolge des Alten und Neuen Testamentes. Der absteigenden Leserichtung auf dem linken alttestamentlichen Flügel antwortet – von unten nach oben zu lesen – der heilsgeschichtliche Zyklus des rechten Türflügels mit Bildern des Neuen Testaments. Die Realisierung einer solch monumentalen Bronzetür war in dieser Zeit technisch revolutionär. Beide Türflügel sind jeweils aus einem Stück gegossen

Der zweite monumentale Bronzeguss, den Bischof Bernward in Auftrag gab, ist die Bernwardsäule, auch Christussäule genannt, die um 1020 datiert. Dieses Bildwerk war allerdings für St. Michael bestimmt, wo es bis zum 18. Jahrhundert am östlichen Ende des Langhauses stand. Nach dem Vorbild der römischen Siegessäule des Kaisers Trajan zeigt die Säule auf ihrem spiralig aufsteigenden Reliefband 24 Szenen aus dem Leben Jesu. Die Bilderzählung beginnt mit der Taufe Jesu im Jordan.

Was bedeutet uns das UNESCO-Welterbe?

Eine Auseinandersetzung mit dem Welterbe kann uns helfen, uns unserer eigenen Wurzeln und unserer kulturellen und gesellschaftlichen Identität stärker bewusst zu werden, für eine respektvolle Haltung gegenüber allen Völkern und Kulturen einzutreten und auf diese Weise auf internationaler Ebene zu einer Atmosphäre gegenseitiger Achtung und Wertschätzung beizutragen. Es ist ein hervorragender außerschulischer Lernort, nicht nur für klassische Themen wie Heimatgeschichte, Christentum, Latein, Kunst, Mittelalter, sondern vor allem auch für interkulturelle Kompetenzen.

Dom und St. Michael bilden zusammen eine Welterbestätte, besitzen aber getrennte Urkunden.

Dr. Angela Weyer

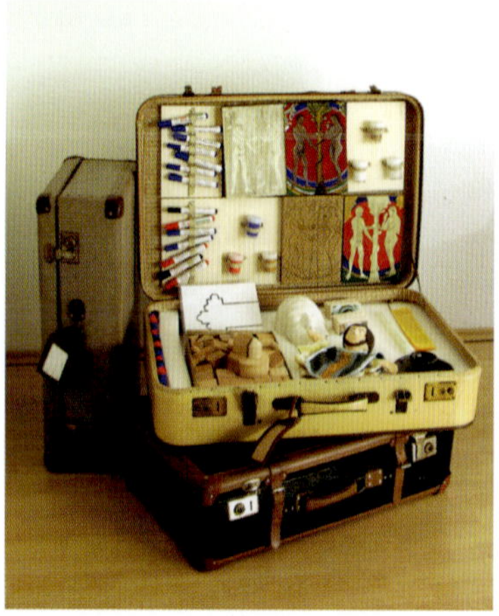

Erlebnisorientiertes Lernen ermöglichen die Welterbe-Koffer, die das Hornemann Institut zusammen mit Pädagogen entwickelte und seither an Lehrer ausleiht.

Die großen Relieffiguren der Chorschranken sind ein einzigartiges Zeugnis romanischer Skulptur. Sie sind aus Stuck gefertigt, einer vorwiegend aus Gips bestehenden Mischung, und waren ursprünglich farbig gefasst.

Der Hildesheimer Dom

Gotteshaus seit 1200 Jahren mit Tausendjährigem Rosenstock

Ehrwürdig steht der Dom von Hildesheim auf einer Höhe, die heute von Straßen und Gräben umgeben ist. Nach der Tradition der »Fundatio Ecclesiae Hildensemensis« kam es auf dieser Anhöhe zwischen Innerste und dem zufließenden Bach Treibe zu einer besonderen Gegebenheit: Kaiser Ludwig der Fromme (814 – 840) befand sich auf der Jagd und hielt hier zur Pause an. Die mitgebrachten Marienreliquien wurden an einen Rosenstock gehängt und später vergessen. Als in Elze der Verlust der Reliquien festgestellt wurde, schickte man sofort Leute nach Hildesheim, wo man die Reliquien immer noch hängend fand, aber sie nicht abnehmen konnte. Kaiser Ludwig kam daraufhin höchstpersönlich an diese Stelle und versuchte, die hängenden Reliquien abzunehmen, was auch ihm misslang. Fortan galt es als Gottes Wille, dass hier eine der Gottesmutter geweihte Kapelle erreichtet wurde, an deren Ostseite der Rosenstock wuchs, den wir heute noch im östlich zum Dom anschließenden Kreuzgang aufsuchen können. Kaiser Ludwig verlegt dann das kirchliche Verwaltungszentrum von Elze nach Hildesheim und gründet hier 815 das Bistum Hildesheim. Unter dem ersten Hildesheimer Bischof Gunthar entstand die erste, der heiligen Cäcilia geweihte Domkirche – neben der Marienkapelle. Unter Bischof Altfrid (851 – 874) wurde dann an Stelle der Marienkapelle eine dreischiffige Marienkirche als Bistumskirche errichtet, so dass der Rosenstock nicht nur erhalten blieb, sondern seitdem auch an der Domkirche gedeiht. Vom Altfrid-Bau lassen sich immer noch Elemente im Dom bewundern. Dieser Dom erfuhr 1013 durch einen Brand eine Schädigung, die Bischof Bernward (993 – 1022) sogleich zur Verschönerung des Domes nutzte: Der Dom erhielt 1015 die berühmten Bernward-Türen. In der Zeit des Bischofs Azelin (1044 – 1054) brannte der Dom nieder und wurde neu errichtet. Seine Maße waren so groß, dass sein Nachfolger, Bischof Hezilo (1054 – 1079), den Azelin-Neubau abbrach und selbst jenen Dom mit seinem mächtigen Westriegel errichtete, den wir heute im Kern vor Augen haben. Dieser Dom wurde in der Bombennacht vom 22. März 1945 mit der Altstadt und der Michaeliskirche zerstört und zwischen 1950 und 1960 nach den Plänen des Architekten Wilhelm Fricke wieder aufgebaut.

Die Bronzestatue des Bischofs Bernward von Carl Ferdinand Hartzer fand nach der Neugestaltung des Vorplatzes einen neuen Standort auf dem Domhof.

Der Tausendjährige Rosenstock ist ein Touristenmagnet auch außerhalb der Blütezeit.

Im Innenhof befindet sich ein dreiseitig umlaufender doppelgeschossiger Kreuzgang. Der obere Gang zeigt den so genannten Niedersächsischen Stützenwechsel (zwischen den Pfeilern befinden sich jeweils zwei Säulen).

Das Westwerk des Doms nach Restaurierung der Sandsteinfassade

In den Jahren 2010 bis 2014 fand eine umfassende Renovierung des Hildesheimer Domes statt, die mit seiner Wiederweihe am 15. August 2014 unter großer öffentlicher Anteilnahme ihren Abschluss fand.

Die Michaeliskirche

Weltkulturerbe als Gruß des Bischofs Bernward

Die Michaeliskirche ist ein einzigartiges Zeugnis der Glaubensüberzeugung und des Weltbildes des Mittelalters und wurde als solches 1985 zum Weltkulturerbe erklärt. Erbauer der Michaeliskirche war Bischof Bernward, der Sohn eines sächsischen Grafengeschlechts, 993 zum Bischof von Hildesheim geweiht. Er war ein hoch gebildeter und künstlerisch begabter Mann. Bernward hatte wie der spätere König Heinrich II. die Domschule von Hildesheim besucht. Als Erzieher von Otto III. Genoss Bernward großes Vertrauen der Königsfamilie. Die Biographen rühmen sein Interesse für Architektur, Kunst und Philosophie.

1010 erfolgte die Grundsteinlegung der Klosterkirche, denn bis 1542 war St. Michael ein Kloster und die Kirche eine Klosterkirche. 1022 weihte Bernward die fertiggestellten Kirchenelemente, bevor er am 22. November aus dem Leben schied und im für ihn reservierten mächtigen Westchor bestattet wurde.

Das Deckengemälde über dem Mittelschiff (hier der Blick nach Westen) zeigt im so genannten »Jessebohm« den Stammbaum Jesu.

Bernwards Intentionen lassen sich am besten innerhalb der Kirche erschließen: Proportionen, der Säulen-Pfeiler-Wechsel, die Anordnung der Emporen in den Seitenschiffen, die Westkrypta mit ihrem Rundgang und das Langschiff mit einer Flachdecke fanden Bernwards Zustimmung. Mönche des Klosters gestalteten zwischen 1220 und 1240 die Ausmalung der Holzdecke, auf der sie Jesu Stammbaum abbildeten – ein in dieser Größe einmaliges erhaltenes Kunstwerk des Mittelalters. Die Mönche knüpften an die Christussäule des Bischofs Bernward an, die 28 Stationen aus dem Leben Jesu zeigen. Diese bronzene Säule stand ursprünglich im Dom und befand sich für die Dauer der Renovierung des Doms in St. Michael.

Mit der Einführung der Reformation in Hildesheim 1542 wurde die Michaeliskirche zur evangelischen Gemeindekirche; die Krypta bleibt katholisch; seitdem leben beide Konfessionen unter einem Dach. Am 22. März 1945 wurden die Altstadt und die Michaeliskirche in einem Bombenangriff zerstört; 1950 wurde die Michaeliskirche wieder geweiht. Die Michaelisgemeinde ist sich der Verantwortung für das übertragene Kleinod bewusst. Auch die Kirchenführungen vermitteln dieses Bewusstsein und das Verständnis für die Intention des Baus, ganz im Sinne des Erbauers: »Venite concives nostri, Deum adorate vestrique praesulis Bernwardi mementote!« – »Kommt, Mitbürger, betet Gott an und gedenkt dabei eures Bischofs Bernward!« (Text des Widmungssteins)

Jürgen Osterley

Westlicher Vierungsturm und Rundturm der Gottesburg auf dem Michaelishügel

Während der Sanierung des Mariendoms war die Christussäule aus dem Jahr 1020 in der Michaeliskirche zu besichtigen.

Alfeld (Leine)

Alte Stadt und junges Leben – von der Hanse- zur Industriestadt

Schon vor 1000 Jahren gab es in der kleinen Marktsiedlung »Alvelde« ein buntes, geschäftiges Treiben. In der Altstadt spiegelt sich heute die wirtschaftliche Blütezeit des 15. und 16. Jahrhunderts durch eindrucksvolle und zum Teil liebevoll restaurierte Bauten wider. Zum historischen Kern zählt neben der Lateinschule, die das heutige Stadtmuseum beherbergt, und dem Rathaus aus der Weserrenaissance auch die dreischiffige gotische Hallenkirche St. Nicolai. Mit ihren weit sichtbaren Doppeltürmen gilt sie als Wahrzeichen der Stadt. Alfeld ist stolz darauf, zur Hanse gehört zu haben.

In Alfeld lässt es sich von jeher hervorragend wohnen und arbeiten. Die Infrastruktur ist umfassend gut aufgestellt, um sich rundherum wohl zu fühlen. Kindergärten, Horte, allgemeinbildende Schulen – Grundschule, berufsbildende Schule, Gymnasium – sind vorhanden. Ein modernes Krankenhaus und Seniorenheime, desgleichen Sportanlagen, Museen, eine Stadtbücherei, selbst eine Volkshochschule und eine Musikschule fehlen nicht. Darüber hinaus bereichert eine lebhafte Vereinsszene das Stadtleben. Auch das Kulturangebot kann sich sehen lassen: Stadtfeste – über die Region hinaus beliebt – Theater, Kino, eine vielseitige Musikszene, hochrangige Kulturevents, auch in der näheren Umgebung – für alle ist etwas dabei.

Sportbegeisterte kommen ebenfalls nicht zu kurz. Das Sieben-Berge-Bad ist bei jedem Wetter ein Paradies für Wasserfreunde. Radler und Mountainbiker haben ihren Spaß in der malerischen Leineaue oder der hügeligen Waldlandschaft.

Planetenhaus von 1608

Die attraktive Fußgängerzone in der Innenstadt lädt zum Bummeln ein und bietet ein vielfältiges Einzelhandelsangebot sowie eine gemütliche Gastronomie.

Highlight hier ist ein offener Wasserlauf, der über Kaskaden die Fußgängerzone entlangfließt und an dessen Ufer sich gerade im

Spiel und Spaß im Freibad »Sieben Berge«

Himmelbergturm in den Sieben Bergen

Fußgängerzone in der Altstadt

Wochenmarkt vor dem Rathaus

Sommer schnell Urlaubsgefühle einstellen.
Unübersehbar ragt der Schornstein der Papierfabrik aus dem Leinetal. Er ist ein Symbol für die Industriestadt Alfeld und steht für vielfältige Unternehmen, die hier zu Hause sind. Mit ihren zum Teil hochtechnisierten, spezialisierten und weltmarktführenden Produkten machen sie die Stadt allerorts bekannt.
Alfeld ist keine Metropole aber dennoch eine »kleine Weltstadt« und dies schon seit 150 Jahren. Viele der hier gegründeten Industrieunternehmen hatten und haben noch heute weltweite Geschäftsverbindungen. Lange Zeit war Alfeld Sitz der größten Tierhandlung der Welt.
Ihre besondere Bekanntheit verdankt die Stadt jedoch einer Schuhleistenfabrik, die Walter Gropius im Jahr 1911 als junger, noch unbekannter Architekt in Alfeld baute. Mit ihr legte er den Grundstein für moderne Architektur in der ganzen Welt. Deshalb gehört das Fagus-Werk seit 2011 zum UNESCO-Weltkulturerbe.
Alfeld steht für viel Lebensqualität im Leinetal, bietet Heimat für seine Bewohner und heißt seine Besucher herzlich willkommen.

Erlebnisspielplatz Kalandstraße

Blick vom Fillerturm

Bürgermeister Bernd Beushausen

UNESCO-Welterbe Fagus-Werk in Alfeld

Das Fagus-Werk gilt als Ursprungsbau der Moderne

Am 25. Juni 2011 wurde das Fagus-Werk in Alfeld als UNESCO-Weltkulturerbe ausgezeichnet.
Das von Walter Gropius und Adolf Meyer ab 1911 errichtete Fagus-Werk gilt als Ursprungsbau der Moderne. Den Architekten gelang es, einem mittelständischen Betrieb ein völlig ungewohntes, vom Traditionellen abweichendes Erscheinungsbild zu geben. 100 Jahre später wird das zeitlose und unter Denkmalschutz stehende Industriebauwerk immer noch als Fabrikgebäude genutzt und gilt inzwischen als Erfolgsgeschichte beispielhafter Industriekultur des 20. Jahrhunderts.
In dem Gebäude wird bis heute seit Gründung des Unternehmens ununterbrochen produziert. Firmengründer Carl Benscheidt verfolgte bereits zur Zeit der Firmengründung folgenden Grundsatz: »Unser Reichtum sind nicht unsere Maschinen, noch ein Bankkonto, sondern das Wissen und Können und die Einsatzbereitschaft unserer Mitarbeiter«. Diese Einstellung wird bis heute gelebt und ist wegweisend für die bereits vierte und fünfte Generation der Firmenleitung.
Der weitsichtige Firmengründer und Unternehmer Carl Benscheidt (1858 – 1947) erteilte dem damals jungen und unbekannten Architekten Walter Gropius den Auftrag ein Gebäude für seine Schuhleistenfabrik zu errichten, das modernen Gesichtspunkten entsprechen sollte. Das Fagus-Werk stellt eine reformierte Architekturauffassung vor, die die Bedürfnisse nach Licht, Luft und Klarheit berücksichtigt und die Möglichkeiten des Neuen Bauens mit Glas und Stahl einsetzt. Seit über 100 Jahren erfüllt das lebende Denkmal seinen Ursprungszweck als aktive Produktionsstätte. Die

Kunstausstellung in der Fagus-Galerie

UNESCO-Welterbe Fagus-Werk mit den Fertigungsbereichen Schuhleisten und Elektronik, Forschung und Entwicklung – im Hintergrund die Fagus-Gropius-Ausstellung (ehemaliges Lagerhaus)

Fagus-Schuhleistenfertigung wird heute durch die Unternehmensbereiche GreCon-Elektronik (Messtechnik und Brandschutzsysteme) und Weinig GreCon Maschinenbau (Keilzinkenanlagen und Doppelendprofiler) ergänzt. Insgesamt sind 380 Mitarbeiter auf dem Alfelder Werksgelände beschäftigt.
Die Fabrikanlage, bereits seit 1946 eingetragenes Baudenkmal, wurde im Laufe der vergangenen Jahre aufwendig restauriert, wovon sich bereits Tausende von interessierten Besuchern aus dem In- und Ausland überzeugten. Die spannende Geschichte der Welterbestätte und der dazugehörigen Unternehmen sowie viele weitere verwandte Themen werden in der Fagus-Gropius-Ausstellung im ehemaligen Lagerhaus dokumentiert. Auf insgesamt 3000 Quadratmetern Ausstellungsfläche unterteilt in elf Themenbereiche können Besucher in die Welt rund um das Weltkulturerbe eintauchen. Ein neueingerichtetes UNESCO-Besucherzentrum im ehemaligen Spänehaus ergänzt das Besucherangebot. Im Besucherzentrum können sich die Gäste an multimedialen und interaktiven Stationen über das Welterbe informieren. Die Bedeutung der UNESCO-Welterbestätte Fagus-Werk wird herausgestellt und weitere regionale und internationale Welterbeprojekte werden vorgestellt. In Ergänzung erfährt der Besucher viel über die interessante Firmengeschichte und kann sich über die aktuellen Produktionsaktivitäten auf dem Werksgelände informieren.
Mit verschiedensten kulturellen Veranstaltungen – von den Niedersächsischen Musiktagen über Kunstausstellungen bis hin zu Theaterinszenierungen – gehört das Gropius-Bauwerk inzwischen zum festen Bestandteil des kulturellen Lebens in der Region Alfeld und darüber hinaus. Der Verein der Freunde und Förderer des Fagus-Werks e.V., gegründet im Dezember 2011, verantwortet grundsätzlich die Organisation und Durchführung kultureller Aktivitäten. Im Untergeschoss der Fagus-Gropius-Ausstellung befindet sich die Fagus-Galerie, in der regelmäßig wechselnde Sonderausstellungen präsentiert werden.
Individuelle und öffentliche Führungen laden ein, einen Blick hinter die Kulissen zu werfen. Im besonderen Ambiente des ehemaligen Maschinenhauses kann man sich im Fagus-Gropius-Café von kulinarischen Leckereien verwöhnen lassen.

Besuchergruppen treffen sich zu einer Gästeführung vor dem Hauptgebäude.

Konzertveranstaltung im Tagungszentrum (ehemalige Stanzmesserproduktion)

Beitrag von:
UNESCO-Welterbe Fagus-Werk · Hannoversche Straße 58 · 31061 Alfeld
Tel. (0 51 81) 79-0 · info@fagus-werk.com · www.fagus-werk.com

Bad Salzdetfurth

Eine vitale und lebenswerte Kurstadt im Tal der Lamme

Seine Beliebtheit verdankt Bad Salzdetfurth vor allem seiner wohltuenden erholsamen Atmosphäre. Umgeben von Feldern, Wiesen und Wäldern, geprägt von malerischen Ortsteilen mit interessanten historischen Bauwerken und idyllischen Fachwerkhäusern, belebt durch kulturelles und sportliches Freizeitangebot und gute Gastronomie, bietet unsere Stadt alles, was sich Einwohnerinnen, Einwohner sowie Gäste heute wünschen.

Eine reizvolle Lage zum Wohlfühlen, moderate Grundstückspreise und gute Verkehrsanbindungen wirken sich positiv auf die Entscheidung aus, in der Stadt Bad Salzdetfurth zu wohnen. In den letzten Jahren haben sich vermehrt junge Familien dazu entschlossen, in einem der 13 Ortsteile zu bauen oder Eigentum zu erwerben und die Gelegenheit genutzt, sich ein Eigenheim um einiges kostengünstiger als in der regionalen Metropole Hildesheim zu schaffen.

Schon früh hat sich Bad Salzdetfurth als Handelsmetropole an der Lamme etabliert. Über die Frankfurter Heerstraße gelangten bereits vor Hunderten von Jahren Waren hierher. Die heutige Stadt entstand 1974 im Rahmen der kommunalen Gebiets- und Verwaltungsreform. Bad Salzdetfurth besteht aus den Ortsteilen Bad Salzdetfurth, Bodenburg, Breinum, Detfurth, Groß Düngen, Heinde, Hockeln, Klein Düngen, Lechstedt, Listringen, Östrum, Wehrstedt und Wesseln.

Die verkehrsgünstige Lage mit Anbindung an die A 7, an die B 243 und die stündliche Bahnverbindung mit der Lammetalbahn zum ICE-Bahnhof in Hildesheim macht Bad Salzdetfurth auch gerade für diejenigen interessant, die gerne etwas abseits des Großstadttrubels leben und wohnen möchten und trotzdem eine gute Anbindung an die Metropolen der Region erwarten. Außerdem bietet die Lammestadt eine gute Infrastruktur sowie ausreichend Einkaufsmöglichkeiten für die Dinge des täglichen Lebens.

Bad Salzdetfurth hat eine reiche Kalibergbau-Tradition.

Förderrad im Kurpark

St. Georg am Lammefluss

Leben heißt lernen. Und das geht heutzutage schon im Kindergarten los. In Bad Salzdetfurth treffen Sie auf ein Betreuungsangebot, das sich an den individuellen Bedürfnissen von Eltern orientiert. Dazu gehören Kindertagesstätten und Krippen genauso wie die individuelle Betreuung durch Kindertagespflege.

Unter dem Motto »Kurze Wege für kurze Beine« sichern die vier Grundschulen im Stadtgebiet eine gute, in Teilbereichen sogar fußläufige Erreichbarkeit. Nach dem Schulwechsel haben die Schülerinnen und Schüler die Möglichkeit, in Bad Salzdetfurth die Integrierte Gesamtschule mit gymnasialer Oberstufe zu besuchen oder aus dem breiten Schulangebot in der Stadt Hildesheim auszuwählen.

Bad Salzdetfurth ist der einzige Kurort im Landkreis Hildesheim und daher von jeher besonders den Themen Gesundheit und Tourismus verpflichtet. Bereits 1856 wurde das erste Badehaus

an der Lamme errichtet und die Gäste aus nah und fern schätzen bis heute die besonders heilkräftige Wirkung von Sole und Naturmoor. Für einen entspannten Spaziergang empfiehlt sich ein Besuch im gepflegten Kurpark. Besondere Aufmerksamkeit verdienen dabei die historischen Gradierwerke. Bundesweit werden nur noch 30 Gradierwerke betrieben – zwei davon stehen in Bad Salzdetfurth und sorgen von April bis Oktober für eine angenehme Brise im Kurpark.
Das Solebad ist seit Jahren ein Besuchermagnet für Gäste von nah und fern. Ein Bad im 32 °C warmen Wasser mit dreiprozentigem Solegehalt

Der Landschaftspark der Schlossanlage in Bodenburg

(Durch-)Blick auf Groß Düngen

Marktplatz mit Skulptur, die die Verbundenheit der Stadt zu ihrer Bergbautradition ausdrückt.

Historische Gradierwerke im Kurpark

weckt ungeahnte Kräfte. Es fördert die Durchblutung, entlastet den Bewegungsapparat und wirkt stimulierend auf das Nervensystem. Zusätzlich bieten die Fünf-Sterne-Saunen im Solebad Entspannung und Wohlbefinden pur.
Wer es aktiver mag, findet rund um Bad Salzdetfurth unter anderem zehn ausgeschilderte Rundwanderwege durch die bewaldeten Höhenzüge. Auch Radwanderer sind gern gesehene Gäste in der Kurstadt. Auf der Homepage der Stadt Bad Salzdetfurth stehen für sie zwölf Tourenvorschläge zu Ausflugszielen in der Region zum Download bereit. Mountain-, BMX- und Dirtbiker finden im Bike- und Outdoorpark Bad Salzdetfurth ein Eldorado für Radsportler. 50 000 Quadratmeter mit Übungsparcours, Pumptrack, Slope Style, Dirtline, North-Shore und Singletrails lassen das Herz eines jeden Mountainbikers höher schlagen. Die geschotterten Wege stehen auch für Nordic Walking, Jogging und Spaziergänge zur Verfügung.
Dazu bieten zum Beispiel eine Adventuregolfanlage, ein Segelflugplatz, ein 18-Loch-Golfplatz, eine Indoor-Golfanlage, mehrere Pferdehöfe und zwei Freibäder Möglichkeiten einer aktiven Freizeitgestaltung.
Der Veranstaltungskalender Bad Salzdetfurth ist jährlich aufs Neue mit attraktiven Terminen gefüllt. Dies ist auch der Verdienst der örtlichen Vereine und Verbände. Ob Spektakel im Kurpark, Altstadtfest, Teichrockfestival oder hochkarätige Radsportveranstaltungen; die Veranstaltungen in Bad Salzdetfurth – zudem viele davon unter dem Motto »draußen & umsonst« – laden zu einem Besuch in der Kurstadt ein.

Ich würde mich freuen, Sie als Gäste in Bad Salzdetfurth begrüßen zu können.
Herzlichst,

Henning Hesse, Bürgermeister

Entdecken Sie die Wirkung von Sole, Salz und Sauna

Bad Salzdetfurth als Kompetenzzentrum für Gesundheit

Sole ist ein Allroundtalent in Sachen Gesundheit, Wohlbefinden und Entspannung. Schwimmen Sie einmal im wohlig warmen Wasser mit rund dreiprozentigem Solegehalt im Sole-Frei- und Hallenbad in Bad Salzdetfurth und Sie werden überrascht sein, wie sich die Sole positiv auf Ihren Körper und Ihr Nervenkostüm auswirkt. Wohlbefinden stellt sich ein. Eine besondere Entspannung ist das Schwimmen im 450 Quadratmeter großen Außenbecken – ein herrliches Vergnügen bei Eis und Schnee.

Solebewegungsbäder im Therapiebecken

Blick in die Altstadt

Neben dem Außenbecken stehen ein 250 Quadratmeter großes Innenbecken, ein Therapiebecken, ein Whirlpool und großzügig gestaltete Ruhezonen zur Verfügung.
Die Bewegung in der Sole ist durch den erhöhten Auftrieb viel leichter. Legen Sie sich einfach auf das Solewasser – es trägt durch seine Dichte, die größer als 1 g pro Kubikmeter ist, besser. Das bedeutet eine Wohltat für die Gelenke. Aber auch der gesamte Kreislauf, die tieferliegenden Organe und die Muskulatur profitieren von Solebädern. Zudem ist das salzhaltige Wasser ein »Jungbrunnen« für Ihre Haut.
Solebäder und Solebewegungsbäder werden wegen ihrer positiven Wirkung traditionell angewendet bei rheumatischen Erkrankungen, Wirbelsäulen- und Bandscheibenschäden, nach Hüftgelenks- und anderen Gelenkoperationen, bei Hauterkrankungen und zur Stressreduzierung.

Entspannung finden Sie auch in den Fünf-Sterne-Saunen, die unmittelbar an das Solebad in Bad Salzdetfurth angebunden sind. Fünf verschiedene Saunen von der klassischen finnischen Sauna über die Kelo-Sechseck-Sauna, die Kelo-Erdsauna, das Sanarium und die römische Dampfsauna stehen Ihnen für eine Auszeit aus dem hektischen Alltag zur Verfügung. Ein besonderes Highlight sind die beiden Kelo-Saunen, die aus importierten Kelo-Rundholzstämmen des Polarkreises errichtet wurden. Es sind Kiefernstämme, die aufgrund des harten Klimas langsam wachsen und bis zu 250 Jahre alt sind. Diese naturbelassene Polarkiefer sorgt für ein unvergleichlich weiches Klima und verbreitet einen angenehmen, eigentypischen Geruch.
Erleben Sie die wohltuende Atmosphäre in der Kelo-Erdsauna mit ihrem »offenen Ambiente-Feuer«. Es lässt den Saunagang zu einem echten Saunaerlebnis werden. Saunen – das heißt Muße und Zeit für sich selbst, das heißt Reinigung für Körper und Geist, das heißt Entfaltung natürlicher Schönheit – eben Wellness pur.

Moor und Sole

Die geballten Naturheilkräfte

Ein wohltuendes Moorbad

Im TherapieZentrum der Naturheilmittel werden seit mehr als 150 Jahren die wirksamen Mineralstoffe des »weißen Goldes« zu Heilzwecken genutzt. Tief unter Bad Saldetfurth befindet sich ein Salzlagerstock, der auch heute noch die wertvolle Salzsole in unterschiedlichen Konzentrationen liefert.

1828 hatte der Geheime Bergrat Johann Wolfgang von Goethe im thüringschen Sulza die Nutzung der Sole zu Heilzwecken empfohlen. 1856 wurde in Salzdetfurth das erste Badehaus errichtet und 1857 eröffnete der Kurbetrieb mit vier Wannen seine Pforten. Mit Sole können Entzündungen der oberen Luft- und Atemwege, bronchitische Erkrankungen, Nebenhöhlenaffektionen, etc. behandelt werden. Solebäder helfen bei rheumatischen oder gynäkologischen Erkrankungen sowie bei Kreislauf- und Hauterkrankungen.

Der Erfolg blieb nicht aus. Die 1925 gegründete Badebetriebsgesellschaft baute 1927/28 das Kurmittelhaus, welches in seiner modernisierten Gestalt das TherapieZentrum der Naturheilmittel bildet.

Hier wird neben der Sole das in eigenen Heilmoorgewinnungsgebieten abgebaute Niedermoor als weiteres Naturheilmittel eingesetzt. Moorbäder und -packungen wirken durch den gesteigerten Wärme- und Stoffaustausch über die Haut. Dies regt die Durchblutung und den Stoffwechsel an und wirkt sich positiv auf das Immunsystem aus.

Moor und Sole werden kombiniert mit speziellen physikalischen Therapien von der klassischen Massage über Bindegewebsmassage, Lymphdrainage, Krankengymnastik und Rückenschule bis hin zur Licht-, Kälte-, Wärme- und Elektrotherapie, um je nach Art der Erkrankung Genesung, Linderung und Besserung herbeizuführen.

Immer mehr Menschen achten auf ihre Gesundheit und Vitalität. Sie wissen es zu schätzen, sich Zeit für sich und ihren Körper zu nehmen. Im Wellness-Spa-Bereich des TherapieZentrums bieten wir Entspannungsbäder, Aromaöl-Massagen, Hot-Stone-Massagen und ayurvedische Massagen an.

Gern informieren wir Sie über das Angebot. Bitte besuchen Sie uns auch im Internet unter:
www.mit-natur-natürlich-fit.de

Ein Spaziergang durch den Kurpark

Beiträge von:
TherapieZentrum der Naturheilmittel
Kurbetriebsgesellschaft
Bad Salzdetfurth mbH
Unterstraße 87
31162 Bad Salzdetfurth
Tel. 05063 900-0

Bockenem, das städtische Herz des Ambergaus

Gemeinschaftsleben in Stadt und 17 Ortschaften – zwischen Hainberg und Weinberg

Bockenem liegt nicht nur an wichtigen, zum Teil alten Verkehrswegen (»Königsweg«, A7/E45), sondern verfügt auch über einen gleichnamigen Autobahnanschluss. Durch die direkte Anbindung an das Autobahnnetz, hat sich der »Gewerbepark« als bevorzugter Standort für verschiedene Gewerbebetriebe entwickelt. Zur Stadt gehören 17 Dorfschaften, die sich zwischen dem »Hainberg« im Osten und dem »Weinberg« im Westen im Tal der Nette erstrecken. Von den ungefähr 10 000 Einwohnern leben etwa 4500 in der Kernstadt Bockenem.

Angefangen hatte alles mit dem Dorf Bockenem im Bereich der heutigen Straßen »Rodentau« und »Winkel«. Hier befinden sich auf dem alten »Dorfplatz« die Heiliggeistkapelle, die teilweise romanische Elemente zeigt, und das daneben stehende Beguinenhaus, das ehemalige Spital der Stadt. Oberhalb davon entstand die Kirche St. Pankratius, die heute eine der herausragenden Kirchen der Region Hildesheim ist. An der Kirche entwickelte sich ein städtisches Gemeinwesen mit Marktplatz, Rathaus und Bürgerhäusern. Eine Burg gab es auch in Bockenem, von der aber heute nichts mehr zu sehen ist. Von der Burg aus gründeten die Grafen von Wohldenberg im Jahre 1300 die Stadt Bockenem, die ihnen der Bischof von Hildesheim 1315 abkaufte. Wie Hildesheim, Alfeld und Gronau (Leine) war auch Bockenem Hansestadt; der Hanse-Vereinigung der Neuzeit ist Bockenem 1980 beigetreten.

Das alte Dorf von Bockenem zwischen St. Pankratius und Nette mit der »Heiliggeistkapelle« und dem Beguinenhaus

Mehrere schwere Stadtbrände im 18. und 19. Jahrhundert – insbesondere der von 1847 – führten zu nachhaltigen Beeinträchtigungen. Allein die gotische Stadtkirche und die Superintendentur (Pfarrhaus, 16. Jh.) dahinter zeugen von dem Glanz dieser Stadt in früheren Jahrhunderten. Wenn die Bockenemer Altstadt heute dennoch ein unverfälschtes Fachwerkbild zeigt, ist dies Ausdruck von Tradition, Bodenständigkeit und Selbstbewusstsein gleichermaßen.

Die Wirtschaftskraft Bockenems und seines unmittelbaren Umlandes wird von einem reich gegliederten Gewerbe, von Industrie und Landwirtschaft bestimmt. Dabei hat die Stadt von Anfang an die Funktion eines regionalen Zentrums wahrgenommen. So ist sie auch heute Einkaufs- und Zielort für das Gebiet ringsum. Besonderen Ausdruck findet dieses Wirtschaftspotenzial in den drei großen Stadtmärkten, die traditionell im Frühjahr, zu Martini und zu Weihnachten durchgeführt werden.

Die zentrale Lage Bockenems für sein Umland zeigt sich in besonderem Maße im Arbeitsplatzangebot der ansässigen Industriebetriebe, im schulischen und kulturellen Bereich, auf dem Sektor der sozialen und der ärztlichen Versorgung und schließlich darin, dass Bockenem Verwaltungssitz ist. Die Stadt Bockenem verfügt in der Kernstadt über zwei Kindergärten und in vier Ortschaften über weitere Kindertagesstätten. Von den beiden Grundschulen besteht die größere in Bockenem und die kleinere in Bornum. Der gesamte Sekundar-Bereich I ist in einem modernen Schulzentrum am östlichen Kernstadtrand untergebracht.

Auf kulturellem Sektor bietet die Stadt Bockenem eine breite Palette. Der am Buchholzmarkt bestehende Kultur-Laden lädt in jedem Sommer

Der Buchholz-Markt mit Rathaus und St. Pankratius

zu seinem »Serenaden im Hof« ein und die evangelische Kirchengemeinde weiß sich mit ihrem reichhaltigen Konzert- und Orgelangebot eines breiten Besucherpublikums sicher. Eine Reihe regelmäßiger Kunstausstellungen komplettiert das vielseitige Angebot. Anspruchsvolle Kulturveranstaltungen finden auch in einigen Ortschaften statt, in denen die traditionellen Dorffeste ohnehin einen festen Stellenwert einnehmen.

Einen hohen Bekanntheitsgrad in der Region besitzt das städtische Turmuhren- und Heimatmuseum am Markt, für das man »Zeit« mitbringen sollte. Sein Ausstellungsschwerpunkt liegt auf der Präsentation von Turmuhren, die zwischen 1850 und 1950 in der damaligen Bockenemer Turmuhren- und Glockenfabrik Weule hergestellt wurden.

Das große und breit gestreute Freizeitangebot im Stadtgebiet ist vor allem an die etwa 150 Vereine gebunden. Veranstaltungen verschiedener Art finden das ganze Jahr über statt, wobei die Spanne vom Wandern und Radfahren bis hin zum Bosseln und zum Hufeisenwerfen reicht. Besonderer Anziehungspunkt in den Sommermonaten ist das mit seinem hohen Freizeitwert und seinen gepflegten Grünanlagen weit über den Ambergau hinaus bekannte städtische Freibad.

Die günstige Verkehrslage und die schnelle Erreichbarkeit machen die Stadt wie auch ihr Umland für viele Auswärtige zu einem besuchenswerten Ziel. Die Stadt wird vor allem in den Sommermonaten von Durchreisenden als Übernachtungsquartier angefahren.

Die andere Besuchergruppe besteht aus Tagesausflüglern, die die Stadt und den Ambergau wegen ihrer Sehenswürdigkeiten anfahren, die in den umgehenden Waldungen wandern oder Rad fahren oder die dieses Gebiet wegen anderer Freizeitaktivitäten – etwa dem Besuch des Bockenemer Freibades – aufsuchen.

Holger Pieper

Turmuhrenmuseum

Im »Museum« der Zeit schlägt die Stunde

Bockenem hat Johann Friedrich Weule viel zu verdanken – auch ein Museum der Zeit. Weules Biografie begann am 19. April 1811 in Alt Wallmoden (auf der anderen Seite des Hainbergs). Im Alter von 25 Jahren eröffnete er in Bockenem in der Steintorstraße eine Uhrmacherwerkstatt, befasste sich aber bereits mit der Entwicklung von Turmuhren. Dann kam für die Bockenemer die Brandkatastrophe von 1847 – eine Art »Stunde Null« für Stadt und Bürger. Beim großen Stadtbrand wurden nicht nur rund 90 Prozent der Stadt zerstört, auch Weules Betrieb wurde ein Raub der Flammen. Er baute den Betrieb wieder auf und erweiterte ihn zur Turmuhrenfabrik. Der erste Auftrag kam 1848 aus Goslar: Johann Friedrich Weule baute für die Marktkirche eine Tagesuhr (Aufzug alle 24 Stunden) mit Viertelstundenschlagwerk, die auch heute noch, nach 160 Jahren, zuverlässig die Zeit anzeigt und schlägt. Einzig 1946 bekam die Uhr einen elektrischen Aufzug, wieder beim Hersteller aus Bockenem. Im Jahr 2009 wurde das 160-jährige Jubiläum gefeiert. Hierzu wurde die Uhr aufgearbeitet und in den Ursprungszustand zurückversetzt (es wurde kein Verschleiß festgestellt).

Weitere Uhren wurden gebaut und immer wieder verbessert. Bereits 1858 konnte die erste Turmuhr mit wöchentlichem Aufzug ausgeliefert werden. Die Weule-Turmuhren wurden auf vielen bedeutenden Ausstellungen und Messen gezeigt und ausgezeichnet. In alle Erdteile sind Turmuhren aus Bockenem geliefert worden und gehen bis heute präzise. Einige sind jetzt durch elektronische Uhren abgelöst worden. Die frei gewordenen Turmuhren wurden zum Grundstock einer kontinuierlich wachsenden Sammlung im Museum der Zeit.

1879 setzte sich der Firmengründer zur Ruhe und übertrug die Leitung auf seine Söhne Friedrich (1855 – 1952) und Wilhelm. Wilhelm schied aus dem Unternehmen aus und gründete in Goslar eine optische Glasschleiferei. Friedrich setzte den Ausbau des Werkes stetig fort. Die Turmuhrenfabrik wurde unter ihm zum größten Hersteller der Welt.

Turmuhr der Firma Weule, Bockenem, Baujahr 1946, Halb- und Vollstundenschlagwerk mit integriertem Betglockenwerk und elektrischem Aufzug

Turmuhr der Firma Korfhage, Buer, Baujahr 1948, Halb- und Vollstundenschlagwerk mit integriertem Betglockenwerk und elektrischem Aufzug

Turmuhr der Firma Weule, Bockenem, Baujahr 1909, Halb- und Vollstundenschlagwerk mit separatem Betglockenwerk

1896 wurde eine neue Dampfkraftanlage und 1898 eine neue Gießerei in Betrieb genommen. Nun konnte auch die Glockenfertigung erweitert werden. Zu dieser Zeit hatte das Werk über 80 Mitarbeiter und beschäftigte Uhrmacher, Schlosser, Schmiede und Gießer.

Da in Bockenem keine großen Bronzeglocken gegossen werden konnten, tat man sich mit der Glockengießerei Gebrüder Ulrich in Apolda zusammen und firmierte fortan unter dem Namen »Glockengießerei Ulrich & Weule, Apolda und Bockenem«. Das größte Glockenspiel der Welt, mit über 30 Glocken, erfreut noch heute die Menschen in Buenos Aires. Auch die Glocke, die im Lager Friedland bei Göttingen, seinerzeit die Heimkehrer und heute die Aussiedler begrüßt, wurde in Bockenem gegossen. 1918 übergab Friedrich senior den Betrieb an seinen Sohn Friedrich junior. Nach Ende des Zweiten Weltkrieges wurden wieder Turmuhren gebaut und Glocken gegossen, die Auftragsbücher waren voll. Das Unternehmen hatte sich jedoch finanziell übernommen und musste am 18. März 1953 Konkurs anmelden.

Das Turmuhrenmuseum finden Sie direkt am Marktplatz in Bockenem, neben der St. Pankratiuskirche. An seinem mächtigen Giebel hängt das von Bürgern Bockenems gestiftete Glockenspiel. Wir sind stolz, dem interessierten Publikum über 60 gangfähige Exemplare (mit der ältesten Uhr von 1563) zeigen zu können. Sie sehen wahre Prachtstücke des Turmuhrenbaus. Präzise Technik für eine genaue Zeit. Lassen Sie sich faszinieren von der Technik zur Messung der Zeit im »Museum der Zeit«.

Öffnungszeiten: Samstag und Sonntag von 15 bis 17 Uhr, auch nach Vereinbarung; Glockenspiel täglich um 11.45, 14.55 und 16.55 Uhr.

Jörg-Dieter Besch

Giebel des Turmuhrenmuseums mit dem Glockenspiel

St. Pankratius

Restaurierte Kirche und Engelhardt-Orgel

St. Pankratius
Bereits für das Jahr 1275 als Archidiakonatskirche St. Pancratius in Bockenem erwähnt, wurde der heutige Kirchenbau um 1400 als spätgotischer Hallenbau aus Bruchstein errichtet und 1403 geweiht. Mit Einführung der Reformation wurden Kirche und Gemeinde protestantisch. Nach dem letzten großen Stadtbrand am 9. April 1847 wurde die Kirche im 19. Jahrhundert umfangreich wiederhergestellt.
Der Taufstein aus Messing, der den Brand überstanden hatte, stammt laut Inschrift aus dem Jahre 1703 (Chr. Nitsche, Hildesheim). Drei der vier Kirchenglocken stammen aus der Bockenemer Turmuhrenfabrik und Glockengießerei F.W. Weule, die vierte Glocke stammt von der Firma Schilling in Apolda. Die Turmuhr baute ebenfalls Firma Weule in Bockenem. Das Altarkreuz und die Leuchter aus Bronze schuf der Bildhauer Ulrich Henn.

Restaurierte Engelhardt-Orgel in St. Pankratius

Die Orgel in St. Pankratius
Die erste Orgel wurde 1515 urkundlich erwähnt; nach einem Blitzschlag 1623 wurde eine neue Orgel vom Halberstädter Orgelbauer Heinrich Herbst erbaut. 1841 bis 1843 erfolgte durch Orgelbauer Meyer aus Hannover ein Umbau und eine klangliche Erweiterung auf 32 klingende Stimmen (Register). Dieses Instrument erklang bis zum großen Stadtbrand von 1847. Nach Sichtung verschiedener Orgelangebote entschied man sich im Januar 1851 für das teuerste Angebot des Herzberger Orgelbauers Engelhardt (geboren 1804 bei Naumburg, gestorben 1866 in Herzberg/Harz). Engelhardt hat Orgeln im Südharz, im Gebiet Braunschweig, Goslar, Lüneburg und im Wendland gebaut. Seine Orgel hatte 33 Register verteilt auf Hauptwerk (13), Oberwerk (11) und Pedal (9). Die Windversorgung erfolgte über 5 große Keilbälge. Am Sonntag, den 29. Januar 1854, erklang die Orgel erstmals im Gottesdienst. 1969 erfolgte ein weitreichender Umbau der Orgel durch die Firma Schmidt & Thiemann, Hannover. Dieser Umbau umfasste vor allem eine Erweiterung der Orgel um ein Rückpositiv mit sieben Registern. Zu Beginn des 21. Jahrhunderts wurde eine klangliche und technische Teilrestaurierung notwendig, die 2006 durch Firma W. Sauer aus Frankfurt/Oder erfolgte. Klanglich gewann die Orgel an Gravität und Stimmenreichtum hinzu. Es ist wieder zu einem in sich geschlossenen Klang der Orgel kommen. Eindrücklich beweist das die CD-Einspielung von Martin Schmeding mit Felix Mendelssohn-Bartholdy-Orgelwerken. Die Orgel in der St. Pankratius-Kirche in Bockenem ist aus historischen und künstlerischen Gründen als Kulturdenkmal nach § 3 Abs. 2 NDSchG eingestuft.

Neuweihe der Pankratiuskirche 2014

Das Pfarrhaus
Eines der schönsten und auch ältesten Häuser Bockenems ist das Pfarrhaus, welches im Jahre 1523 erbaut wurde. Da es für evangelische Pfarrfamilien zu klein war, erfolgte im Jahre 1584 ein Erweiterungsbau. Die Fassade weist etliche schmuckvolle Details auf. Neben dem Wappen der Stadt Bockenem hat ein Bildschnitzer den heiligen Pankratius in eisengrauer Rüstung mit rotem Überwurf und bunter Helmzier dargestellt. In der rechten Hand trägt der Heilige ein Schwert, in der linken das Modell einer Kirche. An den Balkenköpfen der Gebäudeecken sind sechs Masken herausgearbeitet. Über mehrere Jahrhunderte war das Haus »Am Kirchhof 2« der Wohn- und Amtssitz des Superintendenten. 2004 fiel die Superintendentur-Pfarrstelle weg; das Haus dient jetzt als Pfarrhaus des Ortspastors und beherbergt außerdem das Kirchengemeindebüro.

Christoph Pannek

Imposant hebt sich St. Pankratius aus dem Stadtbild der Hansestadt Bockenem heraus.

Die ehemalige Superintendentur dient jetzt als Pfarrhaus und Kirchengemeindebüro.

Sarstedt – eine moderne und lebendige Wohnstadt

Stadt mit Herz

Ehemalige Mühle, heute Wasserkraftwerk

Jede Stadt hat ihr besonderes Gesicht. Im Bild der Stadt spiegelt sich der Geist ihrer Bürger, der Ortsgeist, der ihre Züge prägt im Guten wie im Bösen. Das Gesicht unserer Stadt hat sich vorteilhaft verändert. Mit Freude und voller Stolz können wir feststellen, dass Sarstedt ein schönes, freundliches Gesicht hat.
Kaum 1000 Einwohner zählte Sarstedt als es im Jahre 1339 die Stadtrechte bekam. Mit der Verleihung der Stadtrechte wurden Sarstedt keine größeren Rechte verliehen. Die Stadt erhielt auch keine Landeszuweisungen oder musste gar weniger Abgaben an den Landesherrn zahlen, um die bescheidenen Lebensverhältnisse der Bürger zu verbessern. Niemand konnte damals voraussehen, dass Sarstedt sich zu einer ansehnlichen Kleinstadt mit der ihr zukommenden zentralörtlichen Bedeutung entwickeln würde.
Auch durch den mit knapper Mehrheit der städtischen Kollegien – den Bürgervorstehern und dem Magistrat – gefassten Beschluss vom 12. Oktober 1929, dass Sarstedt zur städtischen Verfassung der Hannoverschen Städteordnung übergehen solle und mit dem die kommunalrechtliche, verfassungsmäßige Stadtwerdung besiegelt wurde, änderte sich für die Bürger nichts. Der dörfliche Charakter blieb noch viele Jahrzehnte erhalten. Es war ein sehr langer und beschwerlicher Weg von der Verleihung der Stadtrechte bis zum heutigen Mittelzentrum. Entscheidende Schritte hierzu wurden im Grunde erst in den letzten Jahrzehnten getan. Dazu gehören insbesondere die positive Bevölkerungsentwicklung, der umfangreiche Wohnungsbau, die erfolgreichen Gewerbeansiedlungen, die Errichtung und Verbesserung der Verkehrsinfrastruktur, ein reges Kultur- und Gemeinschaftsleben.
Aus dieser einstigen beschaulichen Mittelstadt zwischen den Großstädten Hannover und Hildesheim, im Ursprungtal der Innerste und der Leine, hat sich Sarstedt, insbesondere in den letzten 30 Jahren, zu einer lebendigen und modernen Wohnstadt im Grünen entwickelt.
Eine Stadt mit Herz, einem bunten, vielseitigen und attraktiven Gesicht,

Fußgängerzone im Herzen der Stadt

Am Zusammenfluss von Innerste und Leine

Filigrane Betrachtung des einstigen Stadttores

das erst im zweiten Anlauf beim Betrachten der Stadt und einem längeren »Hier Leben« deutlich wird.
In den vergangenen drei Jahrzehnten hat sich auch in Sarstedt bemerkbar gemacht, dass sich der moderne Mensch immer mehr auf die Stadt orientiert hat und Sarstedt somit in wachsendem Maße zu einem zentralen Ort geworden ist.
Die Bevölkerungszahl von 16 956 in jener Zeit ist bis heute auf 18 863 angewachsen. Im gleichen Zeitraum wurden mehr als 3000 neue Arbeitsplätze geschaffen, so dass heute rund 6000 Beschäftigte in Sarstedt arbeiten.
Die hervorragende Verkehrsanbindung, zukunftsweisende städ-

tebauliche Projekte, international erfolgreiche Unternehmen und auch ein bedarfsgerechtes Betreuungsangebot für Kinder – von der Krippe über Kindergarten bis zur Ganztagsgrundschule – machen die Stadt als Wirtschafts- und Lebensstandort interessant.

Wirtschaftliche Entwicklung und Arbeitsmarkt

Mit der Ausweisung von Gewerbeflächen wird ein wirtschaftlicher Strukturwandel deutlich, der im Rahmen der Wirtschaftsförderung bis heute bezeichnend ist. Überwiegend im nördlichen Bereich der Kernstadt fand die Ausweisung von Gewerbegebieten statt. 1987 konnte in vier Gewerbegebieten mit einer Gesamtfläche von 50 Hektar bereits eine zukunftsweisende Entwicklung abgeschlossen werden, nachdem sich 35 Betriebe angesiedelt hatten. Um keinen Stillstand eintreten zu lassen, wurden weitere Gewerbegebiete geplant. Das Gewerbegebiet »Im Kirchenfelde« wurde in kürzester Zeit mit 26 Betrieben erschlossen. Es handelte sich hier um 14 Neuansiedlungen und 12 Umsiedlungen im Rahmen der Standortsicherung.
Um einen nahtlosen Übergang in der Angebotspolitik für Gewerbeflächen

St. Nicolai-Kirche von 1457

Rathaus der Stadt von 1798 mit Anbau von 1882

zu erreichen wurde der Gewerbepark Sarstedt mit einer Gesamtfläche von rund 28 Hektar entwickelt, um wichtige Standortfaktoren von heute und morgen zu sichern.

Wohnen im Grünen

Die Erschließung neuer Wohngebiete steht seit Jahren im Vordergrund der städtebaulichen Entwicklung. Nicht nur vorrangig in der Kernstadt, auch in den Ortsteilen entstanden und entstehen kleinere, überschaubare Baugebiete in dörflicher Idylle. Ruhe und Entspannung, Wohnen in einer grünen Lunge, wird hier noch pur geboten.
Das größte und zukunftsweisende Wohngebiet Sonnenkamp entstand ab 1998 und erschließt sich auf einer Fläche von 63 Hektar. Die reizvolle Lage und der außergewöhnliche Panoramablick, der sich vom Sonnenkamp aus bietet, gibt diesem Stadtteil ein besonderes Flair des Wohnens. Auch innerhalb des Baugebietes sorgen ausgedehnte Grünzüge für ein Wohnen mit der Natur.
Sarstedt wird auch hier seinem Slogan gerecht: Wohnstadt im Grünen.

Freizeit, Sport, Kultur ....

Was tun mit der freien Zeit? In Sarstedt dürfte sich diese Frage kaum stellen. Das übliche Freizeitangebot wird nicht nur durch die vorhandenen kommunalen Einrichtungen wie dem Jugendzentrum und dem Innerstebad, sondern auch durch die vielen Vereine und Verbände ergänzt. Sarstedt hat hier ideale Vorraussetzungen, so dass für jedermann etwas dabei ist.
Die Natur lädt zu besonderen Entdeckungen ein: Beispielsweise entlang der Innerste auf dem »Radweg zur Kunst« oder auf dem »Leine-Fernradweg« zu radeln. Dabei erschließen sich bemerkenswerte Eindrücke von einer wunderschönen Landschaft, die zu jeder Jahreszeit ihren Reiz hat. Ebenso attraktiv sind die in den letzten Jahren ausgebauten Rad- und Wanderwege im Grüngürtel des gesamten Stadtgebietes.
Das Sarstedter Naherholungsgebiet Giftener Seen hat sich besonders in den Sommermonaten zu einem Eldorado entwickelt und ist nicht nur für Sonnenanbeter, sondern auch für Segler und Surfer aus nah und fern zu einem beliebten Treffpunkt geworden.
Direkt in Sarstedts Innenstadt befindet sich das Innerstebad. Eine Wasserfläche von 1500 Quadratmetern, Riesenrutsche, Whirlpools, Wildbach, eine attraktive Saunalandschaft und vieles mehr steht den Besuchern zur Verfügung.

Sprudelbecken im Innerstebad

Gäste erleben das Innerstebad wie einen Tag Urlaub.
Die kulturelle Bandbreite hat mit der gesellschaftlichen und wirtschaftlichen Entwicklung große Fortschritte gemacht.
Auch für aktive und passive Sportlerinnen und Sportler hat Sarstedt ideale Voraussetzungen. Organisierte Sportvereine bieten ein großartiges, breit gefächertes Sportangebot und sind oftmals erste Anlaufpunkte von Neubürgern um in der Stadt heimisch zu werden.
Sarstedt hat ein schönes, freundliches Gesicht, eine Stadt mit Lebensqualität.

Herzlichst,
Heike Brennecke
Bürgermeisterin

Die Mündung der Innerste in die Leine

An einer Bank mit besonderem Ausblick

Auf den letzten Kilometern des langen Weges bis zur Mündung umfließt die Innerste noch einmal einen Ort, der schon vor mehr als 1000 Jahren urkundlich erwähnt ist. Es sind nur wenige Häuser in Ruthe, die aber auf historischem Grund stehen. Dort, wo sich gegenüber den Wohnhäusern die katholische Kirche Heilige Dreifaltigkeit mit dem weithin sichtbaren Kirchturm befindet, stand im Mittelalter eine stark befestigte Burg, die den Nordwesten des Bistums schützte. Sie wurde von Bischof Siegfried II. um 1290 errichtet. Die erste Verwaltung des großen Amtes Ruthe wurde von hier aus geregelt. Die Burg wurde aber in der Hildesheimer Stiftsfehde vollständig von den Calenbergern zerstört, mit ihr auch die Siedlung. Das Amt wurde calenbergisch und deshalb vom Amt Coldingen über 120 Jahre mitverwaltet. Mit der Wiederherstellung des Großen Stiftes wurde es 1643 an den Bischof zurückgegeben. Sofort wurde ein neues Fachwerkamtsgebäude nebst den notwendigen Wirtschaftsgebäuden der Amtsökonomie auf dem Burggelände errichtet.

Brauhaus und Gebäude des Amtes Ruthe

Große Veränderungen gab es um 1750. Fürstbischof Clemens August ließ auf dem Burggelände ein großes Schloss bauen, dem ein Teil der vorhandenen Gebäude weichen musste. Die neuen Wirtschaftsgebäude wurden auf dem Schäferberg auf der anderen Seite der Leine errichtet. Das Schloss diente als Wohnung des Amtmannes und der Amtsverwaltung. Es war reich mit Kunstschätzen ausgestattet. 1891 wurde das Schloss ein Raub der Flammen. Gerettete Einrichtungsgegenstände gelangten in die Museen. Ein Teil der wertvollen Fliesengemälde aus Wrisbergholzener Großfliesen ist heute im Städtischen Museum in Dortmund und im Museum in Flensburg zu besichtigen.

Nach dem Schlossbrand wurde 1898 auf dem Burggelände die neue Kirche Heilige Dreifaltigkeit erbaut. Auch eine evangelische Schule mit Lehrerwohnhaus fand hier Platz. Der alte Burggraben, der Innerste und Leine verbunden hatte, wurde nach und nach zugeschüttet und ist heute nur noch zu erahnen. Der heutige Kinderspielplatz war ehemals Teil der Wasserbefestigung. Ins Auge fällt hier ein ungewöhnlich großes Gebäude. Es handelt sich um das alte Brauhaus, das nach der Wiederherstellung des Großen Stifts errichtet wurde. Es ist schon in einer offiziellen Karte aus dem Jahre 1677 verzeichnet und ist das älteste profane Gebäude im heutigen Stadtbezirk Sarstedts. Es diente nicht nur der Bierbrauerei sondern enthielt auch Amtsräume, das Gefängnis sowie die Wohnung des zweiten Beamten. Amt und Gericht bestanden bis 1859. Später wurde das Brauhaus als Wohngebäude für landwirtschaftliche Arbeiter der Domäne Ruthe genutzt. Nach dem Zweiten Weltkrieg fanden hier 45 Familien ein Quartier. Am Brauhaus befindet sich das große, in Stein gehauene Wappen von Clemens August, das hier nach der Zerstörung des Schlosses angebracht wurde.

Nachdem sie das Brauhausgrundstück passiert hat, fließt die Innerste auf die Mündung zu. Vorher steht auf halbem Wege noch ein Prozessionsstein von 1754. Wenig später, an der so genannten Specke, hat es die Innerste geschafft. Ihre Wasser ergießen sich in die Leine und fließen mit ihr in Richtung Hannover noch eine kurze Strecke durch die Ruther Gemarkung. Dann verlassen sie diese und damit die Region Hildesheim. Ein kleiner Rastplatz an der Mündung gibt die Möglichkeit zum Ausruhen, vielleicht auch zur Erinnerung an die bedeutende Geschichte des kleinen Ortes Ruthe.

Berthold C. Haferland (†)

Prozessionsstein an der Innerste

Die Innerste fließt in die Leine.

Der Bürgermeister von Delm hat kein Rathaus

Ein Dorf lebt als Realgemeinde weiter

Ein stattliches Rathaus gibt es nicht für seine Amtsgeschäfte. Dafür aber stattliche Eichenbäume. Denn eigentlich müsste sein Schreibtisch mitten in der Feldmark stehen, genauer unter den Delmer Eichen zwischen den Gemarkungen Hotteln, Ingeln-Oesselse und Gödringen. Von einer gepflegten, hohen Ligusterhecke umgeben, hält diese Oase der Ruhe die Geschichte des einst untergegangenen Dorfes wach und kündet zugleich von ihrer Aktualität: Der lebendigen Existenz einer traditionsreichen Realgemeinde mit Landbesitz. Sie ist nicht nur in Niedersachsen, sondern in ganz Deutschland einzigartig und in ihrer Art konkurrenzlos, wie ihr zuständiger Bürgermeister, der 74-jährige Heinrich Ebeling, voller Stolz betont.

Vor einem halben Jahrtausend, in den Wirren der Hildesheimer Stiftsfehde (1519 – 1523), als ganze Ortschaften verwüstet und abgebrannt wurden, wird wohl auch das Dorf Delm, zwischen Hotteln und Ingeln gelegen, untergegangen sein. Schon in Urkunden des 12. Jahrhunderts wird es »Dellenem« genannt. Unweit davon in östlicher Richtung liegt eine sprudelnde Quelle. »Wer in der Osternacht«, so heißt es in einer Überlieferung, »seinen Kopf in das Wasser steckt, kann die Glocken von Delm läuten hören«.

Über die Gründe und Befindlichkeiten, wann und warum die damaligen Bewohner ihren Ort verlassen haben, gibt es bis heute keine verlässlichen Zeugnisse. Doch immerhin berichtet bereits 1671 das »Landbuch des wüsten Dorfes Delm-Länderey»: »Dieses Dorfes Erben sind in und vor der Stiftsfehde in die Realgemeinde Delm, in die umliegenden Dörfer Hottelem, Ingelern, Oesselse, Bledeln, Gory (Gödringen), Lühnde und Sarstedt gezogen. Und von da an bestellten sie die Länderey, doch haben die Gesamthude allein die Hottelemschen und die Ingeler.« Dabei stellt Ingeln stets den Bürgermeister und Hotteln stets den Rechnungsführer.

Bei Radfahrern sind die Delmer Eichen ein beliebtes Zwischenziel, besonders zum Open Air-Gottesdienst an Christi Himmelfahrt.

Das Dorf ist längst verschwunden, doch die Gemeinde existiert noch. Die markanten etwa 200 Jahre alten Eichen und ein Schild kennzeichnen den Standort zwischen Hotteln, Sarstedt, Ingeln und Oesselse.

Durch die Gemeindeverwaltung immer noch miteinander verwoben, wie die Äste der Delmer Eichen, sind die Ortschaften rings um die Wüstung des ehemaligen Ortes Delm.

Ihre Nachkommen nennen sich noch heute »Delmsche Bürger« und verfügen über einen Landbesitz von insgesamt 3,02 Hektar. Allerdings ist das Bürgerrecht in der Realgemeinde Delm nicht etwa durch Landkauf geregelt, sondern ausschließlich durch die Erbfolge oder durch Einheirat.

Die jährliche Gemeindeversammlung, die in früheren Zeiten auch »Kirmeß« genannt wurde, findet immer in der Fastnachtszeit, am Dienstag nach Rosenmontag, statt. Dabei geht es vor allem um die Jahresabrechnung, Pachtanpassung, Angelegenheiten der Gemeinde Delm und um die Wahlen.

Alljährlich findet bei gutem Wetter der Himmelfahrts-Gottesdienst an diesem denkwürdigen Ort statt. Für die Delmer Bürger gibt es in jedem Jahr unter den ehrwürdigen Eichen eine Kaffeetafel, zumeist nach der Erntezeit. Doch nicht zuletzt finden hier auch Wanderer und Radfahrer einen beschaulichen Platz zum Ausruhen. Sie können sich über die zahlreichen Vogelstimmen freuen und über die Rehe, Hasen, Füchse und Rebhühner im Delm.

Renate Fischer

Elze

Kleinstadt mit großer Vergangenheit

Blick auf die Elzer Hauptstraße in südliche Richtung

Einfahrt nach Elze aus Richtung Norden

Liebevoll umfließt die Saale auf ihren letzten Metern, bevor sie in die Leine mündet, die Stadt mit der Kirche St. Peter und Paul. An diesem Hang hatte Karl der Große um 780 ein Missionszentrum angelegt, das offenbar auch Bischofssitz werden sollte; sein Sohn, Ludwig der Fromme, verlegte den Bischofssitz 815 nach Hildesheim. In jener Zeit wurde Elze Aulica genannt.

Ein Grund, warum Elze als kirchliches Verwaltungszentrum ausgesucht worden war, lag an der Tatsache, dass hier zwei wichtige Straßen kreuzten: die Nord-Süd-Handelsstraße entlang der Leine (moderne B3) und die Ost-West-Handelsstraße (moderne B1). Wichtig wurde dann auch der Eisenbahnanschluss an die Nord-Süd-Verbindung.

Die Siedlung am mittelalterlichen Missionszentrum entwickelte sich zum Marktort und ist seit 1614 als Stadt überliefert. Noch immer zeugt die »Hauptstraße« als Durchgangsstraße mit zahlreichen Geschäften und Cafés rechts und links vom Ursprung des Ortes als Zwischenstation für den Fernhandel. Den Stadtkern zieren Fachwerkhäuser aus dem 16. und 17. Jahrhundert.

Heute zieht der Leine-Heide-Radweg, der auch an Elze vorbeiführt, Radfahrer von nah und fern an. In Elze lässt sich ein gutes Päuschen einle-

Ehemalige Rathausschule auf dem Marktplatz hinter dem Rathaus mit dem Lutherdenkmal

Elzer Heimatmuseum in der Mühlenstraße

Klosterkirche im Ortsteil Wittenburg

Elzer Rast- und Bike-Anlage am Leine-Heide-Radweg

gen. Auf der zu diesem Zweck errichteten Rast- und Bike-Anlage bietet sich dazu eine gute Gelegenheit.

In Elze kann man auch übernachten, um von hier aus zum Beispiel die alte Klosterstätte Wittenburg an der »Finie« (Berg) oder die mittelalterliche Gerichtstätte »Königsstuhl« zu besuchen. 1328 gründeten Augustiner hier ein Chorherrenstift; die Klosterkirche selbst stammt aus dem Jahr 1497 (erbaut im gotischen Stil).

Das Heimatmuseum (Mühlenstraße 14) befindet sich in der Alten Mühle und ist mit viel Liebe zum Detail eingerichtet. Eine komplette Küche »aus der guten alten Zeit«, als Küchenarbeit noch Arbeit machte, wird dort ausgestellt. Darüber hinaus finden dort vielfältige Ausstellungen sowie Vorträge statt.

Unter den Elzern ragt Philipp Furtwängler (1800 – 1867) hervor, der auch als Bürgermeister Elzes wirkte. Als Orgelbauer war er im Bereich der evangelisch-lutherischen Landeskirche Hannover und im Braunschweigischen tätig, einige Orgeln

Küchenbereich im Elzer Heimatmuseum

entstanden aber auch für katholische Kirchen. Die größte von ihm gebaute Orgel steht heute noch in der Nachbarstadt Gronau (Leine) in der evangelisch-lutherischen St. Matthäi-Kirche.

Zur modernen Stadt Elze mit 9100 Einwohnern gehören die Ortschaften Esbeck, Mehle, Sehlde, Sorsum, Wittenburg und Wülfingen.

Die Wittenburger Klosterkirche

Einladung an die Finie zu Kunst und Kultur

Weit in der Landschaft sichtbar erstreckt sich die Klosterkirche Wittenburg auf einem Ausläufer der Finie. Auch wenn sie von weitem wie eine kleine Kapelle auf dem Bergrücken erscheinen mag, so ist es doch von nahem eine imposante Kirche, das einzig übrig gebliebene Bauwerk einer spätmittelalterlichen Klosteranlage. Erkennbar sind noch einige Mauern sowie Reste von Wirtschaftsgebäuden; auch hier erschließt sich erst bei einer Umwanderung die ursprüngliche Größe der Klosteranlage. Von der Klosterkirche aus hat man einen weiten Blick über das Leinetal zum Schloss Marienburg und zum Hildesheimer Wald sowie bei klarer Sicht bis zum Brocken.

Auf einem 150 Meter hohen Kalksteinrücken thronte hier ursprünglich die »Witte Burg«, der Sage nach eine Raubritterburg, deren Ursprünge in das 9. Jahrhundert zurückreichen sollen. Später gehörte dann die Burg mitsamt Kapelle zum Domkapitel von Hildesheim, was auch den Namen des Höhenzugs erklären könnte, Finie von lateinisch »finis« Grenze, der Grenze zwischen dem Hochstift Hildesheim und dem Fürstentum Calenberg an der Kreuzung zweier bedeutsamer Handelswege. Ein weiterer Erklärungsversuch liegt in der Herleitung aus dem Wort »vinus« Wein, weil auf dem Kalkfelsen vermutlich Wein angebaut wurde.

Später war es eine Klausnerei, bis es schließlich 1328 ein Augustinerkloster wurde. Nun wurde die Kirche der Jungfrau Maria gewidmet, während vorher der Heilige Willehad als Patron geführt worden war, daher auch der heutige Name Marien-Willehadi-Kirche. Während der Blüte des Klosterlebens wurde 1497 die heutige, im spätgotischen Stil gehaltene Klosterkirche errichtet. Nach der Säkularisation gelangte die Kirche 1590 in den Besitz der Herzöge von Braunschweig und Lüneburg; das Kloster wurde in eine Domäne umgewandelt, die ehemalige Bruderkirche zur Gemeindekirche. Im Bereich unterhalb der Kirche bestand eine Brauerei, welche 1895 abbrannte.

Im Kircheninneren zeigt sich die Besonderheit der Kirche, die Unterteilung des Innenraums durch einen Lettner in den östlichen Chor, die Bruderkirche, deren Strebepfeiler außen stehen und in den westlichen Teil, das Kirchenschiff, glattwandig mit den Strebepfeilern innen. Die Westkirche wurde Jahrhunderte lang nur als Stall, Scheune oder Lagerraum genutzt, bevor sie seit einigen Jahren für kulturelle Veranstaltungen im Rahmen des Wittenburger Sommers genutzt wird. 1997 wurde die Kirche umfassend renoviert und auch die Furtwängler-Orgel von 1839 wieder instandgesetzt. Es ist die erste Orgel des später berühmt gewordenen Orgelbaumeisters Philipp Furtwängler aus Elze; mit 648 Pfeifen und einem Manual entfaltet sie in der Kirche einen mächtigen Klang. Im Sommerhalbjahr finden einmal monatlich Konzerte im Rahmen des Wittenburger Sommers statt. Die Klosterkirche Wittenburg ist geöffnet: Sonntag von 14 bis 17 Uhr oder nach Absprache: www.freundewittenburgerkirche.de

An strategisch günstiger Stelle wurde damals die Wittenburg errichtet: Der Blick reicht weit ins Leinetal.

MCCCCXCVII (1497) – das Baujahr der Kirche findet sich über der Westtür.

Über dem Ort Wittenburg thront die Klosterkirche.

Mit seiner Mächtigkeit ist der denkmalgeschützte gotische Bau aus dem 15. Jahrhundert schon von weither zu sehen. Die angrenzende Mauer wurde im Jahr 2013 saniert.

Philipp Furtwängler setzte Maßstäbe im Orgelbau

Elzer Firma versorgte Kirchen in Niedersachsen mit Orgeln

Philipp Furtwängler wurde 1800 im Schwarzwald (Gütenbach) geboren und 1822 Bürger der Stadt Elze. Furtwängler fertigte Spiel-, Bahnhofs- und Großuhren für Kirchen. 1838 gründete er die einflussreichste Orgelwerkstatt in Niedersachsen, baute seine Orgeln anfangs nur für Kirchen südlich von Hannover, erweiterte 1842 seine Geschäftsverbindungen nach Norden und ins Braunschweigische. Bis zu seinem Tod 1867 fertigte Philipp Furtwängler mit seinen Söhnen Wilhelm und Pius 68 neue Orgeln und reparierte 17 weitere. Seine Söhne führten die Orgelbaufirma »Ph. Furtwängler und Söhne« weiter.

Philipp Furtwänglers größtes Orgelwerk erklingt von der Westempore der St. Matthäi-Kirche zu Gronau. Der Orgelneubau (1859 – 1860) fand in der Fachwelt größte Beachtung und wurde vom Landeskirchenamt Hannover am 9. Juni 1952 unter Denkmalschutz gestellt. Für nur 2565 Reichstaler (Rtlr.) bot Philipp Furtwängler ein 3-menuales Orgelwerk mit 3706 Pfeifen und 57 (heute 58) Register an, fügte dabei neun Register auf eigene Kosten hinzu, »um sein Werk zu vervollkommnen.« Mit diesem Orgelwerk vollzog sich der Wandel zum romantischen Klangideal, das dem Orgelrepertoire besser entsprach, erklärbar aus Furtwänglers Werdegang als »Mechanicus« und Autodidakt. Am Prospekt ist der Übergang zur Neugotik gut sichtbar. Die Zeitgenossen lobten Furtwängler: »Der Orgelbauer Furtwängler ist ein tief denkender Künstler, der ein nicht geringes Opfer gern brachte, um das Ergebnis seines Nachdenkens zur Ausführung zu bringen.« Die letzte Restaurierung der Gronauer Orgel führte die Orgelbauwerkstatt der Gebr. Hillebrand in den Jahren von 1978 bis 1981 durch; das Orgelprospekt erneuerte die Firma Icks aus Bramsche.

Darüber hinaus sieht der Besucher des Schlosses Marienburg, wenn er die Schlosskapelle betritt, eine Furtwängler-Orgel. König Georg von Hannover hatte sich für die Kapelle eine Orgel des Elzer Orgelbauers gewünscht. 1866 musste der König abdanken und das Land verlassen, ein Jahr später verstarb Philipp Furtwängler. Der König und sein Orgelbauer hinterließen – ein jeder auf seine Weise – ihr besuchenswertes Erbe an der Leine.

Dieter Schütte

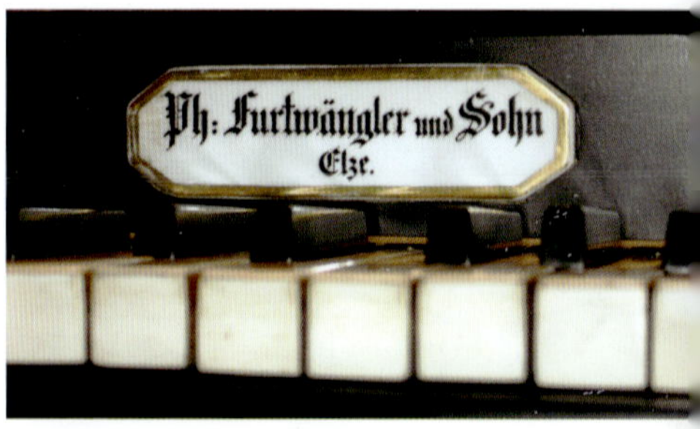

Das Namensschild schreibt Orgelbau-Geschichte.

Beeindruckend: Philipp Furtwänglers größtes Meisterwerk auf der Westempore der St. Matthäi-Kirche zu Gronau; die Bass-Pfeifen reichen fast bis ans Gewölbe.

Samtgemeinde Gronau (Leine)

Leben im Herzen des Leineberglandes

Die Samtgemeinde Gronau (Leine) ist in einem landschaftlich reizvollen Gebiet gelegen im Leinetal zwischen Sieben Bergen, Külf und Hildesheimer Wald.
Im Zuge der Gebietsreform 1974 entstand die Samtgemeinde Gronau (Leine) aus ihren sieben Mitgliedsgemeinden: Banteln, Betheln, Brüggen, Despetal, Rheden, dem Flecken Eime und der Stadt Gronau (Leine). Das 110 Quadratkilometer große Gebiet der Samtgemeinde bietet seinen rund 13 500 Einwohnern attraktive Lebensbedingungen.

Backhaus in Eime

Arbeiten und Leben

Mit einer ausgewogenen Mischung aus Handel, Handwerk, Industrie und Verwaltung bietet die Samtgemeinde ein breites Portfolio an Arbeitsplätzen, Karrierechancen und Ausbildungsmöglichkeiten. Inhabergeführte Geschäfte, ein reges Marktleben, Handwerks- und Familienbetriebe und auch Industrieansiedlungen in den Gewerbegebieten stehen für ein florierendes Wirtschaftsleben.
Die Bedeutung als Wirtschaftsstandort unterstreichen Niederlassungen internationaler Unternehmen aus den Branchen Chemie, Papier und Metall.
Eine intakte Infrastruktur, die gute Verkehrsanbindung an Bundesstraßen sowie ein Bahnhaltepunkt an der Nord-Südstrecke der Deutschen Bahn bieten kurze Wege zur Kreisstadt Hildesheim (23 Kilometer) und der Landeshauptstadt Hannover (35 Kilometer), so dass auch berufstätige Pendler aufgrund des verhältnismäßig kurzen Weges zur Arbeitsstätte für ihre Familien ihren Wohnsitz in der Samtgemeinde Gronau (Leine) wählen.

Schloss Rheden

Erziehung und Bildung

Kinder, Jugendliche und Schüler/innen sind in der Samtgemeinde Gronau (Leine) bestens aufgehoben. Fortgeschrittene und pädagogisch hochwertige Bildungs- und Betreuungsangebote stehen zur Verfü-

Ganztagsgrundschule am Wildfang

Gewerbegebiet »Zur Deßel«

Wochenmarkt auf dem Marktplatz

Jugendbegegnungsstätte

Freibad in Gronau (Leine)

gung. Mit acht Kindertagesstätten, drei Kinderkrippen, drei Grundschulen, von denen eine als Ganztagsgrundschule betrieben wird, sowie eine integrierte Gesamtschule gewährleisten in der Samtgemeinde Gronau (Leine) ein verlässliches Lernen von der Krippe bis zum Abitur.

In der Stadt Gronau befindet sich die mit hauptamtlichem Personal besetzte Jugendbegegnungsstätte für die offene Jugendarbeit in der Samtgemeinde. In den Ferien wird hier zusätzlich eine Betreuung angeboten und es steht den Kindern durch Ferienpassaktionen ein vielseitiges Angebot zur Verfügung. Reisen und Ausflüge sowie Bastelaktionen, Aktionen der Vereine und Verbände sind nur ein Teil des Angebotsspektrums.

Freizeit und Kultur

Eine Vielzahl von Vereinen und Verbänden hält ein breites Angebot an Sport- und Freizeitaktivitäten vor. Ein beheiztes Freibad in Gronau (Leine), das Freibad im Flecken Eime sowie das Naturbad in Banteln erfreuen ihre Besucher in den Sommermonaten.

Für Golfsportaktive steht in herrlicher Umgebung in Rheden eine 18-Loch-Anlage um das dortige Schloss zur Verfügung.

Radsportlern bietet der Leine-Heide-Radweg, der von Thüringen bis Hamburg auch durch die Samtgemeinde Gronau (Leine) führt, und der Leine-Weser-Radweg, der die Stadt Hameln mit Gronau verbindet, interessante Touren.

Darüber hinaus werden Wanderfreunde auf den gut ausgeschilderten Routen der Hödeken-Wanderwege vom Hildesheimer Wald durch die Sieben Berge bis in den Sackwald bei Alfeld (Leine) geleitet.

Kulturinteressierten bieten sich eine Vielzahl an Ausflugszielen an: Kirchen, restaurierte Fachwerkhäuser, historische Bauwerke sowie die Schlösser in Brüggen und Rheden. Vom Kulturkreis Gronau e.V. werden zahlreiche Kleinkunst-, Film-, Theater- und Musikvorführungen sowie Kunstausstellungen organisiert. Alles getragen vom ehrenamtlichen Engagement der Mitglieder.

Gesundheit und Erholung

Die landwirtschaftlich reizvolle Umgebung von den Leineauen bis zu den bewaldeten Höhenzügen des Hildesheimer Waldes und des Külfs bietet seinen Einwohnern Naherholung direkt vor der Haustür. Für einen Tagesausflug befindet sich der Harz so gut wie in Sichtweite und ist sommers wie winters gefragt.

Im Krankheitsfall können die Einwohner auf eine gute medizinische Versorgung vertrauen. Neben Allgemeinmedizinern und Zahnärzten haben sich auch Fachärzte der Frauenheilkunde und Geburtshilfe, Hals-, Nasen und Ohrenheilkunde, Augenheilkunde sowie für Innere Krankheiten in der Samtgemeinde niedergelassen.

Das Johanniter-Krankenhaus in der Stadt Gronau (Leine) bietet seinen Patienten als serviceorientierte moderne Klinik sowohl im ambulanten als auch stationären Bereich ein breites Leistungsspektrum.

Herzlichst Ihr

Rainer Mertens
Samtgemeindebürgermeister

Johanniter-Krankenhaus Gronau

Von Engelbrechtenscher Hof

Bantelner Schloss

Die Tafel »Gronauer ZeitUfer« informiert über die Geschichte Gronaus.

Das Gronauer ZeitUfer lädt zum Verweilen ein

Der Leine-Heide-Radweg führt am Gronauer ZeitUfer über die Brücke.

Am Leine-Ufer führt auch der Leine-Heide-Radweg entlang

Fußgänger oder Radfahrer, die von der Burgstraße her kommen, finden am Ende der Straße, bevor die Leine überquert wird, einen mittelalterlichen Turm. Auf Grund seiner Neigung wird er von den Einheimischen auch »unser schiefer Turm« genannt. Daran schließt ein Mauerrest, der wohl am Ort der früheren Burg Gronau steht. An dieser Stelle steht eine Informationstafel zur Geschichte Gronaus umgeben von Parkbänken; von hier aus bietet sich ein kurzer Gang durch die Altstadt Gronaus an.
In der Hildesheimer Region gab es früher drei wichtige Leineübergänge: bei Ruthe, bei Poppenburg und bei Lehde. Der Leineübergang in Lehde, das westlich oberhalb Gronaus lag, ist bereits im 11. Jahrhundert schriftlich belegt. Dieser wichtige Übergang wurde durch die Burg Empne im 12. und 13. Jahrhundert geschützt. Durch die Verlegung Empnes in die Leineniederung wurde die Burg Empne zur Keimzelle der späteren Stadt Gronau. 1298 hieß es »Empne, das jetzt Gronau heißt«.
Die Stadt wurde unter Bischof Siegfried II. (1279 – 1310) und durch ihn gegründet, die Bewohner waren durch Stadtgraben, Wall und Mauer geschützt. Der schiefe Turm ist als einziger der Türme der früheren Stadtbefestigung erhalten geblieben – er ist gut 10 Meter hoch.
Gegenüber befand sich eine Wassermühle; eine städtische Mühle ist hier schon ab der Mitte des 14. Jahrhunderts nachgewiesen. Im 19. Jahrhundert übernahm die Alfelder Familie Woge die Anlage, so dass später die Hannoversche Papierfabrik Alfeld-Gronau die Wasserkraft für die Herstellung von Papier nutzen konnte. Die spätere Firma Landre verlegte 2004 ihren Standort in den Westen der Stadt, stellt allerdings kein Papier mehr her, sondern verarbeitet Papier. Seitdem wird das Leine-Wasser ausschließlich zur Herstellung von Strom genutzt.
Folgen wir jetzt dem Verlauf, dem »Südwallweg«, so sind in den dortigen Gärten noch einige Stadtmauerreste zu erkennen. Auf dem Weg zum Leintor streifen wir den Paterhof, der früher zum Kloster St. Michael (Hildesheim) gehörte. Vom Leintor aus führt uns nun der Weg Richtung Osten in die Blanke Straße, die mit ihrem westlichen Teil ab Marktplatz noch die schöne geschlossene Bauweise mit vielen Fachwerkhäusern aufweist. Wie schön und einzigartig in dieser Region diese Stadtlage ist, kann man auf Luftaufnahmen, aber auch mit Hilfe von Google Earth ersehen.
Durch die Mönchstraße führt uns jetzt der Weg zu unserem Ziel, dem ältesten Gebäude Gronaus. Es handelt sich um den von Engelbrechtenschen Hof, der von der Familie von Nordholtz im Jahre 1592 erbaut wurde. Darin befindet sich heute das sehenswerte Museum der Stadt – gleichsam ein würdiger Abschluss des Spaziergangs.

Hermann Weinhold

Das Norddeutsche Lachszentrum in Gronau (Leine)

Den Lachs erfolgreich in der Leine angesiedelt

Über 100 Jahre lang galt der Lachs im Leinefluss als ausgestorben, als im Jahre 2000 zwölf Fischereivereine die Entscheidung fällten, den Lachs wieder anzusiedeln. Diese neue Aufgabe war schwieriger, als zunächst vermutet, aber im Schulterschluss mit vielen Partnern gelang dieses Projekt der Angler. Längst sind über 40 Fischereiorganisationen mit ihren 18 000 Mitgliedern Träger des Leine-Lachs e.V.
Nachdem sich die Gewässergüte der Leine von Klasse sechs auf Klasse zwei/drei (regionale Unterschiede) verbessert hatte, konnte an den Abbau der Querverbauungen im Fluss gegangen werden; denn diese behinderten nicht nur den Lachsfisch in seinen Wanderungen. Die Querverbindungen wurden mit Hilfe von seitlichen Fischauf- und -abstiegshilfen umgangen. Einen zweiten Schwerpunkt bildet die Aufzucht des Lachses, denn die Fische müssen in der Leine aufwachsen, wenn sie denn einmal hierher wieder zurückkehren sollen. Das Abenteuer begann. Anfangs in Zusammenarbeit mit Danmarks Center for Vildlaks (DCV), einer gemeinnützigen dänischen Stiftung, gelingt es, mittlerweile jährlich 80 000 bis 120 000 junge, einjährige Lachse in die Leine und ihre Nebenflüsse auszusetzen. Als am 4. Dezember 2004 der erste Lachsrückkehrer in der Fangstation am Wasserkraftwerk Herrenhausen gefangen wurde, wurde allen Beteiligten klar, dass aus dem Abenteuer in nur wenigen Jahren eine neue Realität geworden war.

Bei den jährlichen Besatzmaßnahmen ist das Interesse der Öffentlichkeit immer sehr groß.

Die Bemühungen des Leine-Lachs e.V. drehen sich um den atlantischen Lachs (Salmo Salar).

Erster Lachsrückkehrer am 3. Dezember 2004 in Herrenhausen gefangen: ein Lachsmännchen, 85 Zentimeter lang und 4,3 Kilo schwer.

An diesem Punkt stellte sich nun die Frage, was mit den künftig zurückkehrenden, geschlechtsreifen Lachsen zu machen wäre. Sie werden gefangen und der Elternabteilung des Norddeutschen Lachszentrums in Gronau zugeführt und zur Vermehrung der Lachszucht eingesetzt. Bereits die Einweihung des Lachszentrums am 9. Juli 2006 belegte das rege Interesse der Öffentlichkeit an dieser Einrichtung, die vom Leine-Lachs e.V. betrieben wird. Das Norddeutsche Lachszentrum verfügt über eine Zuchtanlage, einen Seminarraum und ein Info-Café. Bei Führungen durch die Zuchtanlage erfahren die Besucher viel über die Verfahren zur Erbrütung und Aufzucht von Lachsen, Meerforellen und Bachforellen. Das Interesse bei den jährlichen Besatzmaßnahmen ist immer sehr groß. Es ist die einzige Einrichtung ihrer Art in Norddeutschland und übers ganze Jahr immer einen Besuch Wert!

Die Samtgemeinde Duingen

Pottland, Hils, Lebensmittelpunkt & mehr

Duingen liegt an der B240 im südwestlichen Teil des Landkreises Hildesheim und ist mit ihrer Gründung 1964 die älteste Gemeinde im Landkreis. Die Städte Hameln, Hildesheim und Holzminden sind 30 Kilometer, die Stadt Hannover 50 Kilometer und das Mittelzentrum Alfeld 14 Kilometer entfernt. Die Samtgemeinde besteht aus dem Flecken Duingen (mit den OT Fölziehausen und Capellenhagen), Hoyershausen (mit Lübbrechtsen und Rott), Marienhagen, Weenzen, Coppengrave und zählt rund 5000 Einwohner.

Das Duinger Rathaus liegt in der Töpferstraße und ist Sitz der kompletten Samtgemeindeverwaltung.

Das »Duinger Land« – oder ganz korrekt die Samtgemeinde Duingen – beginnt dort, wo der Landkreis Hildesheim landschaftliche Schonheit entfaltet und die Natur für den aufmerksamen Beobachter viele kleine »Wunder« bereithält. Aber nicht nur landschaftlich, sondern auch geologisch sind die Höhenzüge Külf, Duinger Berg, Hils, Ith und die reizvollen Täler, an denen die neun Orte der Samtgemeinde liegen, ein Kleinod in der reich gefüllten Schatztruhe des Duinger Landes. Braunkohle, Gips, Kalkstein, Quarzsand und Ton sind hier auf einem so engen Raum vorhanden, dass sich der Begriff Schatztruhe regelrecht anbietet, zumal diese Stoffe die wirtschaftliche Geschichte der Region ausmachen und auch heute noch wichtiger Faktor sind.

Eine derartige Ballung an unterschiedlichen Rohstoffen ist in Mitteleuropa einzigartig.

In den Mitgliedsgemeinden gibt es neben sehr schön gelegenen Wohngebieten einzelne inhabergeführte kleine Geschäfte und einige sehr moderne Gewerbebetriebe.

Die neue Duinger Mitte wurde 2010 fertiggestellt und ist nun als Marktplatz der Treffpunkt für alle möglichen Veranstaltungen.

Die Orte wurden durch Maßnahmen der Dorferneuerung in vielen Bereichen verschönert. Das Leben in diesen Gemeinden zeichnet sich durch ein aktives, offenes, umfangreiches Vereinsleben und ein gutes Miteinander aus.

Es werden regelmäßig verschiedenste Kulturveranstaltungen (Kleinkunstbühne) angeboten und in Weenzen gibt es (für die Region doch sehr ungewöhnlich) eine niedersächsische Karnevalshochburg! Der Duinger Oster- und der Glöckchenmarkt ziehen als Traditionsveranstaltungen große Besuchermassen nach Duingen. In den Mitgliedsgemeinden werden eben-

Der Blick über das in Südhanglage gelegene Neubaugebiet von Duingen zeigt die reizvolle Aussicht auf den Ith und verdeutlicht, wie schön man hier wohnt.

falls diverse kulturelle Angebote vorgehalten.
Einzelhandel, Gastronomie, Gewerbe, ausgesprochen attraktive Wohngebiete sowie ein Hallen-/Wellness/-Reha-Bad mit Saunalandschaft, machen den Kernort Duingen zu einem begehrten Standort mit kompletter ärztlicher und gesundheitlicher Vorsorge und Versorgung.
Leben, wo andere Urlaub machen, ist ein gelebtes Motto und daher ist Duingen auch nicht so stark vom demografischen Wandel betroffen.
Das wunderschöne Marienhagener Freibad ist mit einer 30 Meter-Rutsche ein Sommermagnet für die ganze Region. Wen es allerdings in die Natur zieht, der kann seine Bade- und Freizeitfreuden (Wandern, Rudern, Tretboot fahren) auch im weitreichenden Duinger Seengebiet befriedigen.
Im »Kulturtreff Töpfermuseum« dokumentieren mehr als 200 Gefäße Formenvielfalt und handwerkliches Können der Duinger Töpfer durch acht Jahrhunderte. Wegen ihrer traditionsreichen Töpfereien wurde die Region um Duingen »das Pottland« genannt.
In Coppengrave wurde ein historischer Töpferofen nachgebaut und es werden darin im Rhythmus von zwei Jahren Tonwaren gebrannt, wie es schon vor Jahrhunderten geschehen ist.
Liebevoll hergerichtete Heimatstuben zeigen in Marienhagen und Lübbrechtsen die Geschichte der Orte.

Die »Feuerschneisenhütte« auf dem Hils trägt ihren Namen, weil man durch die Feuerschneise, aus einer Höhe von rund 450 Metern NN, einen wunderschönen Blick auf Duingen (200 Meter NN) genießen kann.

Ein typischer Sommertag am Bruchsee, der im Duinger Seengebiet frei zugänglich und nutzbar ist. Natürlich angepasste, einfache Gastronomie, mit Toilettenanlagen und einem Tret- und Ruderbootverleih, laden hier zum Verweilen ein.

In Duingen selbst, einem historischen Töpfer- und später industriell geprägten Ort (Steinzeug, Holz, Kleinbahn), befinden sich nach einem gelungen Strukturwandel heute verschiedene Betriebe mit fünf bis 160 Arbeitsplätzen. Größte Arbeitgeber sind die Firma Kuchenmeister und die Quarzsand GmbH.
Am ehemaligen Bahngelände ist ein neues Seniorenzentrum entstanden, das aus einem Wohnheim und einem zusätzlichen Gebäude für betreutes Wohnen besteht. Die zuletzt brach liegende Schienenfläche des alten Bahnhofs wurde zu einem neuen Marktplatz umgestaltet. Ein wöchentlicher Markt belebt diese großzügige Veranstaltungsfläche im Ortskern, die schön begrünt und mit einer Boulespielfläche versehen wurde.
Das Sport- und Freizeitangebot ist überaus reichhaltig vorhanden. Fast alle denkbaren Sportarten werden angeboten und stets kommen neue hinzu. Ein Schwerpunkt liegt auf den altersübergreifenden Aktivitäten, damit die Gesundheitsförderung als präventiver und regenerativer Ansatz wirken kann.
Es gibt in Duingen und in Marienhagen jeweils samtgemeindeeigene Kindergärten, die sich in ihrer pädagogischen Ausrichtung unterschiedlich präsentieren und sehr erfolgreich und schulvorbereitend arbeiten.
Neben der verlässlichen Grundschule in Duingen, besteht im Schulverbund mit dem Flecken Delligsen eine neu eingerichtete Oberschule, in der die Kinder der Klassen fünf bis sieben in Duingen und von Klasse acht bis zehn in Delligsen unterrichtet werden. Der Besuch von Oberstufen ist am Gymnasium Alfeld oder an den KGS'en Salzhemmendorf und Gronau möglich.
Duingen hat »Das Pottland« als historische Marke wiederentdeckt und daraus ergeben sich vielfältige Projekte, die fundiert für die Menschen der Region, aber auch touristisch auf- und ausgebaut werden. Erste Schritte sind bereits getan und diese Richtung wird weiterverfolgt.
Eine gewisse Neugier auf »Das Pottland« und unsere »Schatztruhe Duinger Land« möchten wir offen halten: www.duingen.de.

Das Duinger Sportzentrum mit Tennishalle, -außenplätzen, Rasen- und Hartplatz, Leichtathletikanlage und Mini-Fußballfeld ist u.a. Integrationsstützpunkt des NFV.

»Mehr als nur ein Hallenbad« befindet sich hinter dieser Fassade und darum reisen viele Besucher aus der Region hierher, um zu schwimmen, zu entspannen oder auch um andere Angebote zu nutzen: www.Hallenbad-Duingen.de

Die einzigartige Pottland-Themensauna wurde in Ergänzung zur Saunalandschaft des Hallenbades im November 2013 eröffnet.

Das Pottland

Mittelalterliche und neuzeitliche Töpferei von landesgeschichtlicher Bedeutung und Keramik von europäischem Rang

Die Zeichnung von Franz Hogenkamp aus dem 16. Jahrhundert zeigt, wie ein Kiepenkerl die Tonwaren von Ort zu Ort transportiert hat.

Pottland nennt man seit alters her die Region zwischen Alfeld und Springe am Deister. Hier lagen die bedeutendsten Töpfereien Norddeutschlands, weil besonders gute Tone oberflächennah anstanden. Daher konnten zahlreiche Töpfer neben der vielerorts produzierten feuerfesten Irdenware schon seit dem späten Mittelalter auch hochwertiges Steinzeug herstellen – eine besonders robuste und wasserundurchlässige Keramik. So entwickelte sich hier das wichtigste Zentrum der Töpferei in Niedersachsen: das Pottland mit seinem Zentrum Duingen, dicht dabei die zahlreichen Töpfereien in Coppengrave und Hohenbüchen.

»Wegen der Steintöpfe, die in Duingen verfertigt werden, ist dieser Ort in fast ganz Teutschland bekannt.«

Im Jahre 1689 arbeiteten im »Pötterdorf« Duingen 41 »Topfbrenner« in 38 Werkstätten. Zeitweise lebten mehr als zwei Drittel der Duinger Bevölkerung von der Töpferei. 1782 produzierten 40 Töpfereien jährlich 800 Fuder (Wagenladungen zu je 3,3 Tonnen) Töpferware. In der ersten Hälfte des 19. Jahrhunderts gab es 20 – 23 Töpfereien, die 1851 40 000 Zentner salzglasiertes Steinzeug herstellten. Jeder Meister füllte seinen Ofen und brannte durchschnittlich zwölf Mal im Jahr. Pro Brand erzielte er einen Bruttoerlös von 70 bis 80 Talern. Produziert wurden vornehmlich Geschirr sowie Vorratsgefäße von höchster Qualität.

Sehr einträglich war auch der Topfhandel. So schreibt 1744 der Chronist Baring: »Die Einwohner in Duingen lassen ihr Grapen-Gut und Töpfe weit und breit verfahren, und halten sich viele derselben des Sommers mit Töpfen in den berühmten Städten, als Hameln, Hildesheim, Braunschweig, Wolfenbüttel, Hannover, Goßlar, Quedlinburg, Halberstadt, Magdeburg, Lüneburg, Hamburg, Lübeck, Danzig und mehr anderen Orten auf: ja es gehen diese Töpfe nach Dänemark, Schweden und die Holländer senden diese Art Kruken sogar nach Indien.«

Zur weit entfernten Kundschaft gelangte die Töpferware auf vielen Wegen: Hausierer sowie die Töpfer selbst gingen zu Fuß mit Kiepen von Haus zu Haus und zu den Märkten. Weite Strecken bewältigte man mit hochbeladenen zwei- bis sechsspännigen Pferdefuhrwerken. Über den Landtransport von Duingen nach Hameln im Jahr 1839 wird folgendes berichtet: »Bei dem Transporte der Töpfe scheinen die an Schwierigkeiten gewöhnten Duinger fast die Unmöglichkeit zu überwinden. Mit Fudern (je 72 Zentner) ihrer zerbrechlichen Ware, hoch geladen, wie ein Fuder Heu, fuhren sie durch Wege, welche man für unpassierbar für leere Wagen halten sollte. Ein solcher Wagen ist denn oft mit 16 Pferden bespannt und mit 10 bis 12 Personen begleitet, welche ihn bald halten, wenn er umfallen will, bald losgraben, wenn er versinkt.«

Ganze Töpferfamilien unternahmen regelmäßig lange Reisen, so dass ihre Häuser im Sommer oft leer standen. Auf dem Landweg gelangten sie bis nach Danzig, Königsberg oder Groningen in Holland. Ein weiterer wichtiger Transportweg war die Weser, wo man auf Schiffen und Flößen die Töpfe, Krüge, Kannen und Teller kostengünstig und gefahrlos nach Bremen verfrachten konnte. Von dort verschifften Händler die Ware weiter über die Ostsee nach Ostpreußen und bis zum Baltikum, aber auch in den Nordseeraum und vereinzelt bis nach Nordamerika; von Holland aus wurde die Keramik sogar nach Indien gebracht.

»Die handelnden Töpfer, obgleich sie zum Teil ebenfalls arbeiten, verhandeln die selbst verfertigte, auch den anderen, bei ganzen Ofen voll, abgekaufte Waare an entfernten Oertern... Dazu kaufen sie noch Kochtöpfe von Coppengrave und Hohenbüchen, wo ebenfalls stark gearbeitet wird, verpacken diese in ihren großen und weiten Steintöpfen und schaffen dann alles zu Lande nach Hameln. Die Parthey ist so beträchtlich, dass einer der handelnden Töpfer zuweilen wohl 500 Taler für bloße Fracht dahin bezahlen soll. Zu Hameln ladet man das Gut auf Schiffe und gehet damit aus der Weser in die See, teil nach Hamburg und Altona, nach Holland, teil und mehr noch nach Dänemark und Schweden, ja Danzig, Riga und

Das Foto stammt etwa aus dem Jahr 1920 und zeigt die Belegschaft der Steinzeugfabrik Steinberg.

Russland, wo man die Einsalztöpfe von Duingen so vortrefflich findet, dass man sie theuer bezahlt.« Davon, dass auf diesen Topfreisen auch das Familienleben weiterhin seinen Lauf nahm, zeugen die Eintragungen im Duinger Kirchenbuch: In der Zeit von 1730 bis 1850 sind 250 Geburten und 150 Sterbefälle – auch tödliche Unfälle – in der Fremde verzeichnet. Das bebilderte Kinderbuch »Maries Töpferreise« schildert eine solche beschwerliche und abenteuerliche Fahrt mit Pferd und Wagen 1780 nach Danzig.

Die Duinger Töpfertradition nahm ab dem Ende des 18. Jahrhunderts eine stete Abwärtsentwicklung, so dass zu Beginn des 20. Jahrhunderts im Wesentlichen neben einer traditionellen Töpferei und zwei Steinzeugwerken keine nennenswerte Keramikherstellung mehr stattfand. Nach einer kurzen Blüte nach dem Zweiten Weltkrieg, als preisgünstiges Haushaltsgeschirr und aus den Fabriken vor allem Steinzeugrohre gefragt waren, kam in der zweiten Hälfte des 20. Jahrhunderts das endgültige Aus – auch für eine ebenfalls Anfang des Jahrhunderts gegründete Tonwarenfabrik in Coppengrave.

Gegenwärtig gibt es in der Region um Duingen keine (Berufs-)Töpferei mehr. Somit zeugen nur noch zahlreiche aufgelassene Tongruben sowie eine aktiv ausgebeutete Tongrube, der Nachbau eines mittelalterlichen Steinzeugofens in Coppengrave und die Ausstellung im Duinger Töpfermuseum von dieser über 800-jährigen und einst weithin berühmten Töpfertradition im Pottland unter dem Motto: »Aus dem Pottland in die Welt«

Günter Jahns

Die mittlerweile renaturierte Tongrube lieferte Material für die Töpfereien wie auch für die nahe Ziegelei in Coppengrave.

An den Töpferscheiben sind von links Töpfermeister Heinrich Müller, daneben sein Bruder Gustav Müller und Duingens letzter Töpferlehrling Fritz Siever.

Um 1900 entstand dieses Foto von Duinger Töpferleuten während eines Aufenthaltes in Elze.

Cover des Buches »Maries Töpferreise«. Die Handlung erzählt die abenteuerlichen Erlebnisse der zehnjährigen Marie und ihrer Töpferfamilie und spielt im Jahre 1780.

Flecken Delligsen

Wanderparadies am Ith-Hils-Wanderweg

Der Flecken Delligsen gehört zur Region Leinebergland und wurde am 1. April 1974 im Zuge der Gebiets- und Verwaltungsreform aus den vormals selbstständigen Gemeinden Ammensen, Delligsen, Grünenplan, Hohenbüchen, Kaierde und Varrigsen gebildet. Die Einheitsgemeinde hat heute etwa 8000 Einwohner. Durch die direkte Lage an der B 3 ist die verkehrliche Anbindung Delligsens günstig, insbesondere in die nahen Städte Alfeld (Leine) – UNESCO Weltkulturerbe Fagus-Werk – in die Bierstadt Einbeck, aber auch zur niedersächsischen Landeshauptstadt Hannover und zur Universitätsstadt Göttingen.

Der Flecken Delligsen beherrscht die Hilsmulde, das heißt der Höhenzug des Hils umfasst von allen Seiten die Ortschaften der Hilsmulde, aus der die Wispe fließt. Auf diese Weise liegen Arbeits- und Erholungsbereiche nah beieinander.

Das Angebot an Freizeiteinrichtungen ist groß. Sportplätze, zwei Freibäder, Tennisplätze, Sporthallen, Schießsportanlagen, Reithallen und eine öffentliche Sauna stehen zur Verfügung. Das kulturelle Leben wird durch Theater-, Konzert- und Tanzveranstaltungen örtlicher Vereine bereichert. Hierfür, aber auch für andere Veranstaltungen, steht ein Festsaal mit großer Bühne und 400 Plätzen sowie Dorfgemeinschaftshäuser in Ammensen, Kaierde und Varrigsen zur Verfügung.

Heimatmuseen in Delligsen und Kaierde und ein Glasmuseum in Grünenplan geben einen Einblick in die geschichtliche Entwicklung des Raumes. In allen Ortschaften des Fleckens Delligsen stehen herrlich gelegene Bauplätze zur Verfügung und auch für gewerbliche Neuansiedlungen hält die Gemeinde stets erschlossene Grundstücke bereit. Die älteren Einwohner können ihren Lebensabend in altersgerechten Wohnungen sowie in Senioren- und Pflegezentren verbringen. Kranke und pflegebedürftige Menschen werden von Pflegediensten betreut.

Die Wirtschaft im Flecken Delligsen ist durch eine gesunde Mischung aus vorwiegend mittelständischer Industrie, Handwerks-, Handels- und Dienstleistungs- sowie landwirtschaftlichen Betrieben geprägt.

Der neu gestaltete Platz am Dorfbrunnen an der Hagentalstraße in Kaierde lädt zum Verweilen ein.

Die Vereine im Flecken Delligsen bieten Jung und Alt zahlreiche Veranstaltungen und Feste an, wie zum Beispiel das traditionelle Treckertreffen des Motorsport-Club Delligsen e.V. im ADAC.

Das Rathaus von Delligsen

Der Flecken Delligsen bietet eine sehr gute Infrastruktur. Die Gemeinde verfügt über eine Oberschule im Schulverbund mit der Samtgemeinde Duingen, über Grundschulen in Delligsen und Grünenplan, ausreichend Krippen- und Kindergartenplätze und Jugendräume sowie eine moderne Gemeindebücherei. Gymnasium, Wirtschaftsgymnasium, Berufsschule und Berufsfachschulen bietet die Stadt Alfeld.

Zur geschichtlichen Entwicklung und dem Beginn der Industrialisierung

Ein Edelherrengeschlecht siedelte in der Hilsmulde und nannte sich zunächst »von Delligsen«, bevor es sich später nach dem Ort Hohenbüchen (»de Alta Fago«) nannte. Noch älter ist die Überlieferung für Delligsen, als Disaldishusen (9. Jahrhundert) und für Kaierde, Cogarden (9. Jahrhundert), in dem die Gründerfamilien von Lamspringe und Gandersheim Schenkungen an das

Das Feuerwehrgerätehaus der Freiwilligen Feuerwehr Ammensen

Das Delligser Freibad ist Anziehungspunkt für große und kleine Badegäste aus der Region.

Das Denkmal »Der Glasbläser« im Glasmacherort Grünenplan

Das Dorfgemeinschaftshaus in Varrigsen

Kloster Corvey machten. 1007 wurde die Eringaburg in einer Grenzbeschreibung Bischof Bernwards von Hildesheim überliefert; die Eringaburg lag südlich von Delligsen.
Die herzögliche Carlshütte wurde 1735 gegründet und verwendete die Wasserkraft der Wispe und das Holz aus dem Hils zur Verhüttung der dortigen Eisenerze. Diese Industrietradition existierte ungebrochen bis 1901; dann folgten eine Unternehmensentwicklung am Standort gepaart mit einigen Umbenennungen bis zum endgültigen Aus für die Friedrich-Carl-Hütte im Jahr 1984.
Für die Eisenverhüttung waren große Mengen Holzkohle nötig, die in den Hilswäldern gewonnen wurden. Kaierde und Varrigsen wuchsen dadurch zu Köhlerdörfern heran. In Kaierde produziert seit 1874 eine Pappenfabrik an der Wispe Kartonagen. Die frühe Industrialisierung prägte nachhaltig das Gesicht der Hilsdörfer. Das Anwachsen der Bevölkerung schuf einen größeren Absatzmarkt, für den seit dem 18. Jahrhundert in Delligsen jährlich zwei Krammärkte stattfanden. Daher führt Delligsen seit 1802 den Titel »Flecken«.
Insbesondere das Glasmachen im Hils hat eine lange Tradition. Es lässt sich anhand von Grabungsfunden bis ins 11. Jahrhundert zurückverfolgen. Weltweit bekannt ist die im Jahre 1774 von Herzog Carl I. von Braunschweig errichtete »Spiegelhütte«, »Zum grünen Plan« genannt, (die jetzige SCHOTT AG im heutigen Grünenplan), das älteste Werk der glaserzeugenden Industrie in Niedersachsen. Die Voraussetzungen für eine frühe Industrialisierung waren im Hils durch das Vorhandensein von Ton, Eisenerz, reichlich Holz, Quarzsand und Wasser gegeben.

Ith-Hils-Weg

Die Ortschaften im und am Rande des Hilses mit ihrer zu jeder Jahreszeit reizvollen Mittelgebirgslandschaft bieten mehrere hundert Kilometer Wanderwege und laden damit zu abwechslungsreicher Naherholung ein. Der 80 Kilometer lange Ith-Hils-Weg ist ein Rundweg mit besonders schöner Streckenführung über die Höhenzüge Ith und Hils im Weser- und Leinebergland.
Der Weg führt durch die Solling-Vogler-Region über Eschershausen und Grünenplan nach Kaierde. Von Delligsen geht die Strecke Richtung Steinberg und Reuberg zur Lippoldshöhle in Brunkensen. Bevor man Salzhemmendorf erreicht, geht es über die Höhenzüge vom Duinger und Thüster Berg. Danach führt der Wegeverlauf nach Lauenstein durch den Ith bis nach Coppenbrügge. Der Hils ragt mit der »Bloßen Zelle« über 480 Meter hoch. Der 15 Meter hohe Raabe-Aussichtsturm auf dem Hilskamm bietet einen schönen Rundblick in das Weser- und Leinebergland bis hin zum Brocken.
Besonders der Glasmacherort Grünenplan bietet mit seinen gepflegten Gaststätten und Hotels, Wanderwegen sowie einer Wassertretanlage einen angenehmen Aufenthalt.
Aktuelle Informationen unter www.delligsen.de

Dirk Knackstedt, Bürgermeister

Wilhelm-Raabe-Turm: Aussichtsturm auf dem Großen Sohl im Hils

Wandern auf dem Ith-Hils-Weg

Rundweg mit vielen Anregungen

Der Ith-Hils-Weg verläuft entlang historischer Türme, Seenlandschaften und bizarren Felsformationen sowie Höhlen. Er ist bestens ausgeschildert und sowohl für erfahrene Wanderer als auch für Einsteiger ein besonderes Erlebnis. Auf dem rund 81 Kilometer langen Rundweg kann man die vielfältige und abwechslungsreiche Landschaft mit den Höhenzügen Ith und Hils sowie weiteren Erhebungen hautnah erleben. Er ist bestens ausgeschildert, wurde vom Deutschen Wanderverband mit dem Prädikat »Qualitätsweg Wanderbares Deutschland« ausgezeichnet und bietet eine abwechslungsreiche Vielfalt an Sichtachsen, Fernsichten, Naturerlebnissen, Strecken und Kultur.

Von Coppenbrügge aus verläuft der Ith-Hils-Weg über den Ithkamm nach Südosten bis Holzen, einem Ortsteil der Raabestadt Eschershausen. Hier geht es in östlicher Richtung über den Hils nach Grünenplan und dann wieder südöstlich nach Kaierde. Hinter Kaierde schwenkt der Ith-Hils-Weg in einem Bogen nach Norden bis zur Ortschaft Delligsen und folgt dann in nordwestlicher Richtung dem Steinberg und dem Reuberg bis zur Lippoldshöhle. Über die Höhenzüge des Duinger- und des Thüster-Berges geht es weiter nach Nordosten durch Salzhemmendorf bis nach Lauenstein und dann wieder durch den Ith zurück nach Coppenbrügge.

Wilhelm-Raabe-Turm im Hils

Die Häuser der Siedlung folgen dem Talverlauf und säumen die Hänge.

In herbstlicher Morgensonne bietet der Ith-Hils-Weg immer wieder wunderschöne Aussichten – wie hier auf Delligsen.

Auf über 80 Kilometern ist die Strecke mit dem prägnanten Logo ausgeschildert.

Vom Ith, der zu Zeiten Karls des Großen und Bischof Bernwards noch »Igath« hieß, schaut man nach Norden auf den ostfälischen Deitweg, der Hameln über Coppenbrügge mit Elze und Hildesheim verband (die heutige B 1). Der Ith war die westliche Grenze des Bistums Hildesheim im Mittelalter. Ortsnamen wie Thüste sind aber noch älter als die Zeit, als Karl der Große aus Elze einen Vorort der Christianisierung machte, der unter Karls Sohn, Ludwig dem Frommen, nach Hildesheim zur Bistumsgründung verlegt wurde. Duingen gehört ebenfalls zu den alten Ortsnamen; »jung« sind die Ortsnamen auf -hausen, -dorf- und -hagen. In den Dörfen auf -hausen (= -sen) schlägt sich die Aufsiedlung der Region unter Karl dem Großen nieder. Delligsen ist so ein Ort aus dieser Zeitnamensschicht und »bewacht« den Eingang zum Glenetal.

Während um Delligsen später die Glasherstellung traditionsbildend wurde, war es um Duingen herum die Töpferei. Das hügelige Umland blieb Weideland. Kaierde hieß im 9. Jahrhundert »Kogarden« (= Kuhgarten): Hier weideten Rinder und die großen Grafenfamilien, wie die Gründer Gandersheims und Lamspringes, besaßen hier Rechte, die sie dem Kloster Corvey zahlreich beurkundet vermachten. Es gibt wohl keinen weiteren Ort in Niedersachsen, der so oft in Schenkungen im 9. Jahrhundert erwähnt wurde. Auf diese Weise liegt der Ith-Hils-Weg mittig zwischen den wichtigen Klosterorten Lamspringe, Brunshausen/Gandersheim auf der einen Seite und Corvey auf der anderen Seite, so dass auch wichtige Verbindungsstraßen das Wandergebiet durchzogen. Noch heute führt die Bundesstraße von Eschershausen über Delligsen ins Leinetal nach Alfeld. Man sieht: Das Ith-Hils-Gebiet liegt weder weit entfernt noch abseits, sondern eigentlich mittendrin. Es hängt eben von der Sichtachse ab. Weitere Informationen entnehmen Sie bitte unter: www.ith-hils-weg.de

Auch an sagenumwobenen Orten, wie der Lippoldshöhle und dem Lügenstein oberhalb der Glene, führt der Ith-Hils-Weg entlang.

Kühles Nass erfrischt unterwegs des Wanderers müde Füße.

Westlich von Grünenplan leuchtet smaragdgrün der Glasebachteich, der den gleichnamigen Bach staut. Das Wasser wird außerdem von dort über einen Kanal unter dem Gelände der Firma Schott entlanggeleitet.

Weit geht der Blick des Wanderers in die Landschaft.

Samtgemeinde Freden (Leine)

Vom »Tal der Leine« zur »Hohen Schanze«

Für die Leine wird es im Tal von Freden (Leine) »ganz eng«. Für Kanu- und Radfahrer steht der Ort für den Durchbruch der Leine von Göttingen bis Hannover; von hier an fließt sie durch eine sich immer mehr öffnende Landschaft. Die Samtgemeinde Freden (Leine) entstand am 1. Juli 1965 durch den freiwilligen Zusammenschluss der damaligen Gemeinden Everode, Meimerhausen, Freden (Leine), Winzenburg, Eyershausen, Ohlenrode und Wetteborn und besteht heute, nach weiteren Zusammenlegungen, aus den Gemeinden Everode, Freden (Leine), Winzenburg und Landwehr mit insgesamt 4800 Einwohnern. Der Ort Freden (Leine) wird erstmalig erwähnt in einer Schenkungsurkunde, die besagt, dass Heinrich IV. im Jahr 1068 den Fredener Bezirk in die Hand des Hildesheimer Bischofs Hezilo gab. In dieser Urkunde wird der Archidiakonatsbezirk »Fredenon« genannt.

Bewegte Geschichte

Schon die Wildbeuter der Nacheiszeit hinterließen am »Aschenstein« im »Döhr« (Tür im Sinne von »Pforte«) hochinteressante Reste einer Renjägerstation von vor 16 000 Jahren. Alte Flurnamen weisen damit auf eine sehr frühe Besiedlung hin. Bronzezeitliche Funde aus den »Apenteichen« lassen auf ein vorgeschichtliches Heiligtum schließen. Die Themenfelder »Karolingerzeit,

Kirche der evangelisch-lutherischen Kirchengemeinde St. Georg, Groß Freden

Der Ort Winzenburg mit Kirche in der Mitte und dem Burgberg der Ruine Winzenburg ganz links

Ortsansicht Freden (Leine) vom Selter aus

Sachsenkriege und Christianisierung« verdeutlicht ein historischer Lehrpfad auf der Hohen Schanze zwischen Freden und Lamspringe. Mosaiksteinen gleich finden wir Relikte einer bedeutenden Vergangenheit: eine römische Schale aus dem 2./3. Jahrhundert als Beweis für germanische Handelsbeziehungen nach dem Süden, ein Tympanon an der St. Laurentius-Kirche, und auf der benachbarten Winzenburg den verbliebenen Rest eines Bergfrieds, der für die reichspolitische Rolle seiner Burgherren Hermann I. und II. im 12. Jahrhunderts steht.

Schöne landschaftliche Lage

Im mittleren Leinetal liegt die Samtgemeinde Freden (Leine) zwischen Alfeld (Leine) und Northeim. Die Mitgliedsgemeinde Freden (Leine) liegt an der Bahnstrecke Göttingen und Hannover und ist damit gut zu erreichen. Zahlreiche Pendler nutzen den Bahnhof Freden (Leine) als Startpunkt für ihre tägliche Fahrt zur Arbeit. Erwähnenswert ist die Vielzahl der waldreichen Höhenzüge, deren enge Gliederung durch verträumte Täler mit fruchtbaren Weiden, Wiesen und Feldern harmonisch aufgelockert wird. Ein Blick auf die Landkarte zeigt, dass östlich von der Samtgemeinde Freden (Leine) der Harz und westlich über das Leinetal hinaus das Weserbergland zu erreichen sind.

Viele touristische Möglichkeiten

Für den Erholungsuchenden sind gut ausgezeichnete Wanderwege, Schutzhütten, Grillplätze und anderes mehr im Samtgemeindebereich angelegt worden. Neben den vielen Wandermöglichkeiten bieten Leine (für Angler und Kanufahrer), Schwimmbad und Sportplatz sowie Sportvereine, Gesangvereine, Musikzug der Freiwilligen Feuerwehr und viele andere Vereine Geselligkeit und sinnvolle Freizeitgestaltung. Ein kultureller Höhepunkt in Freden (Leine) sind die jährlich in der Zehntscheune in Freden (Leine) stattfindenden »Internationalen Fredener Musiktage«.

Gute Infrastruktur

Unterkunftsmöglichkeiten finden sich in zwei Hotels und privaten Pensionen.
Zwei Arztpraxen im Allgemeinmedizinischen Bereich, zwei Zahnarztpraxen und zwei Apotheken sind neben weiteren Angeboten im medizinischen Sektor zu erwähnen. Ein Kindergarten und eine Kinderkrippe in Freden (Leine), ein Kinderspielkreis in den Mitgliedsgemeinden Everode und Landwehr sowie eine offene Ganztags-Grundschule in Freden (Leine) stehen für die Bildungsangebote im Gemeindegebiet. Hauptschule, Realschule, Gymnasium und eine Berufsbildende Schule sind in Alfeld (Leine) schnell zu erreichen.
Es gilt, die Lebensqualität zu erhalten und den Menschen der Samtgemeinde wie auch ihren Gästen ein attraktives Umfeld zu bewahren. Wirtschaft und Natur, Geschichte und Kultur – im Bereich der Samtgemeinde sollen sich die Bürger wohlfühlen und wissen, warum es hier so lebenswert ist.

Hans-Jürgen Hebner

Teilinnenansicht der Zehntscheune – dort, wo die Musiktage-Aufführungen stattfinden.

Internationale Fredener Musiktage

Eine wundersame Ausnahmeerscheinung im Klassikgeschäft

Im Gegensatz zu vielen anderen Festivals bewegen sich die Programme der Internationalen Fredener Musiktage fast immer abseits des Mainstreams. Jedes Jahr wird ein Kompositionsauftrag vergeben; die Uraufführung und das damit verbundene Komponistenporträt erfolgen während des Festivals. Gelegentliche Länderschwerpunkte (England, Frankreich, Amerika, Russland, Spanien) und andere Themen (Belle Époque – Fin de Siècle; Jüdische Einflüsse) machen mit Werken vertraut, die hierzulande (fast) unbekannt sind. Das Festival erfüllt damit einen wichtigen Bildungsauftrag, ebenso wie das jährlich stattfindende Musikvermittlungsprojekt und das eingeschlossene Kinderkonzert.

Dabei sind die mitwirkenden Künstler keine welt- oder auch nur deutschlandweit bekannten «Stars«, die das Publikum anlocken sollen. Es sind Musikerfreunde, die die beiden Initiatoren Utz Köster und Adrian Adlam im Laufe ihrer künstlerischen Tätigkeit gewonnen haben und die häufig Solomusiker in herausragenden Orchestern, Mitglieder von Kammermusikensembles oder Professoren an Musikhochschulen sind. Sie wirken im Festivalensemble »camerata freden« mit, das vor Ort für die einzelnen Konzerte probt. Von der hohen Aufführungsqualität zeugen neben einer Reihe von CD-Produktionen für das Kammermusik-Label TACET auch eine Vielzahl von Live-Übertragungen und Aufzeichnungen der Rundfunkpartner NDR Kultur und Deutschlandradio Kultur. 2010 wurde das Festival darüber hinaus mit dem Praetorius Musikpreis Niedersachsen in der Kategorie »Ehrenamtliches Engagement« ausgezeichnet.

Hauptspielstätte ist die rustikale Zehntscheune von 1739 mit ihrer für Kammer- und Klaviermusik hervorragend geeigneten Akustik. Hier findet auch die Kunstausstellung im Rahmen der Fredener Musiktage statt, die die Veranstaltung in jedem Jahr zu einem spartenübergreifenden Kammermusik-Kunst-Festival werden lässt. Eine weitere Spielstätte ist das UNESCO-Weltkulturerbe Fagus-Werk Alfeld. Das Festival findet in der Regel Ende Juli/Anfang August statt.

Auf den Punkt brachte es der Musikjournalist Ralf Neite in der Berliner Zeitschrift »Zeitzeichen« von April 2009: »Die Internationalen Fredener Musiktage sind eine wundersame Ausnahmeerscheinung im Klassikgeschäft, das gerne auf große Namen und glanzvolle Inszenierungen setzt. In Freden, einem kleinen Ort im Leinebergland, verzichtet man auf all das. Hier gibt es keine Stars, keine renommierten Konzerthäuser, nicht einmal mit Klassikhits gespickte Programme, die gemeinhin für volle Kassen sorgen sollen. Und das Fantastische daran: Es funktioniert trotzdem!«

Info: www.fredener-musiktage.de

Gut besuchte Veranstaltung in der Zehntscheune

Hochkarätige Künstler begeistern das Publikum.

Stimmungsvoller Tagesausklang

Kammerkonzert in der Kirche von Groß Freden

Die Winzenburg

Burgruine

Rennsteig verbindet Hildesheim mit der Burgruine

Das heutige Dorf »Winzenburg« liegt inmitten der Ausläufer des »Südlichen Sackwaldes« zwischen den ehemaligen Kreisstädten Alfeld (Leine) und Bad Gandersheim an einer alten Heerstraße, die in west-östlicher Richtung verläuft. Sie führt über den Selterpass bei Freden (»Dör«) und verzweigt sich zum Kloster Lamspringe – von dort weiter über den Königsweg bis Schladen und Goslar – sowie zum ehemaligen Reichsstift Bad Gandersheim.

Der Ursprung des Namens Winzenburg (auch Winceborch, Widmidiborch) ist nicht abschließend geklärt. Wenn sich aber auf der Burganlage, der »Hohen Schanze«, tatsächlich im Anschluss an die gewaltsame Christianisierung des Landes eine fränkische Burganlage mit einer Missionskirche befunden hat, dann ist dem von Graff geschilderten Deutungsversuch Winzenburg als Ableitung von »Winzo« – einer Verkleinerung des Namens Winfried oder Wynifred – eine gewisse Bedeutung beizumessen. Winfried war der ursprüngliche Name des Missionars Bonifatius, der 723 bei Geismar die Donareiche fällte und wesentlich zur Missionierung der Sachsen beigetragen hat.Vielleicht lebte sein Name im Patrozinium dieser Kirche weiter.

Überliefert wird der Name »Winzenburg« erstmalig im Jahr 1109 in Verbindung mit dem Grafen Hermann I »von Winceborch«. Dieser gehörte der Gesandtschaft des Königs Heinrich V. zum Papst nach Rom an. Die Gegend um Winzenburg spielte im damaligen deutschen Reich in der ersten Hälfte des 12. Jahrhunderts eine große Rolle: Die Grafen Hermann, Vater und Sohn, gelangten als Ratgeber des Königs zu Einflus und zu Ämtern (1129 Hermann der Sohn als »principale comitis Thuringiae«). Im Streit mit einem anderen Adelshaus fiel Hermann II. in Ungnade und verlor für einige Jahre seine Ämter und die Winzenburg. Wieder erstarkt wurden in der Nacht des 29. Januar 1152 Hermann und seine schwangere Ehefrau Liutgard von Stade, wahrscheinlich von eigenen Vasallen – genannt werden Bernhard von Dassel und Heinrich von Bodenburg – ermordet.

Die Winzenburger starben aus, die Winzenburg blieb – als Amtssitz. Das heutige Dorf Winzenburg ist erst um 1545 so benannt, zuvor hieß der Wirtschaftshof »Hasekenhusen« und wurde im Jahr 1140 in einer bischöflichen Urkunde, die den Bau einer Kirche gestattete, erstmalig erwähnt.

Die Geschichte reicht aber nachweisbar noch viel weiter zurück: Bereits in der Bronzezeit (1800 v.Chr.) diente eine starke Quelle, die heute »Apenteich« heißt, als Kultstätte. In germanischer Zeit sahen unsere Vorfahren Haine, in denen ein Quell entsprang, als Heiligtümer an, in denen sie die Naturkräfte verehrten. Erst später wurden diese personifiziert und zum Beispiel als Wind- und Wettergott verehrt. Donar war sein Name, hier in unserer Gegend auch Hoike oder Hödeke genannt.

Dem geschichtsträchtigen Ort Winzenburg nähert man sich über die Passstraße von Freden her oder über den malerischen Wanderweg »Rennstieg«, der einst Hildesheim mit dem Amtssitz Winzenburg verband.

Hilko Gatz

Die Apenteichquelle

Blick auf Winzenburg (Ort) aus nördlicher Richtung

Lamspringe – Erholung an der Quelle der Lamme

Mittelalter und Moderne gehen Hand in Hand

Ehrwürdig erhebt sich die Klosterkirche über den Flecken Lamspringe. Im Klostergarten entspringt die Quelle der Lamme, weshalb Kloster, Flecken und Samtgemeinde »Lamspringe« heißen. Die Samtgemeinde Lamspringe erstreckt sich zwischen Heber und Sackwald und besteht aus den Ortschaften Evensen, Graste, Netze, Hornsen, Harbarnsen, Irmenseul, Sehlem, Neuhof, Glashütte, Woltershausen, Ammenhausen und Wöllersheim sowie dem Flecken Lamspringe.

Auf ungefähr 70 Quadratkilometern fühlen sich über 6000 Menschen zu Hause – und dies aus mehrerlei Gründen. Einerseits liegen die Orte malerisch zwischen bewaldeten Höhenzügen, andererseits trägt das funktionierende Dorfleben zu einem positiven Gemeinschaftsgefühl bei, zum Dritten laden zahlreiche Sehenswürdigkeiten und Aktivitäten zum Verweilen ein.

Beginnen wir mit Lamspringe selbst, seinem Kloster, Klostergarten und seinen schmucken Fachwerkhäusern. Die Klosterkirche St. Hadrian und Dionysius wurde 847 gegründet; die heutigen Gebäude stammen aus dem 17. Jahrhundert (1670 – 1690). Die katholische Klosterkirche und die evangelische Sophienkirche (erbaut 1692) stehen für das gute nachbarschaftliche Verhältnis der Kirchen und Gläubigen im Ort. Der »Lamspringer September« schlägt als regionaler Kulturanker eine künstlerisch-musikalische Brücke der besonderen Art. Diese Kunst- und Kulturveranstaltungsreihe zieht vornehmlich im September eines jeden Jahres mit hochkarätigen Veranstaltungen bekannte Künstlerinnen und Künstler nach Lamspringe und begeistert das Publikum weit über die Grenzen Lamspringes hinaus.

Der Ratskeller Lamspringe in der Hauptstraße

Blick auf einen Teilgebäudekomplex der Klosteranlage Lamspringe – dieser Teil ist heute Sitz der Samtgemeindeverwaltung.

Das Kloster gründete 1791 im Heber-Höhenzug eine »Glashütte«, die später der Siedlung den Namen gab. Das idyllische Wanderziel hat nur wenig von seinem ursprünglichen Gepräge verloren.

Gleich drei Hotels bieten etwa 30 Betten an, wozu noch einige private Übernachtungsmöglichkeiten und Ferienwohnungen hinzukommen. Als Ansprechpartner für Gäste aus nah und fern dient die Tourist-Information im Rathaus (www.lamspringe.de).

Zur Lebensqualität der Bürgerinnen und Bürger gehören auch vielfältige Angebote im Bereich des Sports, der Vereine und der Freizeit. Für den Sport- und Freizeitbereich bietet sich insbesondere das beheizte Waldschwimmbad mit Riesenrutsche und Kleinkinderbereich an. Neben zahlreichen Einkaufsmöglichkeiten zur Versorgung im alltäglichen Bereich gibt es auch Geschäfte für die Versorgung mit speziellen Gütern des täglichen und des mittelfristigen Bedarfs. Die Wirtschaftsstruktur ist geprägt von leistungsfähigen kleineren und mittleren Unternehmen, von Handel, Dienstleistungen und Handwerk. Auch die Landwirtschaft stellt einen Wirtschaftsfaktor dar, wenn auch in den letzten Jahrzehnten abnehmend.

Die gesundheitliche Betreuung ist gewährleistet: Drei Arztpraxen im allgemeinmedizinischen Bereich, drei Zahnarztpraxen sowie zwei Apotheken werden von weiteren Angeboten im medizinischen Sektor ergänzt.

In der Samtgemeinde gibt es nicht nur eine Grundschule, sondern auch eine Oberschule mit Ganztagsangebot, die durch den Zusammenschluss von Haupt- und Realschule entstanden ist.

Zu den vielen Attraktionen der Ortschaften der Samtgemeinde zählt unter anderem die alte Kirche von Evessen (erbaut um 1600) und ein »Geographischer Punkt« nahe des Ortes. Hier informiert eine Tafel darüber, dass sich an dieser Stelle der 52. Breitengrad Nord und der 10. Längengrad Ost kreuzen.

Geschichtsträchtig wie auch besuchenswert ist der Ort Harbansen, der um 825 als »Haribernessum« bezeichnet wurde. Im 15. Jahrhundert werden die Herren von Steinberg als Eigentümer des Dorfes genannt. Im 17. Jahrhundert hat man die Gutsgebäude neu errichtet. Bekannt geworden ist der Ort Harbarnsen durch den von Cramm'schen Weizenkorn; bereits 1750 wurde auf dem Gut gewerblich der erste Schnaps gebrannt. In der Nachkriegszeit hatte sich die von Cramm'sche Brennerei des Gutes zwar zu einer der führenden Kornbrennereien des Landes entwickelt, heute aber ist die Brennerei schon länger aufgegeben. Eine weitere wirtschaftliche Traditionslinie kommt ebenfalls aus Harbansen: die Molkerei. Die zurückgehende Viehhaltung und die veränderten Marktbedingungen führten zur Stilllegung der Molkerei und zu einer Umstellung des Betriebes in eine Milchtrocknung. Das jetzige Unternehmen BIOLAC veredelt Molke zu hochwertigen Milchinhaltsstoffen, wie Molkenproteine und Laktose (Milchzucker).

Zum Rittergut Harbansen gehörte einst auch das benachbarte Netze. Bis 1958 bestand das Netzer Kalkwerk und Mergelwerk, das 1907 gegründet wurde. Rund 80 Arbeiter fanden dort zur Blütezeit Beschäftigung. Heute gehören die Erholung und der Wander- und Kulturtourismus zum den zukunftsfähigen Branchen: Auf dem »Rennstieg« gelangt man nach Hildesheim, auf dem »Königsweg« nach Schladen und auch von der A7 wird man – dank des touristischen Hinweisschildes – nach Lamspringe geleitet. Und wenn man im September nach Lamspringe gelangt, kommt man am »Lamspringer September« nicht vorbei.

Wolfgang Pletz

Blick vom Turm der Klosterkirche auf den Klosterpark

Klosterkirche Lamspringe – im Vordergrund ein Kunstwerk vom Küntlersymposium 1984

Beheiztes Waldschwimmbad Lamspringe

Klosterkirche St. Hadrian und St. Dionysius

Bedeutsames Kirchenzentrum an der Quelle der Lamme

Das Ehrenmal im Klosterpark erinnert an die Opfer der Weltkriege.

Das Kloster wurde nach der Entstehungssage aus dem 16. Jahrhundert im Jahre 847 von dem sächsischen Grafen Ricdag und seiner Frau Imhildis als Benediktinerinnenkloster gegründet. Demnach erhielt das Stifterehepaar bei ihrer Wallfahrt von Papst Sergius II. um 846 die Gebeine des römischen Hauptmanns und Märtyrers St. Hadrian ausgehändigt. Später kamen die Gebeine des fränkischen Bischofs und Märtyrers St. Dionysius hinzu. Umfangreiche Schenkungen begüterter Adelsfamilien vermehrten den Besitz. Zum Kloster gehörten im Jahre 1178 etwa 800 Morgen Land, 17 abgabepflichtige Dörfer, vier Kirchen und zehn Mühlen. Der Konvent umfasste in den Blütezeiten bis zu 180 Nonnen.

Lamspringe kam nach Ende der Hildesheimer Stiftsfehde (1519 – 1523) in den Besitz des welfischen Fürstentums Braunschweig-Wolfenbüttel. 1542 wurde das protestantische Bekenntnis eingeführt. Wegen des Widerstandes der Nonnen hat man jedoch keine wirklichen Veränderungen durchgesetzt. Nach dem Regierungsantritt von Herzog Julius im Jahre 1568 wurde der protestantische Glauben für das Herzogtum verbindlich und die Reformation energisch durchgesetzt: Aus dem Benediktinerinnenkloster entstand ein protestantisches Stift. Im Zuge des Dreißigjährigen Krieges brannte 1627 der gesamte Flecken ab; 1629 raubten kaiserliche Truppen die Klostergebäude aus.

Das ehemalige Konventgebäude

Mit der Rückgabe an das Bistum Hildesheim (1643) wurde das protestantische Damenstift Lamspringe wieder katholisch. Das Damenstift wurde aufgelöst. Die heruntergekommenen Gebäude übergab man an aus England vertriebene Benediktinermönche der englischen Kongregation, die am 2. Oktober 1643 in Lamspringe einzogen. Sie belebten das Kloster neu und bauten die Kirche ab 1670 in 21 Jahren und ab 1730 die ehemaligen Klostergebäude völlig neu auf. Bereits am 26. Mai 1691 konnte die heutige Abteikirche geweiht werden. Dank kluger Wirtschaftsführung entwickelte sich das Kloster mit seinem umfangreichen Grundbesitz zum reichsten im Hochstift Hildesheim. Die Gebeine des irischen Erzbischofs und Märtyrers Oliver Plunkett († 1681) wurden 1686 aus London nach Lamspringe überführt und in der Krypta beigesetzt.

Am 3. Januar 1803 vollzog sich auf Weisung der preußischen Regierung die Auflösung des Klosters Lamspringe. Seit 1818 ist es Eigentum der Klosterkammer Hannover. Die katholische Kirchengemeinde Lamspringe, heute im Verbund mit Bad Gandersheim, nutzt die ehemalige Klosterkirche für ihre Gottesdienste. Die anderen Klostergebäude nehmen heute die Samtgemeindeverwaltung Lamspringe mit dem Museum nebst der Pächterwohnung auf und bieten mit ihren gut restaurierten historischen Räumen Platz für kulturelle Veranstaltungen.

Das Mittelschiff der Klosterkirche mit Blick auf den Hochaltar

Die ehemalige Klostermühle am Backhausteich

Erläuterungen:
Kongregation: Verband von Klöstern; Konvent: Mönchsgemeinschaft

Axel Christoph Kronenberg

Der Lamspringer September

Kloster bietet seit einem viertel Jahrhundert Kulturerlebnisse

Der Tölzer Knabenchor

Ganz im Süden des Landkreises Hildesheim liegt inmitten einer herrlichen Mittelgebirgslandschaft der Flecken Lamspringe; das Kloster bestimmt gemeinsam mit der herrlichen Fachwerkstraße und dem Klosterpark das wirklich sehenswerte Ortsbild.

Das Kloster beheimatet den Lamspringer September, ein privat organisiertes Kulturfestival, das weit über die Region hinaus Jahr für Jahr Gäste begeistert. Eine zeitgemäße Kulturinitiative auf professionellem Niveau, die von Tourneetheater, Auftragsinszenierungen, Ausstellungen, Installationen, von klassischer wie zeitgenössischer Literatur, von Symphonie-, Kammer- und Chormusik über Pantomime, Kabarett, Jazz bis hin zur Philosophie reicht. Die Verantwortlichen bleiben stets Goethes Vorgabe treu, dass alles, was imponieren soll, auch Charakter haben muss. Die Gäste des Lamspringer Septembers hören Autoren wie dem Literatur-Nobelpreisträger Günter Grass, dem Friedenspreisträger des Deutschen Buchhandels Martin Walser, Hellmuth Karasek oder Michaela May zu und dürfen auch mit ihnen debattieren. Die Bamberger-, die Berliner-, die Luxemburger- oder Göttinger-Symphoniker boten ein Höchstmaß an klassischer Musik; Jazzgrößen wie Chris Barber, Bill Ramsey oder Bob Seeley haben hier gastiert. Große Goethe- bzw. Heinrich Heine-Interpreten wie Will Quadflieg oder Peter Pagel sind zu Gast und Kammersänger wie Hermann Prey und Thomas Quasthoff. Die Berliner Volksbühne war hier; darüber hinaus haben neben Opernchören auch die Regensburger Domspatzen, der Dresdner Kreuzchor oder der Chor der Gregorianer-Mönche aus Prag und der Montanara-Chor begeistert, Peter Orloff mit dem Schwarzmeer-Kosakenchor und der Tölzer Knabenchor. Der große Entertainer, Musiker und Moderator Gunter Emmerlich war schon mehrmals in Lamspringe, das Pasadena Roof Orchestra ebenfalls. Kabarettisten der Extraklasse kamen aus Leipzig, München oder Berlin und bekannte Maler und Bildhauer wie Jörg Immendorff, Siegfried Neuenhausen oder wie zuletzt Gerd Winner stellten im Erdteil-Foyer aus.

Heute stehen der Lamspringer September-Gesellschaft folgende Räume im Kloster zur Verfügung: das Erdteil-Foyer, der alte Abt-Saal, das Refektorium, das Kalenderzimmer, der Kreuzkeller, der ehemalige Schafstall des Klosters, die große Barockkirche, die Klostermühle und der Klostergarten als Park.

Luftbild des Klosters Lamspringe

Der Montanarachor

Die Macher des Lamspringer Septembers (v.l.): Ernst-August Quensen, Hans-Jürgen Habekost, Alexandra Lehmann-Bues, Hans J. Lehmann, Gerd Rodenbüsch; es fehlt: Nadine Weißbrich-Knackstedt

Christian Berkel

Unter dem Titel »Kloster als Kulturerlebnis« gab der Lamspringer September eine Festschrift zum 20-jährigen Jubiläum heraus. Unter www.lamspringer-september.de können Sie diese bestellen und sich über das aktuelle Programm informieren. Dort finden Sie auch Nachrichten über den Philosophischen Salon, der im intimen Rahmen des Kalenderzimmers Vorträge und sehr lebhafte Diskussionen organisiert.

Die Samtgemeinde Sibbesse

Dorfleben zwischen Hildesheimer Wald und Sieben Berge

Wer von Norden auf der L485 über den Roten Berg oder von Süden, über Wernershöhe, nach Sibbesse kommt, sieht, wie sich die Dörfer in die Täler schmiegen, auch wenn die Neubaugebiete inzwischen weit in die Felder hineinragen.
Ob nach Westen, nach Gronau, oder nach Osten, nach Bad Salzdetfurth/Bodenburg, ob man der Despe oder der Alme folgt: In alle vier Himmelsrichtungen ist es nur ein Katzensprung in die nächst größeren Orte. Selbst die Großstadt Hildesheim mit ihren vielfältigen Arbeits-, Einkaufs- und Freizeitangeboten ist nur wenige Kilometer entfernt und mit dem Auto oder Bus leicht zu erreichen.
In den letzten Jahren hat sich eine stärkere Ausrichtung der Sibbesser Bürger auf die Kreisstadt Hildesheim ergeben. Dies ging zu Lasten der alten Kreisstadt Alfeld, aber auch der Nahbereiche Bad Salzdetfurth und Gronau.
Zur Samtgemeinde Sibbesse gehören insgesamt zwölf Dörfer. Diese sind in fünf selbstständigen Mitgliedsgemeinden organisiert. So umfasst die Gemeinde Sibbesse auch Hönze, Möllensen und Petze. Zur Gemeinde Adenstedt gehören die Ortsteile Grafelde und Sellenstedt.
Almstedt und Segeste bilden eine weitere Gemeinde, genau wie Westfeld und Wrisbergholzen. Nur Eberholzen ist eigenständig. Die Gemeinden selbst liegen auf einer Höhe zwischen 140 und 190 Meter über Normal Null. Möchte man den Roten Berg überqueren, muss man auf runde 260 Meter hinauf. Die Straße über Wernershöhe (L485), die auch den Rennstieg – eine jahrhundertealte Kurierwegstrecke zwischen Hildesheim und Winzenburg, kreuzt – erreicht sogar eine Höhe von 330 Meter. Die höchste Erhebung ist der Hainberg südlich von Eberholzen mit 353 Meter.
Durch diese Lage im Tal hat ein Wanderer bei klarem Wetter beispielsweise vom Steinberg (242 Meter) oberhalb von Petze eine ausgezeichnete Sicht über das ganze Tal.

Die Ortsdurchfahrt von Segeste in Richtung Wrisbergholzen verläuft durch den alten Ortskern.

Dieses Foto zeigt, wie schön sich Eberholzen in die Landschaft schmiegt. Der etwas höher gelegene Ortsteil vor dem Hildesheimer Wald ist der Gänseberg.

Freundlich werden Besucher und Einwohner in Adenstedt begrüßt. Das blaue Wappen im Holzhäuschen zeigt den Thiestein und eine Linde.

Blick nach Osten über die malerische Ortschaft Grafelde.

Heute wird die Alme nicht mehr von Ulmenbäumen gesäumt, doch der Anblick ist trotzdem romantisch und lädt zum Verweilen ein.

Die bisher letzte Errungenschaft der rührigen Petzer ist der Wappenbaum vor dem Dorfgemeinschaftshaus, das in Eigenleistung erbaut wurde.

Die Gemeindeverwaltung liegt am Friedrich-Lücke-Platz. Sibbesse verdankt seine erste Dorfchronik Friedrich Lücke (1921 veröffentlicht).

Zahlreiche Wanderwege führen durch die lichten Buchenwälder, in deren Unterholz neben Bärlauch und Waldmeister auch Orchideen, Schlüsselblumen und Buschwindröschen gedeihen. Heute durchschneidet die ICE-Trasse von Hannover nach Würzburg die Samtgemeinde. Durch den Escherberg- und den Eichenbergtunnel erreicht die Trasse das Gebiet der Samtgemeinde Sibbesse. Mit dem Bau der Bundesbahntrasse gingen zügige, aber auch arbeitsaufwendige Flurbereinigungsverfahren und Dorferneuerungsprogramme einher, die hier entscheidende Akzente in der Dorf- und Landschaftssanierung setzten.
Insgesamt ist die Samtgemeinde 72 Quadratkilometer groß. Gut die Hälfte dieser Fläche wird landwirtschaftlich genutzt, während 38 Prozent bewaldet sind. Hauptsächlich bauen die verbliebenen Landwirte Zuckerrüben, Getreide Raps und seit dem Bau der Biogasanlage zunehmend auch Mais an.
Im Zuge der Flurbereinigung wurden unter anderem Feldwege befestigt und zahlreiche Radwege angelegt, so dass heute fast alle Orte untereinander sicher und komfortabel mit dem Fahrrad erreicht werden können.

Geschichte und Gegenwart

Die Samtgemeinde Sibbesse mit ihren zwölf Dörfern und fünf Mitgliedsgemeinden gehört zum Landkreis Hildesheim. Sie liegt im Tal von Despe und Alme. Nördlich erstreckt sich der Hildesheimer Wald und im Süden die Sieben Berge.
Bereits 850 werden die ersten Dörfer in diesem Tal urkundlich erwähnt. Die Samtgemeinde Sibbesse hat sich bis heute ihren ländlichen Charakter bewahrt, auch wenn neue Wohngebiete außerhalb der alten Dorfkerne und vereinzelte Handwerks- und Gewerbebetriebe entstanden sind.
Schon 1965 schlossen sich Almstedt, Segeste, Sibbesse, Möllensen, Petze, Westfeld und Nienstedt (das heute zur Samtgemeinde Gronau gehört) freiwillig zu einer Samtgemeinde zusammen.
In Zusammenhang mit der Gebietsreform gliederten sich bis 1974 Sellenstedt, Eberholzen, Wrisbergholzen, Adenstedt, Hönze und Grafelde ebenfalls ein.

Die Samtgemeinde Sibbesse ist zweifellos ein historisch interessanter Ort mit mehr als 1000-jähriger Geschichte. Gleichzeitig weist sie heute mit der Friedrich-Busse-Grundschule, der Schwimmhalle, mit Kindergärten und einer Krippe, dem Jugendzentrum, Einkaufsmöglichkeiten, Ärzten und Apotheken, Sparkasse, Volksbank, zahlreichen Handwerksbetrieben, einer Tankstelle, der Stützpunktfeuerwehr und einem regen Vereins- und Kulturleben eine beeindruckende, moderne Infrastruktur auf, zu der auch umfangreiche Anbindungen an den öffentlichen Personennahverkehr gehören. Somit präsentiert sich Sibbesse als attraktive Samtgemeinde in landschaftlich reizvoller Lage.

Herzlichst,

Hubertus Schneider
Bürgermeister

Möllensens zentraler Platz an der Kirche, mit Feuerwehr und der ehemaligen Schule

Schloss Wrisbergholzen

Ehemalige Manufaktur für Fayencen

Das südlich von Hildesheim gelegene Dorf Wrisbergholzen ist ungewöhnlich reich an bedeutenden Baudenkmälern. Mit den wichtigsten verbindet sich der Name der Familie von Wrisberg, die zeitweise eine rege Bautätigkeit entwickelte. Das älteste bauliche Zeugnis ist die aus dem Mittelalter stammende Dorfkirche St. Martin, die über Jahrhunderte der Familie als Grablege diente. 1604/1605 erhielt sie ein neues Kirchenschiff; der romanische Turm blieb erhalten und wurde im 18. Jahrhundert mit einer barocken Haube und einer hohen Laterne versehen. An der Ausstattung der Kirche wurde bis in das frühe 20. Jahrhundert gearbeitet. Besonders hervorzuheben sind die Kanzel, die aufwendig bemalte Empore und die Orgel, ein barockes Prachtstück der Hildesheimer Orgelbauer Müller.

Schmuck am Hauptportal des gräflichen Schlosses

Das barocke Schloss der Familie von Goertz-Wrisberg mit seinem prachtvollen Giebel, 1745 fertiggestellt

Das neben der Kirche wichtigste Gebäude ist das 1745 nach Plänen der Brüder Bütemeister fertiggestellte Schloss, das einen aus einer alten Wasserburg hervorgegangenen Renaissancebau ersetzte. Mit den um einen Hof angeordneten Wirtschaftsgebäuden bildet es eine bauliche Einheit, die von einem Wassergraben zusammengefasst wird. Nach Osten schließt sich der große Schlosspark an, der im 18. Jahrhundert angelegt und später zu einem Landschaftspark umgestaltet wurde.

Ungeachtet der imposanten Größe handelt es sich bei der Schlossanlage im Prinzip um einen Gutshof, dessen Grundlage die Landwirtschaft war. Um neue Erwerbsmöglichkeiten zu erschließen, ließ Rudolph Johann von Wrisberg – ganz im Sinne des Merkantilismus – 1736 eine Manufaktur für Fayencen errichten. Das heute noch existierende Bauwerk ist das älteste Fabrikgebäude Niedersachsens und die einzige erhaltene Fayence-Manufaktur in Deutschland. Bis 1834 wurden hier verschiedene keramische Produkte hergestellt, die besten Stücke sind heute im Kestner Museum Hannover im Museum für Kunst und Gewerbe in Hamburg ausgestellt. Eine künstlerische Spitzenleistung der Manufaktur und zugleich eine kunsthistorische Einmaligkeit ist das Speisezimmer des Wrisbergholzer Schlosses, das ganz mit emblematischen, nach italienischen Vorlagen des 16. und 17. Jahrhunderts gearbeiteten Fliesen ausgestattet ist.

Nachdem die Produktion der Fayencen 1834 vermutlich aus wirtschaftlichen Gründen eingestellt werden musste, wurde das Gebäude zu Wohnzwecken genutzt. In der Nachkriegszeit waren in dem Haus zahlreiche Flüchtlingsfamilien einquartiert, danach nahm die Zahl der Bewohner ständig ab. Die letzte Mieterin zog 1980 aus, aber bereits zu diesem Zeitpunkt war das Haus stark baufällig. Der Verfall beschleunigte sich, bis 1984 einige engagierte Personen den »Verein zur Erhaltung von Baudenkmälern in Wrisbergholzen« gründeten, um das unter Denkmalschutz stehende Gebäude, das für Niedersachsen von großer kulturhistorischer Bedeutung ist, vor der Zerstörung zu bewahren. Nach und nach wurde die frühere Manufaktur instand gesetzt und der Öffentlichkeit zugänglich gemacht. Größere Baumaßnahmen, die von den Vereinsmitgliedern nicht allein durchgeführt werden konnten, wurden durch Sponsoren und aus öffentlichen Mitteln finanziert.

Neben der Sanierung der Manufaktur ist der Verein bestrebt, weitere denkmalgeschützte Gebäude im Ort zu erhalten. In den vergangenen Jahren konnten im Schlosspark verschiedene Arbeiten durchgeführt werden. Er zählt nach Angaben des Landesamtes für Denkmalpflege zu den wertvollsten privaten Parkanlagen in Niedersachsen. Zunächst wurde durch einige grundlegende Arbeiten der Park selbst in einen besseren Zustand gebracht, dann wurde das Dach der Orangerie erneuert und eine besonders wertvolle Staffage restauriert, der hölzerne Tempel.

Die Arbeit des Vereins erschöpft sich keineswegs in der rein praktischen Tätigkeit. Wichtig ist auch, die interessierte Öffentlichkeit über die Geschichte, die Bedeutung und die Erhaltung der Baudenkmäler zu informieren. Seit 1990 ist in der früheren Fayence-Manufaktur ein kleines Museum eingerichtet worden, in dem Fundstücke über die frühere Produktion Auskunft geben. Außerdem können Besucher die freigelegten Fundamente des großen Brennofens besichtigen, die bei Ausgrabungsarbeiten gefunden wurden. Auf der umfangreichen Homepage wird ebenfalls über die Tätigkeit des Vereins und die Bedeutung der Denkmäler informiert. Ein besonderes Anliegen ist die Einbeziehung von Jugendlichen in die Vereinsarbeit. Dazu sind in der Vergangenheit mehrfach Projekte mit dem »Internationalen Jugendgemeinschaftsdienst« (ijgd) durchgeführt worden. In bester Erinnerung sind zwei Workcamps mit polnischen und italienischen Jugendlichen, die jeweils drei Wochen gemeinsam mit deutschen Jugendlichen in der Manufaktur gewohnt und gearbeitet haben. Unter fachlicher Anleitung führten sie Ausgrabungen und verschiedene Arbeiten am Fachwerk durch und erarbeiteten ein Konzept zur Präsentation historischer Fundstücke. Neben diesen Jugendprojekten sind gelegentlich Volontäre des Landesamtes für Denkmalpflege zu Gast, um neben ihrer Ausbildung auch die Praxis der Denkmalpflege kennenzulernen. Im Park fanden verschiedene Seminare in Zusammenarbeit mit der TU Berlin statt. In jedem Jahr werden regelmäßig Führungen angeboten und besonders am »Tag des offenen Denkmals« ist das Interesse groß. Die Arbeit an den Gebäuden ist für die Mitglieder aber durchaus nicht nur eine verantwortungsvolle Bürde, sondern auch eine angenehme Freizeitbeschäftigung. Denn die Kunstschätze und ihre einzigartige Ausstrahlung begeistern jedes Mal wieder neu.

Der Verein feierte 2014 sein 30-jähriges Bestehen und kann auf eine erfolgreiche Tätigkeit zurückblicken. Dennoch sind größere Anstrengungen notwendig, um die schwierige Situation der Denkmäler in Wrisbergholzen zu verbessern. Die Einrichtung einer Stiftung oder einer ähnlichen Organisation böte die Möglichkeit, gemeinsam dieses einzigartige Ensemble vor dem Verfall zu bewahren.

Dr. Jens Beck

Fliesenzimmer Schloss Wrisbergholzen

Der mittelalterliche Turm der Kirche St. Martin mit geschweifter Haube aus dem späten 18. Jahrhundert

Der Fachwerkbau der ehemaligen Fayence-Manufaktur, die 1736 gegründet wurde, ist das älteste Fabrikgebäude Niedersachsens.

Gemeinde Diekholzen

Stadtnahes Wohnen in ländlichem Ambiente – umgeben von Wald

Diekholzen liegt ungefähr sechs Kilometer südlich von Hildesheim am Nordrand des Hildesheimer Waldes. Die Ortschaften Diekholzen und Söhre liegen im Tal der Beuster, an dem Zisterziensermönche nach 1259 eine Reihe von Fischteichen anlegten, so erklärt sich auch der seit 1267 belegte Zusatz »Diek« im Ortsnamen von Diekholzen. In dem Dorf, das durch Ackerbau, Waldnutzung und Handwerk geprägt war, erfolgte 1897 die Gründung des Kaliwerkes. 1912 hatte dieses bereits etwa 250 Beschäftigte und veränderte das Ortsbild durch Schacht, Förderturm und Bergmannssiedlung. Mit Unterbrechung (1928 – 1950) wurde hier bis zur Jahreswende 1966/67 Kali abgebaut. Im Diekholzer Wappen sind bis heute die drei Zeichen der Berufsstände enthalten: der Pflug der Ackerleute, die Säge der Waldarbeiter und die Grubenlampe der Bergleute.

Nach dem Zweiten Weltkrieg verdoppelte sich die Einwohnerzahl – bedingt durch den Zustrom von Flüchtlingen und Vertriebenen. Auch danach stieg sie infolge der Wiederaufnahme des Schachtbetriebes und der Ausweisung von Neubaugebieten weiter an. 1974 hatte der Ort 2955 Einwohner und wurde im selben Jahr Mittelpunkt der neu gebildeten Einheitsgemeinde, die mit den Ortsteilen Söhre, Egenstedt und Barienrode auf 6525 Einwohner kam. Heute hat die aus den Ortschaften Barienrode, Egenstedt, Diekholzen und Söhre bestehende Gemeinde mit ihren attraktiven Wohngebieten insgesamt 6529 Einwohner (Stand: 31. Dezember 2014).

Wasser, Wald und Felder prägen die Landschaft bei Röderhof/Egenstedt

Bereits seit 1871 gehört auch der an der Straße nach Hildesheim gelegene, im Jahre 1712 vom Kloster Marienrode errichtete »Heidekrug« zum Gemeindegebiet, ebenso auch die zu Egenstedt gehörende Heimstatt Röderhof, ein helfendes Zuhause für Kinder, Jugendliche und Erwachsene mit einer geistigen Behinderung.

Die am frühesten erwähnte Ortschaft in der Gemeinde ist Egenstedt, das in einer Urkunde des Bistums Hildesheim aus dem Jahre 996 genannt

Natursteinsiedlung an der Alfelder Straße in Diekholzen

Blick auf den Hildesheimer Wald

Naturschauspiel am Mühlenberg, Barienrode

St. Nikolaus in Söhre

wird und das an dem im Oberharz entspringenden Fluss Innerste liegt. Das Wappen der Ortschaft trägt das goldene Monogramm des Jesuitenordens auf rotem Grund, welches auch den Türsturz des so genannten Jesuiterhofes in Egenstedt ziert. 1594 übertrug Fürstbischof Ernst die Hofstelle dem Jesuitencollegium. Die von Pächtern (Meiern) zu leistenden Zahlungen und Lieferungen dienten dem Unterhalt der Jesuitenschule in Hildesheim (Josephinum).
Söhre liegt am Fuß des Tosmarberges, wo sich das Beustertal zur Innerste-Niederung hin öffnet. Der Ort wird erstmals 1125 in der Gründungsurkunde des Stifts Backenrode (Marienrode) als »Sutherem« erwähnt. Als Wahrzeichen des Ortes, der bis heute landwirtschaftlich geprägt ist, gilt der weithin sichtbare Turm der katholischen Pfarrkirche Mariä Himmelfahrt, der um 1400 entstand. Über dem Glockenstuhl befand sich im 15. Jahrhundert eine Wachstube, von der aus die am Hildesheimer Wald verlaufende Landwehr gut einsehbar war, so dass bei Gefahr von bewaffneten Überfällen Alarm gegeben werden konnte. Der Kirchturm ist auch ein Bestandteil des Söhrer Ortswappens. Bemerkenswert ist das vergleichsweise frühe Gründungsdatum der Freiwilligen Feuerwehr, die es hier seit 1882 gibt.
Barienrode liegt im Nordosten des Diekholzener Gemeindegebietes und wird bereits 1022 erstmals schriftlich erwähnt, hier lebte während des Hochmittelalters vom 12. bis zum 14. Jahrhundert das Rittergeschlecht zu Barienrode. Das Wappen zeigt zwei quer jeweils nach außen zeigende silberne Fische auf blauem Grund. Auch geistliche Grundherren waren in dem kleinen Dorf begütert. Den Herrenhof der Familie von Barienrode mit seinen umfangreichen Liegenschaften übertrug Bischof Gerhard Ende des 14. Jahrhunderts den Mönchen der Karthause vor Hildesheim. 1734 wurde die 1406 erstmals belegte Kapelle im barocken Stil neu erbaut. Über dem Portal befindet sich eine Statue, die den heiligen Nikolaus im Bischofsornat darstellt.
Lebendige Gemeindepartnerschaften bestehen zwischen Diekholzen und der Gemeinde Combleaux (Frankreich, am Fuß des Mont-Blanc) seit 1971 und mit der Gemeinde Karow (Mecklenburg-Vorpommern) seit 1993. Diekholzen bietet heute Einkaufsmöglichkeiten, Ärzte, eine Apotheke, Bankfilialen, Sporthallen und -plätze, drei Grundschulen, drei Kindertagesstätten, Altenpflegeeinrichtungen, hervorragende und vielfältige Angebote der Kirchen, Vereine und Verbände und Vieles mehr!
Erwähnenswert sind auch die historischen Kurier- bzw. Pilgerwege Rennstieg und Jakobsweg, die von Hildesheim über Marienrode auf teilweise unterschiedlichen Wegen nach Diekholzen verlaufen, sich dort innerhalb der Ortschaft routenmäßig vereinen und sich dann in Richtung Nienstedt-Eberholzen fortsetzen. Der Jakobsweg, einer der traditionsreichsten Pilgerwege, führt auf der Route »Via Scandinavica« von Dänemark nach Santiago de Compostela und durchläuft im Landkreis Hildesheim u.a. auch Diekholzen! Das ausgiebige, gut ausgeschilderte Wander-/Radwegenetz rund um Diekholzen lässt sich u.a. der Wegekarte des Harzclubs Hildesheim (vgl. Internetauftritt) entnehmen und lädt zu einem Besuch herzlich ein! Die Gemeindeverwaltung hält weitere Informationen bereit und freut sich über einen Besuch!

Birgit Dieckhoff-Hübinger, Bürgermeisterin

Die Schwarze Heide

Heidelandschaft am Mühlenberg

Der Mühlenberg über Barienrode weist eine Besonderheit für den Hildesheimer Raum aus: Die Schwarze Heide. Sie liegt im gleichnamigen Naturschutzgebiet, das zum Erhalt dieser Landschaftsform eingerichtet wurde. Hier wächst die Besenheide (Calluna vulgaris) flächenhaft auf dem Kamm des Höhenrückens. An den Rändern stehen einzeln oder in kleinen Gruppen Eichen und Birken. Warum, so mag man sich fragen, kommt dieser Lebensraum nicht häufiger vor in unserer Heimat? Die Heidepflanze verlangt mehrere Bedingungen um sich flächig ausbreiten zu können. Sie benötigt Nährstoffarmut auf saurem Boden und viel Licht. Dafür sorgen einerseits der Untergrund aus saurem Keuper-Sandstein und andererseits der Mensch, der schon seit Jahrhunderten hier eingreift und das Entstehen von Wald verhindert: Früher durch Beweidung und gelegentliches Abbrennen – daher die Bezeichnung Schwarze Heide – heute durch Aktivitäten von Naturschützern, die diesen kleinen Restbestand der einstmals viel ausgedehnteren Kulturlandschaft Heide erhalten wollen. Ein- bis zweimal im Jahr rücken Mitglieder des BUND (Bund für Umwelt und Naturschutz Deutschland e.V.) der Bürgerinitiative »Gute Luft« und Diekholzener Bürger mit ihren Hacken den neu aufgeschossenen Birken und Pappeln zu Leibe, weil die der Heide sonst sehr rasch das Licht nehmen würden. Zusammengeführt hat die Naturschützer der Widerstand gegen den am Fuß des Mühlenbergs gebauten Schweinestall. Gemeinsam erreichten sie, dass Filter nicht nur den Geruch, sondern auch den in der Stallabluft enthaltenen Stickstoff zurückhalten. Der hätte sonst über den Luftpfad die Konkurrenten der Heide so stark gedüngt, dass sie recht bald überwuchert worden wäre. Um herabgeregnete Nährstoffe gründlich zu entfernen, wurde vor sieben Jahren der Oberboden in Teilbereichen komplett abgeschoben. Auf dem nackten Rohboden hat sich die Heide neu angesiedelt und so gut entwickelt, dass diese Maßnahme vor zwei Jahren auf anderen Flächen wiederholt wurde.

Spaziergänger auf dem Mühlenberg-Kamm können sich an einer von Jahr zu Jahr prächtiger blühenden Heide erfreuen. Sie stellt zugleich einen speziellen Lebensraum dar, der verschiedenen seltenen Pflanzen und Tieren Lebensmöglichkeit bietet. So kommen hier unter anderem zwei kleinwüchsige Blütenpflanzen vor, die auf offenem Boden in den Lücken der Heidepflanzen wachsen.

Das Liegende Johanniskraut (Hypericum humifusum) wächst auf sauren Böden wie hier am Mühlenberghang.

Am Mühlenberg bei Barienrode befindet sich fast die einzige Heidefläche im Landkreis Hildesheim.

Nur durch regelmäßige Arbeitseinsätze freiwilliger Helfer wird die Heidefläche zwischen Söhre und Barienrode erhalten.

Ein kleiner Feuerfalter (Lycaena phlaeas). Er ist erkennbar an den dunklen Flecken, dem Außenrand und dunklen Hinterflügeln sowie der namensgebenden leuchtend feuerroten bis orangen Färbung.

Die Fühlerenden der männlichen Keulenschrecke (Myrmeleotettix maculatus) sind deutlich verdickt.

Geht man mit offenen Augen auf den Spazierwegen durch die Heidelandschaft, bekommt man hier seltene Spezies aus Flora und Fauna zu sehen.

Der Kleine Vogelfuß (Ornithopus perpusillus) aus der Familie der Schmetterlingsblütler erhielt seinen Namen aufgrund der Anordnung seiner Fruchthülsen, die dem Fuß eines Vogels ähneln. Diese unauffällige Pflanze ist sonst weit und breit nicht zu finden und wurde für das niedersächsische Hügel- und Bergland als gefährdet eingestuft.

Die zweite Pflanze offener Bodenstellen ist das Liegende Johanniskraut (Hypericum humifusum). Die Triebe kriechen auf dem Boden und bilden an der Spitze mehrere kleine, gelbe Blüten aus. Im Jahr 2014 war dieses Johanniskraut nicht selten auf den abgeschobenen Flächen der Schwarzen Heide zu finden. Es benötigt sauren Boden und konnte auch im Hildesheimer Wald gefunden werden.

In den Heidelücken bilden sich kleinflächig Magerrasen mit niedrigen Gräsern aus. Hier leben zwei Heuschrecken-Arten, von denen jeweils nur ein weiteres Vorkommen im Landkreis Hildesheim bekannt ist. Der in Deutschland gefährdete und in Niedersachsen stark gefährdete Kleine Heidegrashüpfer (Stenobothrus stigmaticus) kommt in der Schwarzen Heide in einer stabilen Population vor. Auch die Gefleckte Keulenschrecke (Myrmeleotettix maculatus) ist dort nicht selten. Die Fühlerenden dieses hübschen Grashüpfers sind – insbesondere bei den Männchen – keulig verdickt. In mageren, offenen Sandbereichen des östlichen Tieflandes in Niedersachsen ist diese Art häufig zu finden.

Günter Grein, Matthias Köhler

Der kleine Heidegrashüpfer (Stenobothrus stigmaticus), eine sehr kleine Heuschrecke, ist auf Mager- und Trockenrasenflächen nur noch selten zu entdecken, da ihre ausschließlichen Lebensräume zusehends aus der Landschaft verschwinden.

Auch Fliegenpilze gedeihen hier, meist in Birkennähe. Eine Symbolfigur des Glücks, um die sich viele Sagen und Gerüchte ranken. Angewandt wird er heute nur noch sehr selten, ist doch mittlerweile die Giftigkeit des märchenhaft harmlos scheinenden Pilzes bekannt.

Gemeinde Nordstemmen

Ein Wohlfühlort für jedes Alter

Das Nordstemmer Rathaus: Die Einheitsgemeinde entstand 1974 im Rahmen der Gebietsreform durch den Zusammenschluss von zehn zuvor selbstständigen Gemeinden.

Nordstemmen ist eine Einheitsgemeinde, die im Zuge der Gebiets- und Verwaltungsreform am 1. März 1974 in der heutigen Form entstand, mit heute etwa 12 300 Einwohnerinnen und Einwohnern. Die zehn Orte Adensen, Barnten, Burgstemmen, Groß Escherde, Hallerburg, Heyersum, Klein Escherde, Mahlerten, Nordstemmen und Rössing haben sich kontinuierlich zu einer Gemeinde mit hoher Wohnqualität und einer ausgezeichneten Infrastruktur entwickelt.

Dorfgemeinschaft und Neubaugebiet schließen sich in Nordstemmen nicht aus, wie es zum Beispiel in den Ortschaften Heyersum, Rössing und Barnten zu erleben ist. So gibt es in Heyersum eine sehr alte Kirche und die Saline erinnert an die einstige Bedeutung des Salzes. Die Saline selbst ist mittlerweile nicht mehr in Betrieb. Das alte Dorf Rössing ist noch von der Landwirtschaft geprägt und ein Spaziergang durch das geschlossene Ortsbild lohnt sich. Auch in Barnten sind Moderne und Geschichte vorzufinden. Zum Beispiel hat Caspar Borchholten im Torbogen am Eingang seines Landgutes im Jahr 1592 eine Wappentafel hinterlassen, die auch noch heute vorzufinden ist.

Die B 1 durchzieht das Gebiet der Gemeinde. Sie geht auf einen alten Handelsweg zurück, der an der Leine von der Poppenburg in Burgstemmen kontrolliert wurde. Dass die Geschichte der Gemeinde Nordstemmen noch älter ist, bezeugt ein bronzezeitliches Gräberfeld zwischen Heyersum und Betheln.

Der Kindergarten in Nordstemmen mit Tagesstätte, Krippe und Hort

Blick vom Aussichtsturm der Marienburg in die Gemeinde Nordstemmen. Nicht zu übersehen sind die Zuckerfabrik wie auch einige der Gewerbebetriebe. Umgeben sind alle Orte von landwirtschaftlichen Nutzflächen und Natur, die zur Erholung einlädt.

Die medizinische Versorgung für Mensch und Tier kommt in Nordstemmen nicht zu kurz. Neben sechs Arztpraxen für die Allgemeinmedizin gibt es auch vier Zahnarztpraxen. Dazu kommen noch Masseure, Physiotherapeuten und Heilpraktiker. Auch eine Apotheke in der Ortschaft Nordstemmen ist zu finden. Für das liebe Tier stehen zwei Tierarztpraxen im Gemeindegebiet zur Verfügung.

Nordstemmen liegt verkehrsgünstig an den Bundesstraßen 1 und 3, gerade mal 12 Kilometer von der Kreisstadt Hildesheim und nur 28 Kilometer von der Landeshauptstadt Hannover entfernt. Die Ortschaft Nordstemmen verfügt über einen Bahnhaltepunkt und die Ortschaft Barnten über einen S-Bahn-Haltepunkt.

Schule

Von der Kinderkrippe bis zur Oberschule arbeiten die Einrichtungen vernetzt über die Bildungsregion Nordstemmen verlässlich und eng zusammen. Insgesamt acht Kindertagesstätten und drei Grundschulen befinden sich in der Gemeinde. Davon sind zwei Kindertagesstätten in der Trägerschaft der Arbeiterwohlfahrt, eine in der Trägerschaft des Deutschen Roten Kreuzes und fünf in der Trägerschaft der evangelischen Kirche. Sie bieten verschiedene Konzepte zur individuellen Betreuung und Förderung der ihnen anvertrauten Kinder an.

Die Grundschulen in der Trägerschaft der Gemeinde werden als Ganztagsschulen in Barnten und Nordstemmen geführt. In Adensen befindet sich eine weitere Grundschule, die sich seit 2013 in privater Trägerschaft des CJD Elze befindet. Die Oberschule, in Trägerschaft des Landkreises Hildesheim, ist eine offene Ganztagsschule mit den Schulzweigen Haupt- und Realschule. Sie rundet das Bildungsangebot der Gemeinde ab.

Die Kinder- und Jugendarbeit wird im Gemeindegebiet durch den GemeindeJugendRing gestaltet. Im Jugendzentrum »JUZ 110« und den Jugendtreffs in den einzelnen Ortschaften wird ein vielfältiges Kinder- und Jugendprogramm geboten. Neben den Angeboten der Vereine verfügt Nordstemmen über drei moderne Senioreneinrichtungen – zwei Seniorenheime und ein Betreutes Wohnen.

Im Nordstemmer Freizeitbad können die Besucher bei konstant 24 Grad schwimmen. Das Wasser wird durch die nahe Biogasanlage geheizt.

»R-nah« in Rössing: Der alte Dorfladen wurde durch eine Initiative aus der Bevölkerung wiederbelebt. Aus dem alten Tante-Emma-Laden wurde der Nahversorger »R-nah«.

Das Integra-Seniorenpflegezentrum wurde am 1. Oktober 2010 eröffnet. Es bietet 82 Pflegeplätze ausschließlich in Einzelzimmern an.

Freizeit

Eingebettet in das Leinetal befindet sich die Marienburg – das Welfenschloss – unmittelbar vor dem westlichen Ortseingang von Nordstemmen. In der Ortschaft Burgstemmen lädt zudem der »Andrea-Hilse-Park« zum Verweilen und Spazieren ein. Ein besonderes Highlight ist das beheizte Freizeitbad, das über eine Biogasanlage mit Wärme (24 Grad) versorgt wird. Von Anfang Mai bis Mitte September ist es geöffnet – mit mehr als 100 000 Badelustigen Jahr für Jahr. Weitere Möglichkeiten der Freizeitgestaltung bieten die zahlreichen Kultur- und Sportvereine mit Fußball, Tischtennis, Tennis, Turnen, Joggen, Gymnastik, Walken, Wandern, Musizieren, Heimatkunde uvm. Ferner laden viele Wanderwege zu Bewegung im Freien ein.

Im Kunsthaus Nordstemmen (KuNo) stellen verschiedene Künstlerinnen und Künstler ihre Werke aus und geben einen Einblick in ihre Arbeit bzw. in ihr Hobby.

Wirtschaft

In Nordstemmen existieren einige namhafte Gewerbebetriebe. Ein wichtiger Wirtschaftsfaktor für die Gemeinde ist die Zuckerfabrik, die an diesem Standort im Jahr 2015 ihr 150-jähriges Werksjubiläum feiert. Mit El Puente existiert einer der größten Händler Deutschlands in fair gehandelten Waren. Aber auch viele mittelständische Unternehmen und Kleinbetriebe haben ihren Anteil an der guten Entwicklung Nordstemmens. Sie tragen dazu bei, den Menschen in unserer Gemeinde das Leben noch lebenswerter zu machen. Die Übernachtungsmöglichkeiten und verschiedene Gasthäuser runden das vielfältige Angebot ab.

Norbert Pallentin
Bürgermeister

Norbert Pallentin (SPD) ist seit 2011 Bürgermeister der Gemeinde Nordstemmen.

Die Poppenburg oberhalb der Leine an der heutigen B 1. Im Hintergrund ist das nahegelegene Schloss Marienburg zu sehen.

Mit einer imposanten Innenhöhe zeigt sich der heute nur noch gelegentlich als Kirche genutzte Raum, der früher mehrgeschossig als Kornspeicher, Brauhaus und Lager diente.

Die Poppenburg

Am Hellweg, oberhalb der Leine, strategisch günstig gelegen

Den Anfang nahm die Geschichte der Poppenburg im Jahr 1046, als Kaiser Heinrich III. das Gut Bobbenburg dem Bischof Azelin von Hildesheim schenkte. Damit ist die Geschichte der Poppenburg eng mit dem Bistum Hildesheim verbunden. Die ersten Lehnsnehmer waren wahrscheinlich seit 1068 die Grafen von Poppenburg. Zahlreiche weitere Lehnsnehmer folgten den Grafen.

Von entscheidender Bedeutung war die Erhebung des Bistums Hildesheim in den Stand eines Fürstbistums auf dem Reichstag zu Mainz im Jahr 1235. Der Fürstbischof war nun sowohl kirchlicher als auch weltlicher Herrscher in seinem Bistum. Die strategisch günstig gelegene Poppenburg wurde dadurch zum Amt des Stifts Hildesheim. Dies führte aber auch dazu, dass der Keim für die machtpolitischen Nachbarschaftskämpfe mit den Herzögen von Braunschweig-Lüneburg (Welfen) für die nächsten Jahrhunderte gelegt wurde.

1240 kaufe Fürstbischof Konrad II. einen Teil der Poppenburg und zehn Hufen (75 Hektar) Land. Dadurch war es auch notwendig geworden, neue Wirtschaftsgebäude (Amtshof) und einen Wohnflügel bauen zu lassen. Als Graf Widukind von Poppenburg im Jahre 1275 kinderlos verstarb, fiel sein Lehen an den Bischof von Hildesheim zurück.

Die dauernden Rivalitäten zwischen dem Hildesheimer Fürstbischof Gerhard und den Welfen führten 1367 zur Schlacht bei Dinklar, aus der der Fürstbischof als Sieger hervorging. Viele Adlige wurden gefangen genommen. Sie erkauften sich anschließend ihre Freilassung durch Lösegeldzahlungen an den Fürstbischof. Die dadurch verbesserten finanziellen Möglichkeiten nutzte er unter anderem zum Ausbau der Poppenburg als wehrhafte Burganlage. Er ließ den mächtigen dreistöckigen Palas bauen.

Auch von der Hildesheimer Stiftsfehde (1519-1523) war die Poppenburg betroffen. Der Fürstbischof verlor den machtpolitischen Kampf gegen die Welfen. Dadurch kam auch die Poppenburg unter die Herrschaft des Welfenherzogs Erich I. von Calenberg.

In den Wirren des Dreißigjährigen Kriegs plünderten die Söldnerheere alles Vieh, Getreide und Holz auf der Poppenburg. Noch während des Kriegs erhielt das Bistum 1629 das Amt zurück.

Im Zuge der Rekatholisierung wurde der bisherige Betsaal zu einer kleinen Kapelle erweitert, reichte jedoch nach Jahrzehnten nicht mehr aus, so dass ein größeres Gotteshaus erforderlich wurde. 1785 wurde unter Fürstbischof Friedrich Wilhelm der Palas zu einer Kirche umgebaut und dem heiligen Joseph gewidmet.

Mit der Säkularisation 1803 wurde der Staat Eigentümer der Poppenburg. 1964 verkaufte das Land Niedersachsen die Äcker an Landwirte und die Wohngebäude mit Park an die Diakonischen Werke Himmelsthür, die dort eine Wohnstätte für behinderte Menschen einrichteten. Die St Joseph-Kirche wurde 1965 durch das Niedersachsen-Konkordat an das Bistum Hildesheim zurückübertragen.

Karl-Heinz Bertram

Spuren der Vergangenheit: Heute wird die alte Steintreppe auf der Nordwestseite nicht mehr genutzt, früher war es der direkte Aufstieg von der heutigen Poppenburger Straße zur Burg.

Blick aus dem Innenhof auf den mächtigen Palas mit seinem angesetzen Treppenhausturm. Die ehemalige Nutzung als Lagerhaus ist noch zu erkennen.

Der Bahnhof Nordstemmen

Architekturjuwel an Hauptverkehrsachse

Der Nordstemmer Bahnhof brachte mit seinem imposanten Backsteinbau Nordstemmen auf den Weg vom Bauerndorf in eine neue Zeit. Es begann mit der Entstehung der Rühmekorfschen Ziegelei im Jahre 1846. Der nächste – viel wichtigere – Schritt in Richtung Industrialisierung war der Anschluss an das Eisenbahnnetz und der damit verbundene Bau des Nordstemmer Bahnhofs von 1853 – 1854. Die Entwürfe stammten von den Architekten Conrad Wilhelm Hase und Julius Rasch. Im Stil des romantischen Historismus wurde ein quer- und längssymetrischer mehrgeschossiger Bau mit einer Vielzahl verschiedener Ziegelarten und Sandstein errichtet. Die Frontseite diente als Schaufassade und beeindruckt mit Zierelementen, Giebeln und vielen Details.

Die Schaufassade des Empfangsgebäudes zeigt selbst in einem kleinen Ausschnitt schon eine Vielzahl an verschiedenen Steinen und Zierelementen. Als Wetterschutz dient heute noch ein umlaufendes Vordach auf gusseisernen Stützen.

1865 wurde die Zuckerfabrik gegründet und mit eigenen Gleisen an den Bahnhof angeschlossen. Auch den Schafhandel förderte der Bahnhof, denn Schafhändler und -züchter kamen sogar aus Holland, um in den fünf Schafställen Nordstemmens ihre Geschäfte zu tätigen. Blieben diese Gäste über Nacht, kam das dem Gaststätten- und Beherbergungsgewerbe zugute.

Am 1. Mai 1853 wurde die Strecke von Hannover über Nordstemmen nach Alfeld eröffnet, am 15. September im selben Jahr die Strecke von Nordstemmen nach Hildesheim.

Da es keinen direkten Zugang zur Straße gab, wurde der Bahnhof zu einem Keilbahnhof, dessen Empfangsgebäude wie eine Insel zwischen den Gleisen lag. Diese Lösung wurde damals bewusst gewählt, denn so konnten die Fahrgäste umsteigen und aufgegebenes Reisegepäck, Fracht sowie die Post konnte umgeladen werden, ohne dass Gleise überquert werden mussten.

Seit 1977 wird das Empfangsgebäude von der Deutschen Bundesbahn nicht mehr genutzt und so wurde im Sommer 2005 von der Deutschen Bahn AG der Antrag auf Abriss gestellt. Obwohl sich unterschiedlichste Institutionen und ein Investor um den Erhalt dieses denkmalgeschützten und akut sanierungsbedürftigen Gebäudes bemüht haben, ist nicht absehbar, ob es erhalten werden wird und originalgetreu saniert werden kann.

Im Anschluss an den Bahnhof befindet sich die Remise. Dort standen der Eisenbahnsalonwagen von König Georg V. sowie eine Kutsche. Mit diesem Pferdewagen ließ er sich während der Bauzeit der Marienburg wahrscheinlich einige Male auf einem Waldweg durch das Nordstemmer Holz zum Schloss fahren. Die Kutsche und der Auwald samt Waldweg existieren heute nicht mehr, nur noch der Bahnhof als kulturhistorisch wertvolles Zeugnis der Zeit.

Adelheid Berker

Auch die Innenräume des Empfangsgebäudes waren prunkvoll und auf zwei Etagen angelegt. Neben den nach Klassen getrennten Wartebereichen, dem Postamt und einem Restaurant, gab es Empfangs- und Aufenthaltsräume für die königliche Familie. Der Glanz vergangener Tage ist nur noch zu erahnen. Im Inneren sind die substanzerhaltenden Arbeiten zum Erliegen gekommen, da weder die weitere Nutzung noch zunächst der Erhalt des denkmalgeschützen Bauwerks geklärt sind.

Eine Bildmontage von Daniel Klöhn zeigt, wie der Nordstemmer Bahnhof aussehen könnte, wenn er erhalten und saniert werden würde.

Gemeinde Giesen

Giesener Berge und Haseder Busch

Die Gemeinde Giesen mit ihren insgesamt knapp 10 000 Einwohnern besteht aus den fünf Ortschaften Ahrbergen, Emmerke, Giesen, Groß Förste und Hasede. Diese fünf früher selbstständigen Gemeinden wurden im Rahmen einer Gebietsreform im Jahr 1974 zu der kreisangehörigen Gemeinde Giesen zusammengeschlossen. Seit dem Jahr 1972 besteht eine Partnerschaft mit der französischen Stadt Chabanais.

Das Landschaftsbild der zwischen dem Sarstedter Kipphut und dem Giesener Wald gelegenen Orte wird sichtbar mitbestimmt von der Kalihalde des früheren Kaliwerks »Siegfried«, das seit Beginn des 20. Jahrhunderts große Bedeutung für die Gemeinde hatte. Leider wurde die Produktion im Jahr 1987 eingestellt. Trotzdem bleibt der Bezug zur Tradition des Bergbaus erhalten. Aktuell besteht Anlass zur Hoffnung, dass die Produktion in einigen Jahren wieder aufgenommen werden kann, weil die Nachfrage nach dem Rohstoff Kali weltweit ungebrochen hoch ist und in der Giesener Erde noch große Vorräte schlummern.

Zu den Sehenswürdigkeiten gehört das aus 43 Hügeln bestehende Gräberfeld »Giesener Forst«, ein Bestattungsplatz der älteren Bronzezeit (1600 – 1200 vor Christi). In dieser Zeit wurden die Toten in Baumsärgen unter Hügelaufschüttungen beigesetzt. Häufig hat man diese Erdhügel mit einem Steinkranz oder einem Graben umgeben, um sie als Totenbezirk zu kennzeichnen. Eine zum Gräberfeld gehörende Siedlung wird in unmittelbarer Nähe vermutet.

Die Naturschutzgebiete »Haseder Busch« und »Ahrberger/Groß Förster Holz« sind Auenwälder mit üppigem Blütenteppich und reicher Vogelwelt, gelegen am Altarm der Innerste in den Ortschaften Hasede, Ahrbergen und Groß Förste. Das Naturschutzgebiet »Giesener Teiche« erstreckt sich in einem malerischen Waldwinkel am Südosthang der Giesener Berge; die Schilderung »Die Teiche« von Hermann Löns ist an diesem Platz entstanden.

Früher waren die Bauerndörfer durch die Haupterwerbszweige Ackerbau und Viehzucht geprägt. Die Entstehung der Kali-Industrie und anderer Gewerbezweige hat die Struktur der ursprünglich landwirtschaftlich bestimmten Dörfer nach 1900 grundlegend gewandelt. Nach dem Zweiten Weltkrieg stieg die Bevölkerungszahl infolge des Zustroms von Vertriebenen erheblich an. Ab 1952 wurden in Ahrbergen, Emmerke und Groß Giesen wegen der zunehmenden Kinderzahl neue Schulgebäude errichtet. In allen Ortschaften sind neue Wohngebiete erschlossen und zentrale Wasserversorgungen und Ortskanalisationen mit Kläranlagen gebaut worden. In Emmerke und Hasede erfolgte die Ansiedlung verschiedener industrieller und gewerblicher Betriebe, in denen zahlreiche Einwohner neue Arbeitsplätze gefunden haben. Die Gemeinde Giesen, die verkehrsgünstig zwischen den Ballungsräumen Hannover und Hildesheim liegt, ist stark landwirtschaftlich strukturiert, jedoch auch mitgeprägt durch die Kali-Industrie sowie durch traditionsreiche Mühlenwerke. Im regionalen Raumordnungsprogramm ist Giesen als Grundzentrum eingestuft worden. Im Flächennutzungsplan sind schwerpunktmäßig Wohngebiete ausgewiesen. Kontinuierlich sind in allen Ortschaften umfangreiche Neubaugebiete erschlossen worden. Es konnten aber auch erhebliche Gewerbeflächen in den Ortschaften Emmerke und Hasede ausgewiesen werden.

Die Gemeindeflagge vereinigt mit dem Wappen symbolisch alle fünf Ortschaften der Gemeinde.

Für viele ist er das Wahrzeichen Giesens und schon weithin sichtbar. Der Bergbau ließ nicht nur den Berg als Abraumhalde zwischen Giesen und Ahrbergen entstehen, sondern auch die Siedlung Siegfried Giesen nahe dem Schacht.

Verkehrsgünstig und nah an Hildesheim sind sämtliche Gewerbegebiete der Gemeinde Giesen gelegen – wie hier die beiden Gewerbegebiete in Emmerke, die seit 1945 ständig erweitert werden. Insgesamt wird im Gemeindegebiet etwa ein Fünftel der bebauten Fläche gewerblich genutzt (Kali+Salz nicht mit einberechnet).

Im Jahr 1978 wurde das Rathaus durch einen Anbau zum Gemeindezentrum erweitert: Hier sind die Ortsfeuerwehr Giesen, die Polizei sowie Sitzungsräume für die Gemeinde und die Feuerwehr untergebracht. Im zentralen Ort der Gemeinde, der Ortschaft Giesen, ist 1984 eine Sport- und Mehrzweckhalle mit einer Hallenfläche von 22 x 45 Metern ihrer Bestimmung übergeben worden. Diese Halle steht den Sportlern aller Ortschaften und auch für kulturelle Veranstaltungen zur Verfügung. Sportliches Aushängeschild der Gemeinde ist das Herren-Volleyballteam des TSV Giesen, das derzeit in der 2. Bundesliga spielt.

Einen wichtigen Schritt in Sachen Umweltschutz hat die Gemeinde mit der Entscheidung zur Errichtung einer neuen zentralen Kläranlage für alle Ortschaften getan. Die 1. Baustufe, an die die Ortschaften Giesen, Hasede, Groß Förste und Klein Förste (Gemeinde Harsum) angeschlossen sind, ist seit September 1986 in Betrieb. Nach Fertigstellung der erforderlichen Pumpstationen sind seit April 1992 alle Ortschaften an die zentrale Kläranlage angeschlossen.

Zum Zusammenwachsen der Ortschaften soll ein noch zu erweiterndes Rad- und Wanderwegenetz beitragen, das insbesondere die Grünzonen miteinander verbindet. Nach Aufgabe des Bundeswehrstandortes in der Ortschaft Ahrbergen Ende 1994 ist auf dem etwa 28 Hektar großen Gelände ein Gewerbezentrum mit rund 25 mittelständischen Gewerbebetrieben entstanden. Zusammen mit der Stadt Hildesheim wird ein Gewerbegebiet von über 200 Hektar erschlossen.

Seit dem 1. April 1999 wird die Gemeinde von einem direkt gewählten hauptamtlichen Bürgermeister, der sowohl Repräsentant als auch Verwaltungschef ist, geführt.

Auch in Zukunft wird es Schwerpunkt der Arbeit der Gemeinde sein, dafür Sorge zu tragen, dass sich alle Bürger in ihrem Gemeindegebiet wohlfühlen.

Ein ökologisch interessantes Naturschutzgebiet sind die Giesener Teiche. Hier ist einer der beiden ehemaligen Fischteiche zu sehen.

Einer von vier Grundschulstandorten in der Gemeinde. Das alte Gebäude – mit einem Insektenhotel im Vordergrund – wurde mit neuer Technik ausgestattet.

Hier wird das Thema Bergbau in Giesen modern interpretiert. Die Avacon AG ließ ihr Gebäude passend zur Ortshistorie professionell besprayen.

In den letzten 20 Jahren wurden in allen Orten insgesamt vier Neubaugebiete ausgewiesen und ließen in mehreren Bauabschnitten wie hier im Bereich Beekfeld III ein frisches Ortsbild entstehen.

Der Haseder Busch

Wasserwelt Wasserwald

Durch ihre langsame Fließgeschwindigkeit bietet die Innerste hier mit ihren Uferzonen einen idealen Lebensraum für viele Amphibien und Säugetiere.

Südlich des Ortes Hasede, wenn man den Sportplatz passiert hat und den Wald betritt, findet man sich schon nach wenigen Schritten in einer faszinierenden Umgebung wieder – im Haseder Busch. Als ein Bestandteil des FFH-Gebietes »Haseder Busch, Giesener Berge, Gallberg, Finkenberg« erstreckt sich dieses knapp 49 Hektar große Areal an der Innerste entlang bis ins Stadtgebiet zum Mastberg. Damit steht es für die Wasserwelt im Naturerlebnisgebiet Kleeblatt der Stadt Hildesheim und Gemeinde Giesen.
Wasser ist es auch, was diesen Wald so besonders macht und unabdingbar mit der Existenz des Biotops verbunden ist. Der Haseder Busch ist ein Hartholzauwald. Das bedeutet, dass immer wieder Überschwemmungen für eine natürliche Selektion der dort vorkommenden Pflanzen und somit für eine einzigartige Vegetation sorgen: Kräftige Bäume als Solitäre, die schon vielen Hochwassern trotzten, eine recht unstrukturiert wirkende Strauchschicht, die die Schwankungen des Wasserstandes toleriert wie auch Totholz prägen das Bild. In so genannten Kolken und Schlenken, die durch Strömungen entstanden sind, steht oft das Wasser noch lange nach einer Überflutung und wird so zum Lebensraum für verschiedenste Amphibien. Die Innerste bewirkt allerdings mit ihren Nährstoffen, die mit jedem Hochwasser eingeschwemmt werden, das schönste Farbspiel: Im Frühjahr findet man eine Blütenpracht von Geophyten soweit das Auge reicht. Durch das lichte Kronendach von Stieleichen, Ulmen oder Wildobstgehölzen zeigen Buschwindröschen, Lerchensporn und Scharbockskraut eine hohe Nährstoffdichte an. Auch Schlüsselblumen und später im Jahr Maiglöckchen sind dort zahlreich vertreten. Sie sind nicht nur ein optisches Highlight, sondern auch ein Geruchserlebnis bei einem Spaziergang durch teils verschlungene Wege. Im Sommer reizt der Haseder Busch durch sein urwaldähnliches Erscheinungsbild. Wilder Hopfen und Lianen ranken am Totholz entlang, viele der dort heimischen Vogelarten sind zu hören und die verdunstende Bodenfeuchte vermittelt ein leichtes »Dschungelgefühl«.
Bereits seit über 40 Jahren steht diese besondere Wald- und Bruchlandschaft unter Naturschutz und gehört zu den am meisten gefährdeten Biotoptypen. Die größte Bedrohung für dieses in Norddeutschland einzigartige Gebiet ist der Hochwasserschutz, denn Überflutungen sind notwendig, damit auch weiterhin gefährdete Tiere von Fledermaus über Laubfrosch bis Waldkauz zwischen Aronstab, Anemone und Haselstrauch in einer Symbiose in diesem schützenswerten Wasserwald existieren können.

Paloma Klages

Bei einer Veranstaltung aus der Reihe »Entdeckungen« erfahren die Teilnehmer Wissenswertes zu Flora und Fauna.

Lerchensporn und Hahnenfuß soweit das Auge reicht – alljährlich ein faszinierender Anblick

Der Kirchturm von Emmerke

Ältestes Gebäude im Bistum

Wie auch der vorherige Bau wurde diese 1840 erbaute Kirche dem heiligen Martin geweiht. Später erfolgten noch einige Umbauten.

Wer die Stufen im alten Emmerker Kirchturm hinaufsteigt, kann noch heute ein Zeugnis aus der Zeit Bischof Bernwards sehen. Dort finden sich nämlich zwei romanische Teilungssäulen samt Bögen mit dem deutlichen Wechsel von weißem und rotem Sandstein – so wie sie auch in der Hildesheimer Michaeliskirche vorhanden sind.
Als Bernward Ende des 10. und Anfang des 11. Jahrhunderts in Hildesheim wirkte, war die Stadt eines der Machtzentren des Heiligen Römischen Reichs. Natürlich wollte der Geistliche diese Macht auch zeigen. Dazu ließ er nicht nur die prachtvolle Michaeliskirche bauen, die heute UNESCO-Welterbe ist. Bernward erwarb auch 30 Wirtschaftshöfe rund um Hildesheim und gab die Weisung, auf diesen Höfen Steinkirchen zu bauen. Und all diese Kirchen sollten eben diesen rot-weißen Farbwechsel enthalten. Der Emmerker Kirchturm wurde in der Zeit um 1050 gebaut, was eine bauhistorische Untersuchung festgestellt hat. Das Gebäude ist damit nicht nur das älteste noch erhaltene Gebäude im Kreis Hildesheim, sondern wohl auch im gesamten Bistum. Der Dom (815) und die Michaeliskirche (1010) sind zwar noch älter. Von beiden Kirchen sind aber nur noch einige wenige Grundmauern aus der Anfangszeit erhalten. Der Emmerker Kirchturm aus Sandstein steht hingegen immer noch so da wie zur Zeit seiner Erbauung. Zwar wurde die Westwand im Jahr 1552 erneuert, aber die Nord-, Süd- und wahrscheinlich auch die Ostwand bestehen noch weitgehend aus den Steinen der Ursprungszeit. Die Kriege der vergangenen Jahrhunderte haben natürlich Spuren an dem Gebäude hinterlassen. Im Dreißigjährigen Krieg soll der Turm wie eine Fackel gebrannt haben. Beschädigt wurde dabei aber nur das hölzerne Glockengerüst im Inneren des Turms. Den massiven Steinen hingegen konnten die Flammen nichts anhaben. Doch hat der Zahn der Zeit am Turm genagt. Seine Baumeister verwendeten einst Gipsmörtel, um die Steine miteinander zu verbinden. Immer wieder brechen nun einzelne Teile des Mörtels aus den Fugen. An einigen Stellen haben sich auch schon größere Ausbeulungen gebildet. Das Bistum Hildesheim plant seit Jahren eine Sanierung. Zuletzt sahen die Pläne vor, die Natursteine mit einer Gipsschicht zu verputzen. Dieser neue Anstrich wäre sicherlich gewöhnungsbedürftig. Allerdings würde der historische Kirchturm dadurch wohl zu seiner ursprünglichen Erscheinung zurückkehren. Denn auch früher war der Turm verputzt. Der Putz war erst entfernt worden, als in den Jahren 1839 bis 1840 die heutige Kirche angebaut wurde. Das alte Kirchenschiff aus dem Mittelalter war im 19. Jahrhundert so instabil geworden, dass es abgerissen und durch einen Neubau ersetzt werden musste. Der Turm jedoch konnte als stummer Zeuge der Jahrhunderte erhalten werden.

Sebastian Knoppik

Die romanischen Rundbögen im Turm – beim genauen Hinsehen ist der rot-weiße Farbwechsel noch zu erkennen.

Von Bischof Bernward veranlasst, begann der Bau der ersten Steinkirche in Emmerke vor etwa 1000 Jahren.

Diese Steine sind stumme Zeugen der letzten Jahrhunderte. Der Turm ist das älteste noch erhaltene Gebäude im Bistum.

Herzlich willkommen in der Gemeinde Algermissen

Algermissen – eine schuldenfreie familienfreundliche Gemeinde, verkehrsgünstig gelegen zwischen Landeshauptstadt Hannover und Hildesheim

Die Gemeinde Algermissen mit ihren Ortschaften Algermissen, Bledeln, Groß Lobke, Lühnde, Ummeln und Wätzum ist eine aufstrebende und innovative Gemeinde im nördlichsten Zipfel des Landkreises Hildesheim, direkt angrenzend an die Region Hannover.
Eingebettet in die fruchtbare Hildesheimer Börde ist unser Gemeindegebiet überwiegend landwirtschaftlich geprägt. Es gibt jedoch auch zahlreiche Rückzugsgebiete für die Tierwelt in Feuchtbiotope und Waldstücke. Viele Wander- und Radwegeverbindungen laden Erholungsuchende in die freie Landschaft ein.
In der Gemeinde Algermissen leben rund 8000 Einwohnerinnen und Einwohner, davon allein etwa 4800 in der größten Ortschaft Algermissen. Die Gemeinde Algermissen ist ein hochwertiger Wohnstandort. Dabei wird in allen Ortschaften darauf geachtet, dass die gewachsenen Strukturen erhalten bleiben.

Paradies für Flora und Fauna: Teichgelände der früheren Tonkuhle

Die Kindertagesstätte »Villa Regenbogen«

Kinder-, jugend- und familienfreundlich

Die Gemeinde Algermissen ist eine kinder-, jugend- und familienfreundliche Gemeinde. Wir sind stolz darauf, einen hohen Anteil an Kindern und Jugendlichen zu haben. Für jedes Kind steht ein Platz in einer Kindertagesstätte zur Verfügung, für die »ganz kleinen« in Krippen, für die »größeren« in Kindergärten und für Kinder im Grundschulalter nachmittags und in den Ferien im Hort.
Die Gemeinde ist im Dezember 2014 als siebte Kommune in Deutschland in ein Bewerbungsverfahren für das Siegel »Kinderfreundliche Kommune« aufgenommen worden. Dieses Siegel wird von UNICEF und dem Kinderhilfswerk vergeben.

Verkehrslage

Unmittelbar am Schnittpunkt der großen Nord-Süd- sowie Ost-West-Autobahnen A7/A2 gelegen, ist Algermissen mit allen Verkehrsmitteln gut zu erreichen. Die nächste Auffahrt zur A7 ist etwa acht Kilometer entfernt; in Hannover ist man mit dem Pkw in gut 20 Minuten.
Aber auch der öffentliche Personennahverkehr ist sehr gut ausgebildet. Über die S-Bahn-Linie 3 ist Algermissen ausgezeichnet an Hildesheim bzw. Hannover angebunden. Die Ortschaft Lühnde ist an die Buslinien des Großraumverbandes Hannover angeschlossen. Alle Ortschaften sind über einen Busringverkehr mit Hildesheim verbunden. Der internationale Flughafen Hannover-Langenhagen ist mit dem Pkw über die Bundesautobahnen A2 und A7 in 30 Minuten oder auch bequem mit der S-Bahn erreichbar.

Sport in Algermissen

Algermissen ist eine sportbegeisterte Gemeinde. Alle Ortschaften der Gemeinde Algermissen sind mit Sportstätten gut versorgt. Mit Ausnahme der kleinsten Ortschaft Wätzum verfügen sie über Gymnastikräume, Turn- und Sporthallen, Sportplätze, Tennis- und Schießsportanlagen. Diese werden von den 14 Sportvereinen, in denen weit mehr als die Hälfte aller Bürgerinnen und Bürger Mitglied sind, intensiv genutzt.

Einst war Algermissen als »Gänsedorf« berühmt. Pommerngänse erobern die Dorfstraße.

Algermissen – eine Gemeinde zwischen Tradition und Moderne

In Algermissen ist die Welt noch in Ordnung. Die Kriminalitätsrate ist gering, die Arbeitslosigkeit liegt deutlich unter dem Landes- und Bundesdurchschnitt. Wir weisen eine positive Beschäftigungsentwicklung im Dienstleistungssektor auf und die Kaufkraft der Einwohnerinnen und Einwohner unserer Gemeinde liegt deutlich über dem Landes- bzw. Bundesdurchschnitt. In allen Ortschaften gibt es eine VDSL-Breitbandversorgung für einen schnellen Internetzugang.
Eine umsichtige Haushaltspolitik des Gemeinderates hat dazu geführt, dass die Gemeinde Algermissen seit August 2014 schuldenfrei ist.
Eine Vielzahl von klein- und mittelständischen Unternehmen mit zum Teil jahrzehntelanger Tradition sichern vielen Algermissener Bürgerinnen und Bürgern Arbeitsplätze.
Mehrere Ärzte und Fachärzte stellen die Gesundheitsvorsorge sicher. Weitere Fachpraxen z.B. für Ergotherapie, Logopädie, Physiotherapie und Massagen sind vor Ort vorhanden. In der Ortschaft Algermissen gibt es zwei Apotheken, mehrere Märkte und viele Fachgeschäfte, in denen nahezu der gesamte persönliche Bedarf gedeckt werden kann. In mehreren Ortschaften gibt es kleinere Geschäfte für den täglichen Bedarf an Lebensmitteln.
Eine Seniorenresidenz mitten in der Ortschaft Algermissen sichert älteren Menschen die Möglichkeit, auch im Alter in ihrer gewohnten Umgebung, in ihrer Heimatgemeinde zu bleiben. Unterstützt werden diese Bemühungen durch eine Anlaufstelle für die Generation 55+. Im SOFA (Schöner Ort für alle) findet ein buntes Programm für ältere Mitmenschen statt.

»Sofa« – ein Projekt der Gemeinde Algermissen

Kultur und Freizeit

Die Gemeinde Algermissen beschäftigt einen hauptamtlichen Jugendpfleger, der die gute Jugendarbeit der vielen örtlichen Vereine und Verbände unterstützt; Räume für die Jugendarbeit stehen in Algermissen (»Gänserampe«), in Lühnde (»Hängematte«) sowie in Groß Lobke zur Verfügung.
Bereits im Jahr 2004 hat die Gemeinde Algermissen zwei internationale Jugendbegegnungen organisiert und pflegt jetzt seit Jahren eine Gemeindepartnerschaft mit der Gemeinde Kijewo Krolewskie in Polen. Hier finden jährlich Jugendaustausche und weitere gegenseitige Besuche statt.
In den Ortschaften stehen Räumlichkeiten für die Dorfgemeinschaft zur Verfügung; auch hier verfügt die Gemeinde Algermissen insbesondere in den Ortschaften Algermissen, Lühnde und Ummeln über Einrichtungen. Die rund 90 Vereine und Verbände sind ein Garant dafür, dass in dieser Gemeinde auch das Leben in Kultur und Freizeit nicht zu kurz kommt. So sprechen Gesangvereine, der Heimatverein mit Heimatmuseum, ein Kulturverein im Algermissener Kulturbrunnen oder die Kolpingsfamilie mit Theateraufführungen die Bevölkerung mit Erfolg an. Eine Vielzahl von musiktreibenden Vereinen bietet regelmäßig musikalische Leckerbissen.

Ältere Baudenkmäler wie zum Beispiel die St. Mauritius Kapelle, die Matthäuskirche, die St. Martin Stiftskirche in Lühnde und der Domküsterhof erfreuen eine Vielzahl von Besuchern aus nah und fern. Wir würden uns sehr freuen, Sie zu einem Besuch oder auch dauerhaft als Mitbürgerin oder Mitbürger in unserer schönen Gemeinde begrüßen zu können.

Herzliche Grüße Ihr
Wolfgang Moegerle, Bürgermeister

Wolfgang Moegerle –
Bürgermeister der Gemeinde Algermissen

2000 Jahre Wasser-Geschichte in Algermissen

... von Brunnen, Teichen, Wasserwerk und »Kulturbrunnen«

Dampflokomotiven brauchten neben Kohle auch Wasser. Von diesem Algermissener Wasserturm aus, gegenüber des Wasserwerks, nahmen die Lokomotiven über einen »Wasserkran« das Wasser auf.

Als Wasserwerk-Gebäude bekannt – das heutige Veranstaltungszentrum des Vereins »Algermissener Kulturbrunnen e.V.« mit vielen Aktivitäten.

Das Thema Wasserversorgung hat in Algermissen nicht nur eine lange Tradition, sondern belegt auch das hohe Alter der Besiedlung. 1923 wurde beim Kanalbau ein Holzbrunnen freigelegt, der 2000 Jahre alt ist und heute im Heimatmuseum steht. Zur Wasserversorgung der Bevölkerung und der Tiere im Dorf dienten im Laufe der letzten Jahrhunderte über 300 Brunnen! Das Unternehmen Zuckerfabrik baute 1872 am Kranzweg eine der größten und tiefsten Brunnenanlagen im Nordkreis.

1879 existierten zur Zeit der Gründung der Feuerwehr 27 Teiche im Dorf und in der Feldmark; sie dienten den Tieren als Tränken, außerdem als Feuerlöschteiche. Zum Vergleich: 2015 gibt es fünf Teiche (Tonkuhle, Tränke, Bumsteich, Günters Tränke, Tränke Borsumer Pass). 1911 gab es ein »Dürrejahr«: Damals versiegten alle privaten Brunnen, allein der Zuckerfabrik-Brunnen am Kranzweg (nach Überlieferung 70 Meter tief) führte noch Wasser. Auch die Einwohner aus Nachbardörfern kamen mit Pferde-, Ochsen-, Kuh- und Ziegengespannen hierher, um in Jauchebehältern, großen und kleinen, sowie sonstigen Fässern und Kanistern Wasser zu holen.

1926/27 wurde ein Wasserwerk für die damals noch selbstständigen Dörfer von Groß und Klein Algermissen gebaut. Seitdem gibt es das »Pumpwerk Algermissen« am Kranzweg, mit der Wassergenossenschaft für Klein Algermissen und für Groß Algermissen. Diese gut funktionierenden, kerngesunden Genossenschaften lieferten das Wasser sehr kostengünstig. Der Preis lag in den 1950er Jahren je nach Familiengröße zwischen 1 Mark und 2 Mark monatlich, der Dezember war gebührenfrei. Zu den Jahresversammlungen der beiden Wassergenossenschaften kamen die Hauseigentümer, Essen und Trinken gab es zudem gratis. Heute ist das Wasserwerk ein »Kulturbrunnen«, ein besonderer Ort, um Kultur zu erleben.

Im Mai 2012 gründete sich der Verein »Algermissener Kulturbrunnen e.V.« und übernahm das Wasserwerk-Gebäude von der Gemeinde. Mittlerweile entstand hier nach gründlichen Umbauten ein Zentrum für Veranstaltungen aller Altersgruppen mit den Schwerpunkten Kunst, Literatur, Theater und Musik, Ausstellungen sowie für Kochkurse in einer modern eingerichteten Küche. Das Beisammensein mit Freunden, Familie und allen Kulturinteressierten für bis zu 40 Personen wird gepflegt. Sommerfeste, Kulturfrühstück und Männerkochkurse sowie weitere musische Außenveranstaltungen stehen im Terminkalender. Die Einrichtung ist ein besonderer Ort, denn historische und zeitgemäße Gestaltungselemente verschmelzen hier gekonnt zu einer Einheit.

Gerhard Schütte

Kulturbrunnen: Kücheneinrichtung für Kochkurse.

Grammophon-Museum in Groß Lobke

Hier klingen die Kostbarkeiten

Ein altes Fachwerkhaus im Algermissener Ortsteil Groß Lobke ist prall gefüllt mit Grammophonen, mit Riesen-Schalltrichtern und uralten mechanischen Musik-Abspielgeräten aus aller Welt. Das alles sind Schätze von Helmut Ruthemann, edle Kostbarkeiten erster Kategorie, wohin man sieht. Nach über 40 Jahren Sammelleidenschaft mit Kontakten zu Trödlern rund um den Erdball sprüht Helmut Ruthemann immer noch vor Elan: »Wenn bei mir die Kurbel bei den ersten Umdrehungen ein wenig knarzt und knirscht und sich dann ein schleifendes Geräusch breitmacht, erst dann komme ich so richtig in Form. Dann noch ein paar Mal drehen... Muskelkraft statt Strom, ein Trichter anstelle von Lautsprechern. Es geht los, die Zeitreise in die Zwanziger, die Dreißiger, die Fünfziger, und alles auf Schellack-Platten«. Über 250 Grammophone stehen in Reih und Glied, große und kleine, museumspädagogisch bestens präsentiert. »Die spielen alle noch«, erklärt der frühere Techniker aus der Blaupunkt-Entwicklerabteilung. Und immer noch tauchen Seltenheiten auf, »echte Juwelen« wie das alte Originalgerät »His Master´s Voice« von 1898, intakt und vorführbereit, ein Schmuckstück mit dem Foxterrier vor dem Grammophon.

Es gibt weitere Kuriositäten: ein Schwarzwaldhaus mit eingebautem Grammophon oder eine Grammophon-Stehlampe aus den USA von zwei Metern Höhe, deren Lampenschirm als Trichter eine saubere Wiedergabe garantiert. Die Musik-Box für Schellack-Platten, »Symphonola« vom Hersteller Seeburg/USA, mit Münzbetrieb und mit der Auswahl von zwölf Platten. Die schwedische Musiktruhe »Luxor« von 1942, mit Radio für Mittel-, Kurz- und Langwelle, einem Draht-Tonband und mit Grammophon. Gleich daneben fällt ein Plattenspieler aus Frankreich (1940) auf: Hier wird die Platte von unten abgetastet.

Das kleinste aller Grammophone ist ein »Mikiphon« aus der Schweiz, ganze vier Zentimeter hoch, bei einem Durchmesser von 11,4 Zentimetern. Zu den größten Grammophonen im Groß Lobker Museum zählt das »Concert-Akto-Francais« aus Frankreich mit einer Höhe von zwei Metern. Diese Modelle stammen aus der Zeit von 1900 bis 1932. Spektakuläre Schätze tauchen in der Sammlung der Platten- und Walzen-Aufnahme-Schneidegeräte auf. »Da war Deutschland mal führend«, erzählt Ruthemann. Keine Frage: Mit dem Grammophonmuseum ist Groß Lobke im Landkreis Hildesheim und darüber hinaus führend – dank Helmut Ruthemann.

Gerhard Schütte

Diese vergoldete »Plissee-Membrane« verbessert die Klangwiedergabe erheblich.

Eine Besonderheit ist dieses Grammophon, das eigens für das Rotlicht-Milieu hergestellt wurde.

Helmut Ruthemann besitzt in seinem Grammophon-Museum in Groß Lobke eine komfortable Sammlung aus aller Welt.

Ein Gefühl vergangener Zeiten. »Ohne Knistern macht es keinen Spaß, es muss knacken und rauschen«, das gehört im Grammophon-Museum dazu.

Riesentrichter in allen Größen, Ausführungen und in vielerlei Farbtönen.

Gemeinde Harsum

Wohnen – Leben – Genießen

Die heutige Gemeinde Harsum wurde im Zuge der Gebietsreform von 1974 aus den bis dahin selbstständigen Gemeinden Adlum, Asel, Borsum, Harsum, Hönnersum, Hüddessum, Klein Förste, Machtsum und Rautenberg gebildet.

Das heutige Gemeindewappen, welches einen Ring als Symbol der Einheit und eine Getreideähre mit neun einzelnen Körnern als Zeichen für die überwiegend ländlich strukturierten Ortschaften zeigt, ist Symbol dieses Zusammenschlusses.

Die aufstrebende Gemeinde, in der heute mehr als 12 000 Menschen leben, liegt verkehrsgünstig an der B494 sowie in direkter Nähe zur A7 (Hannover-Kassel).

Die Region der Gemarkung Harsum mit ihren fruchtbaren »Schwarzerdeböden« war schon in der Frühzeit für Ackerbauern und ihre Familien begehrtes Siedlungsland. Auch heute noch nimmt die Landwirtschaft einen hohen Stellenwert in der Gemeinde Harsum ein. Andererseits haben sich jedoch in den vergangenen Jahren verstärkt Handel und Gewerbe in Harsum angesiedelt. Namhafte Unternehmen, die weit über die Gemeindegrenzen bedeutsam sind, sind heute in den Gewerbegebieten Harsums zu finden, so dass die heimische Bevölkerung nicht selten einen Arbeitsplatz »vor Ort« gefunden hat. Darüber hinaus blüht das Handwerk und auch im Einzelhandel und auf dem Dienstleistungssektor ist Harsum stark.

Durch die günstige Lage im Dreieck Harz-Heide-Weserbergland sind auch diese Erholungszentren schnell und problemlos zu erreichen. In der Gemeinde selbst sind Naherholungszentren in der Ortschaft Borsum (Borsumer Holz) sowie in der Ortschaft Harsum (Subeeksholz, Hollenmeerholz und der Stichkanal Hildesheim-Sehnde) vorhanden.

Mehrere Büchereien, Sportplätze, Tennisanlagen, eine Schwimmhalle, Turnhallen, Grillplätze und zahlreiche Dorfgemeinschaftseinrichtungen werden für die Freizeitgestaltung und die sozialen Belange aller Einwohner vorgehalten. Ebenso ermöglicht ein reges Vereinsleben in allen Ortschaften eine individuelle Freizeitgestaltung von Jung und Alt.

Von kommunaler Seite wird das Angebot für die Kinder und Jugendlichen ergänzt durch die Gemeindejugendpflege. Die Gemeinde beschäftigt seit einigen Jahren eine Jugendpflegerin, welche die Jugendarbeit der Vereine ergänzt und unterstützt. Für die kommunale Jugendarbeit steht in Harsum der Jugendtreff »Downstairs« zur Verfügung. Daneben finden regelmäßige Angebote in den Dorfgemeinschaftseinrichtungen in allen Ortschaften im Rahmen der »KIDS-Tour« statt. Der Ferien(s)pass in Kooperation mit den örtlichen Vereinen in den Sommerferien, die Projektwochen für Jungen und Mädchen in den Osterferien und Jugendgruppenleiterkurse komplettieren die Angebotspalette kommunaler Jugendarbeit.

In der Gemeinde Harsum befinden sich Grundschulen in den Ortschaften Borsum und Harsum sowie das Schulzentrum »Molitorisschule« – eine Oberschule mit

Der Borsumer Kirchturm wurde 1499 erbaut. Mit seiner Höhe überragt er alle anderen in der Region.

Natur pur: Streuobstwiesen rund um Harsum

Biotop bei Asel

Das Harsumer Rathaus von 1803 steht unter Denkmalschutz.

Die Harsumer Dörfer sind durch ihre zahlreichen Aktivitäten bekannt.

gymnasialem Zweig – in Harsum. Ausreichende Kindergarten- und Kinderkrippenplätze stehen in den Tageseinrichtungen in den Ortschaften Adlum, Asel, Borsum, Harsum, Hönnersum und Rautenberg zur Verfügung. An den Grundschulen ist daneben eine Schulkindbetreuung eingerichtet, welche eine Betreuung sowohl vor und nach dem Unterricht als auch in den Schulferien und an schulfreien Tagen gegen Gebühr anbietet. Mehrere praktische Ärzte, Zahnärzte, ein Tierarzt sowie zwei Apotheken, zwei Altenwohn- und Pflegeheime stellen die ärztliche und medizinische Versorgung sicher.

Eingegrünt und ein Juwel für Veranstaltungen, der Heinrich-Ruhen-Platz in Borsum

Neubaugebiet in Hönnersum, im Hintergrund die St.-Bernward-Kirche

Besondere Sehenswürdigkeiten sind das Gemeindeheimatmuseum in Borsum sowie die historischen Dorfkirchen in Asel, Borsum, Harsum und Rautenberg, außerdem die restaurierte Bockwindmühle in Machtsum und die ebenfalls wieder voll funktionsfähig hergestellte Paltrockmühle in Asel. Beide Mühlen stehen unter Denkmalschutz und können in Absprache mit den örtlichen Mühlenvereinen besichtigt werden.

Außerdem befinden sich in der Ortschaft Asel mit der 1000-jährigen Grafeneiche und dem Schwarzerdeprofil – letzteres unweit der Aseler Mühle – gleich zwei bedeutende Naturdenkmäler.

Die Schwarzerde ist im Jahr 2005 anlässlich einer von der Deutschen Bodenkundlichen Gesellschaft und dem Bundesverband Boden erstmals durchgeführten Aktion zum »Boden des Jahres 2005« gekürt worden. Bei dem Profil handelt es sich um den einzigen Boden in Niedersachsen, der als Naturdenkmal ausgewiesen ist und damit unter Naturschutz steht.

Die denkmalgeschützte Bockwindmühle in Machtsum wird vom Mühlenverein betreut.

Herzlichst,
Gundolf Kemnah
Bürgermeister

Die Grafeneiche

Sagenumwobenes Naturdenkmal

Auf einer Erhöhung, dem Springberg, nur mit einem Lärmwall von der Bundesstraße 494 getrennt, befindet sich die imposante Aseler Grafeneiche. Ihren Namen erhielt die Eiche nach einer Sage. Demnach lebten in Asel vor langer Zeit in einem Schloss im unteren Dorf am Rande des Unsinnbaches Grafen. Bei einer Fehde mit der Stadt Hildesheim soll der Grafensohn am heutigen Standort der Eiche ums Leben gekommen sein. Eine Eichel fiel dem Sterbenden beim letzten Seufzer in den Mund. Aus dieser entwickelte sich im Laufe der Jahrhunderte die Grafeneiche. In der Zeit, in der die Sage entstand, wurde sehr wahrscheinlich auch das Aseler Grafenlied gedichtet. Es besteht aus fünf Strophen und handelt von den tapferen und mutigen Grafen von Asel und eben der Eiche. Während im Liedtext die Grafen in fernen Ländern den Heldentod starben, überlebte die Grafeneiche alle Stürme und Kriege. In der ersten Strophe heißt es: » ... ob tausend Jahre sie umwehen, sie hielt den Stürmen tapfer stand.« Daher kommt wohl auch die Vermutung, dass die Eiche 1000 Jahre alt ist. Denn sie ist auch unter dem Namen »1000-jährige Eiche« im nördlichen Landkreis Hildesheim bekannt. Bis zum Bau der Bundesstraße 494 war die natürliche Bewässerung der Eiche durch mehrere Quellen des Springbergs ausreichend gesichert. Beim Bau der Bundesstraße wurde jedoch im östlichen Bereich der Eiche die natürliche Wasserversorgung unterbrochen. Nach einigen Jahren zeigten sich Schädigungen des Baumes aufgrund des Wassermangels. Durch künstliche Bewässerung mittels einer elektrischen Pumpe hat sich die Eiche zwischenzeitlich wieder gut erholt. Aber trotzdem wird der Zustand des Baumes regelmäßig durch Fachleute überprüft. Abgestorbenes Holz wird aus Sicherheitsaspekten entfernt und Aufbrüche im Stamm werden fachgerecht geschlossen. Ein Baumgutachten aus dem Jahr 2006 bescheinigt der Eiche einen guten, ihrem Alter entsprechenden Zustand. Nach einer gängigen Schätzformel – von einem Baumgutachter errechnet – beträgt das Alter der 1000-jährigen Eiche in etwa 600 Jahre, wobei eine Altersschätzung von Solitärbäumen sehr schwierig und ungenau ist. Die Grafeneiche kann demnach auch älter sein. Ihr mächtiger Stammumfang beträgt 7,70 Meter. Der Baum ist 20 Meter hoch und ihre Krone hat einen Durchmesser von 30 Metern. Bei guter Pflege und weiterer künstlicher Bewässerung hat die Eiche wohl noch einige Jahrzehnte vor sich.

Ellen Krone

Verzeichnet im Deutschen Baumarchiv – einer Dokumentation der schönen, alten und 1000-jährigen Bäume: die Grafeneiche in Asel.

Nahe der Eiche befindet sich ein Kreuzstein, der »Schwedenstein«: Auch um den Stein ranken sich Sagen – es könnte sich um den Grabstein eines schwedischen Offiziers handeln.

Zahlreiche Quellen des Springbergs ließen über Jahrhunderte diese Stiel-Eiche (Quercus robur) zu einem mächtigen Naturdenkmal heranwachsen.

Adlum by night

Ein Bördedorf erlebt eine Nacht wie vor 100 Jahren

Das kleine Adlum hat es faustdick hinter den Ohren: Es wurde als schönstes Dorf im Landkreis gewürdigt, kam in Niedersachsen unter die »Top-Zwölf« beim Landeswettbewerb »Unser Dorf hat Zukunft« und wurde mehrfach ausgezeichnet dank der Fülle an Aktivitäten in dem so kleinen Ort mit 575 Einwohnern im Hildesheimer Land. Immerhin: Es gibt hier 3900 Meter Länge an Hecken (errechnet am 15. Mai 2010). Kurz: Natur pur.
Dann kam der 20. September 2014. Das ganze Dorf feierte eine Licht- und Wassernacht. Es wurde eine kulturelle Meisterleistung erster Güte, mit starken inhaltlichen Szenen, alles bestens organisiert. Zahlreiche Besucher kamen von auswärts.
Gleich zur Auftaktveranstaltung am Brink kündigte sich akustisch gut hörbar durch die Hufschläge der Pferde in der festlich dekorierten Zweispänner-Kutsche ein ranghoher Überraschungsgast an. Kaiser Wilhelm II. kam höchst persönlich, durch einen Schauspieler prima verkörpert. Er rief lautstark der Bevölkerung zu: »Ich befand mich auf der Durchfahrt von Schloss Marienburg nach Braunschweig und grüße hier und heute die Adlumer und die aus den Nachbardörfern. Mit »Hochrufen« applaudierte spontan das Publikum, hin und wieder hallte es zu seiner Majestät auch »Vivat«. Pastor Winfried Henze segnete den neu gestalteten Maibaumplatz am Brink ein. Dann brach die Dunkelheit ein. Die Besucher stellten sich schon mal auf die Vergangenheit wie vor 100 Jahren ein. Stille überall im Dorf. Lediglich die Adlumer Bänkelsänger und die Dorfmusikanten zogen durch die Straßen. Tausende von kleinen Lichtern, Petroleumlampen und Stalllaternen von anno dazumal gaben Licht, verteilt im ganzen Dorf auf den Höfen, unter Schauern und in den Gärten. Dadurch entstand eine prickelnde, heimliche und interessante Atmosphäre auf den dunklen Straßen und Wegen. Auch unter den Kronen mancher Bäume spielte sich bis Mitternacht ein kulturelles Spektakel ab, gespickt mit heimatbezogenen und handwerklichen Aktivitäten sowie ganz auf Brauchtum bezogenen Schwerpunkten. Aus Groß Lobke kam die Feuerwehr mit der historischen Handdruckspritze. Grammophonklänge drangen auf die Straße. In der früheren Dorfschule war Plattdeutsch angekündigt: Dichtgedrängt verfolgten die Schaulustigen diesen spannenden Unterricht.
Es gab eine Ausstellung zur Geschichte der Zuckerfabriken in der Hildesheimer Börde sowie die Vorstellung von Gerätschaften der einstigen 43 früheren Harsumer Käsereien. Als »Renner« aber entpuppten sich die Schmalz- und Käsebrote, dazu Schnaps wie zu Kaisers Zeiten.

Gerhard Schütte

... in der Kleidung wie vor 100 Jahren

Im Schein der Kerze beieinandersitzen

Kaiser Wilhelm wird vom Bürgermeister persönlich begrüßt.

Die Gemeinde Schellerten stellt sich vor

Willkommen in der Hildesheimer Börde

Eine Lage zum Wohlfühlen, moderate Grundstückspreise und gute Verkehrsanbindungen wirken sich positiv auf die Entscheidung aus, in der Gemeinde Schellerten zu wohnen. In den letzten Jahren haben sich daher vor allen Dingen junge Familien dazu entschlossen, in den Ortschaften der Gemeinde zu bauen.
Die Gemeinde Schellerten umfasst die Ortschaften Ahstedt, Bettmar, Dingelbe, Dinklar, Farmsen, Garmissen-Garbolzum, Kemme, Oedelum, Ottbergen, Schellerten, Wendhausen und Wöhle. Zur Zeit leben 8350 Einwohnerinnen und Einwohner in der Gemeinde, die eine Fläche von rund 81 Quadratkilometer umfasst.
Fünf Kindergärten in den Ortschaften Dingelbe, Dinklar, Garmissen-Garbolzum, Ottbergen und Schellerten kümmern sich liebevoll um die Jüngsten. Es sind Krippenbetreuung, altersübergreifende Gruppen sowie Vormittags- und Ganztagsgruppen vorhanden.
Die Grundschulen der Gemeinde an den Ortschaften Dinklar, Ottbergen und Schellerten sichern kurze Schulwege. Der weiterführende Schulbesuch ist bis zur zehnten Klasse in der Gemeinde Schellerten möglich. Gymnasien und andere weiterführende Schulen befinden sich in der nahegelegenen Stadt Hildesheim.
Die Gemeinde betreibt ein beheiztes Freibad in Garmissen-Garbolzum sowie Turn- und Sporthallen in Bettmar, Dingelbe, Dinklar, Kemme, Ottbergen, Schellerten und Wendhausen. In allen Ortschaften stehen Sportplätze zur Verfügung, die die Gemeinde gemeinsam mit den Sportvereinen unterhält. Die Sportvereine in Dingelbe, Dinklar, Garmissen-Garbolzum und Schellerten unterhalten zudem Tennisplätze.
Die Gemeinde Schellerten ist durch vielfältiges kulturelles Leben geprägt. Zahlreiche Bürgerinnen und Bürger engagieren sich in über 100 Vereinen und Verbänden für die örtliche Gemeinschaft.
Elf Freiwillige Feuerwehren sorgen für die Sicherheit in der Gemeinde. Jede Ortsfeuerwehr verfügt neben der Fahrzeugbox über einen Unterrichtsraum zur Aus- und Weiterbildung. Stützpunkte sind in den Ortschaften Dinklar und Schellerten eingerichtet, eine erweiterte Ausstattung haben die Feuerwehren in den Orten Dingelbe, Garmissen-Ahstedt-Garbolzum und Ottbergen. Die Feuerwehren haben sechs Jugendfeuerwehren

Start in die Freibadsaison im beheizten Schwimmbad in Garmissen-Garbolzum

Grillhütte in der Ortschaft Wendhausen

Wallfahrer auf dem Kapellenberg bei Ottbergen

Historisches Gebäudeensemble des Hofes Wehrspann in Schellerten

Eingang zum Rittergut in Garmissen

gegründet. Im kulturellen Bereich sind zwei Musikzüge weit über die Grenzen der Gemeinde und des Landkreises hinaus bekannt. Auch die aus dem aktiven Feuerwehrdienst ausgeschiedenen Alterskameraden treffen sich zweimal jährlich auf Gemeindeebene. Die Ortsfeuerwehren Dingelbe und Dinklar haben Kinderfeuerwehren gegründet.
Die Gemeinde Schellerten hat im Rathaus ein Gemeindearchiv eingerichtet, das mit seinen Außenstellen in mehreren Ortschaften Urkunden und Archivgut des 17. bis 20. Jahrhunderts verwahrt. Das älteste Schriftstück des vollständig aufgearbeiteten, öffentlich zugänglichen Bestandes trägt die Jahreszahl 1641.
Die Wälder am Südrand der Gemeinde laden zu Spaziergängen und Wanderungen auf gut ausgebauten Wegen ein. Sehenswert sind die Kirchen in den einzelnen Ortsteilen und die Heimatstuben in Dinklar und Wendhausen.
Aufgrund der erstklassigen Böden der Hildesheimer Börde ist in den Ortschaften der Gemeinde Schellerten in besonderem Maße die Landwirtschaft mit den entsprechenden Verarbeitungs- und Handelsbetrieben strukturbestimmend. Handwerksbetriebe und Unternehmen aus vielen Branchen sorgen für Arbeitsplätze vor Ort und sind zuverlässig und schnell erreichbar.
Unternehmerfreundlichkeit zeichnet die Politik in der Gemeinde seit jeher aus. Die Gemeinde bietet günstige Grundstückspreise für Ihre Betriebsansiedlung. Sofort verfügbare Gewerbeflächen in exzellenter Lage schaffen Voraussetzungen für zukunftsorientierte Ansiedlung.
Zwei Autobahnanschlüsse in nächster Nähe, die Bundesstraßen 1 und 6 in der Gemeinde sowie der Hafen und der ICE-Bahnhof in Hildesheim bieten die Gewähr für eine gute Erreichbarkeit der Gemeinde Schellerten auch mit öffentlichen Verkehrsmitteln.
Der Verwaltungssitz der Gemeinde befindet sich in der Ortschaft Schellerten. Im März 1984 erfolgte die Grundsteinlegung für das heutige Rathaus, das im Juli 1985 eingeweiht wurde. Neben der Verwaltung sind in den Gebäuden Polizeistation, Feuerwehrgerätehaus und Gemeindefuhrpark untergebracht. 2006 wurde eine Rettungswache für Einsatzfahrzeuge des DRK erbaut. Seit dem 13. Dezember 1997 besteht eine Städtepartnerschaft mit dem Amt Niemegk im Bundesland Brandenburg, die durch zahlreiche Kontakte gepflegt wird.

Herzlichst,
Axel Witte, Bürgermeister

Idylisch gelegen ist die ehemalige Tonkuhle bei Farmsen.

Gemütliches Kaffeetrinken in der Heimatstube Wendhausen

Mähdrescher bei der Ernte in der fruchtbaren Bördelandschaft

Rathaus in Schellerten

Schützenfestumzug in Oedelum

Kampf um Hildesheim

Die Schlacht von Dinklar 1367

Auf diesen Äckern östlich von Dinklar liegt das historische Schlachtfeld.

Im Jahre 2017 jährt sich die »Schlacht bei Dinklar und Farmsen« zum 650. Mal. Die Kenntnisse über die Schlacht beruhen auf den Überlieferungen aus Hildesheimer und Braunschweiger Quellen. Die Chronisten bleiben hinsichtlich der Beschreibung des exakten Ablaufes unklar.

Werfen wir einen Blick zurück ins 14. Jahrhundert: Das Bistum Hildesheim ist die territoriale Macht mit dem Bischof als geistlichem Fürsten. In der Stadt leben etwa 8000 Einwohner. Zwistigkeiten zwischen Bischof und Stadt sind üblich. Seine Nachbarn sind u.a. im Norden das Herzogtum Braunschweig-Wolfenbüttel, im Süden das Herzogtum Braunschweig-Göttingen, im Osten die Grafschaft Wernigerode und das Bistum Halberstadt. Hildesheim ist fast vollständig von welfischen Landen umgeben. Schon seit vielen Jahren gibt es Streitigkeiten mit den Welfen. Über den konkreten Anlass zu der Auseinandersetzung von 1367 äußern sich die Chronisten eher zurückhaltend. Ein Auslöser könnten die Fehden um die Hildesheimer Burg Wallmoden gewesen sein, von wo Raubzüge durch das Umland angeführt wurden. Magnus der Ältere von Braunschweig will dieses Treiben beenden. Der Braunschweiger Herzog sammelt deshalb seine Getreuen (angeblich etwas weniger als 1500 Panzerreiter plus Fußvolk). Dieses Heer zieht plündernd und brennend ins Gebiet des Hildesheimer Bischofs Gerhard vom Berge ein. Dieser zieht am 3. September 1367 mit einem bewaffneten Kontingent dem Feind entgegen. Bei Dinklar treffen die Kontrahenten aufeinander. Das überlegende Heer der Welfen wird von Hildesheimern niedergemacht. Der Kampf ist sehr blutig und die Welfen erleiden empfindliche Verluste. Auch Herzog Magnus wird gefangen genommen.

Berichte von mittelalterlichen Gefechten sind aber keine neutrale Faktenwidergabe, sondern sie sollen vielmehr ihre Partei rechtfertigen. Die gerechte Sache ist dabei immer die eigene und auch der göttliche Beistand ist immer auf ihrer Seite. So den Schlachtenverlauf zu rekonstruieren, ist schwerlich möglich. Besondere Vorsicht ist geboten, wenn es dabei um Zahlen geht. Die eigene Truppe wird häufig unterlegen dargestellt, der Gegner aber übermächtigt und gut gerüstet. Siegt nun die eigene Partei, erhöht dies ihren Ruhm. All dieses findet sich in den Berichten über 1367 wieder: Hildesheim ist unterlegen und der »schwächere« Gegner. Eine Vielzahl von Rittern führt die Gegenseite an. Ihre Zahl wird sehr hoch angegeben (»dreimal so hoch«). Gott ist auf der Seite der Schwächeren (»Marienreliquiar«). Die Schwächeren gewinnen und zu Gerhards Ruhm werden besonders viele Ritter und Adelige getötet bzw. gefangen genommen.

Doch waren es wirklich so viele und wie wurde 1367 überhaupt Krieg geführt?

Es gibt im Gegensatz nur wenige große Auseinandersetzungen mit vielen Akteuren. Die Ausrüstung und Versorgung der ausgehobenen Truppen ist teuer. Deshalb müssen die Bürger selbst Waffendienst leisten, so auch in Hildesheim. Dieses militärische Handwerk benötigt Übung. Das kostet Zeit und nur besoldete Kämpfer haben diese. Doch auch diese sind teuer. So gibt es in Hildesheim auch nur wenige (etwa 10 – 15). Die Bürgerwehr übt in regelmäßigen Abständen. Berittene machen nur einen geringen Prozentsatz der Kräfte aus. Nach neueren Berechnungen dürfte Hildesheim maximal 50 – 100 Reiter und 600 Mann Fußvolk ins Feld geführt haben. Für die Gegenseite sprechen die Chroniken von einer dreifachen Überlegenheit der Welfen. Das ergibt 150 – 300 Reiter und etwa 1800 Mann Fußvolk. Dies war in jedem Fall eine beeindruckende Streitmacht.

Wie hat Gerhard gewonnen? Wahrscheinlich hat er in die taktische Trickkiste gegriffen, da unvernünftig gewesen wäre, mit unterlegenen Truppen einen stehenden Gegner anzugreifen. Entweder hat er einen Überraschungs- (evtl. auch vor Tagesanbruch auf den noch lagernden Gegner) oder einen Flankenangriff gewagt. Viel spricht für den Überraschungsangriff. Fakt ist, dass die Hildesheimer die Welfen besiegen konnten, aber wie genau, wird wohl nie genau geklärt werden können.

Olaf Levonen

Eine Auswahl von Waffen, wie sie 1367 in der Schlacht bei Dinklar zum Einsatz gekommen waren, Privatbesitz von Olaf Levonen.

Ottbergen

Wallfahrtsort am Berge

Heute zeigen die ursprünglichen Sandsteinfassungen der Kreuzwegstationen Bilder von Ruth Landmann. Damals moderne Interpretationen von Bibelszenen in Fenstermosaiken und Kachelbildern waren die Hauptwerke der Künstlerin.

Ottbergen ist für die Region und das Bistum Hildesheim ein wichtiger Wallfahrtsort. Der Ort selbst heißt wie das benachbarte Feldbergen oder Bierbergen nach einer topographischen Höhensituation. Und tatsächlich liegt Ottbergen auch am Hildesheimer Vorholz. Dazu passt, dass Ottbergen zunächst für das Jahr 1154 als Othberg überliefert wurde. Es gab ein Rittergeschlecht, das sich nach diesem Ort nannte.
Ottbergen gehört zum katholischen so genannten Stiftsgebiet. Das heißt, es gibt im Ort eine katholische Kirche: die nach den Zerstörungen des Dreißigjährigen Krieges 1700 neu errichtete St. Nikolauskirche mit ihrem mächtigen Westturm. Die Ottberger Wallfahrtstradition geht ebenfalls auf die Zeit nach dem Dreißigjährigen Krieg zurück: Ein Schäfer soll eine Kreuzesvision gehabt haben. Es wurde eine Andachtsmöglichkeit an jener Stelle eingerichtet; die heutige Kreuzbergkapelle stammt aus dem Jahre 1726, zuvor gab es eine Holzkapelle. Gut hundert Jahre später schenkte Papst Gregor XVI. 1836 den Ottbergern eine Kreuzreliquie, die seither am Fest der Kreuzerhöhung, dem 14. September, von der Dorfkirche zur Kreuzbergkapelle in einer Prozession feierlich den Kreuzberg hinaufgetragen wird.
Seit 1853 besteht ein Kloster im Ort, unweit der Dorfkirche, zunächst von Kapuzinern geleitet, später von Franziskanern. 1900/1901 entstand eine neue Klosterkirche. 1911 kam auf dem Kreuzberg eine Lourdes-Grotte hinzu – gestiftet von einem Hildesheimer Bürger. Viele Wallfahrer hinterlassen an der Grotte persönliche Gegenstände, so dass der Platz in der Grotte von der Lebendigkeit des Glaubens zeugt. Für Fußgänger sind es genau 10 Kilometer vom Hildesheimer Dom zur Ottberger Kreuzbergkapelle. Nach dem Zweiten Weltkrieg wurden die 14 Kreuzwegstationen am Prozessionsweg zur Kreuzbergkapelle neu gestaltet. In der Kreuzbergkapelle finden bis heute Andachten und Gottesdienste statt, auch wenn nicht alle Wallfahrer in der kleinen Kapelle Platz finden. Ottbergen ist immer noch ein Dorf geblieben, nur eben ein Wallfahrtsdorf.

Blick in die Ottberger Lourdes-Grotte. Als Zeichen von Sühne wurde 1911 nahe der Kreuzbergkapelle eine Nachbildung der Grotte in Lourdes erbaut.

Heller als der dunkelrote Backsteinbau von außen vermuten lässt: Lichtdurchflutet ist der Innenraum der etwa 10 Meter hohen Klosterkirche.

Die etwa 200 Jahre alte Lindenallee säumt den Kreuzweg zur Kapelle hinauf. Im Schatten der Bäume stehen die 14 Stationen des Kreuzweges.

Gemeinde Söhlde

Das Leben zwischen Nettlingen und Steinbrück

Die 1974 gebildete Gemeinde Söhlde liegt in einem Vierländer-Eck: Hier grenzen drei Landkreise (Hildesheim, Peine, Wolfenbüttel) sowie die kreisfreie Stadt Salzgitter aneinander. Aufgrund des attraktiven Angebots für Alt- und Neubürger und des gleichzeitig schönen landschaftlichen Umfelds ist sie auch ein beliebter Zuzugsort. Die zahlreichen Vereine und Verbände offerieren ein vielfältiges sportliches und kulturelles Freizeitangebot. Für sportliche Aktivitäten rund ums Jahr stehen mehrere Sporthallen, Sportplätze, zwei Freibäder in Nettlingen und Söhlde sowie ein Hallenbad mit Sauna zur Verfügung. Die evangelische Jugend der Kirchenregion Söhlde lädt seit 2009 in die »Jugendscheune Heinrich Dammann« in Bettrum zu zahlreichen Aktivitäten ein.

Die Gemeinde Söhlde bietet gerade Familien mit Kindern ein großes Angebot an Bildung und Betreuung. In den drei großen Ortschaften Hoheneggelsen, Nettlingen und Söhlde befinden sich jeweils Kinderkrippen, Kindergärten und Grundschulen. In Hoheneggelsen und Söhlde gibt es seit 2008 Horte, in denen Kinder bis zur Vollendung des 14. Lebensjahres betreut werden. In der Ortschaft Söhlde befindet sich zudem die als offene Ganztagsschule geführte Oberschule.

Kooperation ist für uns eine Tugend: Seit 2002 verfolgen wir mit unseren Nachbargemeinden Holle und Schellerten mit der »Agenda 21 Region Börde« gemeinsame Ziele, z.B. im Bereich des Umwelt- und Naturschutzes. Im Rahmen dieser Zusammenarbeit erfolgt auch die Herausgabe eines gemeinsamen Ferienpasses für unsere Schülerinnen und Schüler.

Zur Gemeinde Söhlde mit ihren rund 8100 Einwohnern gehören die Orte Bettrum, Feldbergen, Groß und Klein Himstedt, Hoheneggelsen, Mölme, Nettlingen sowie Söhlde und Steinbrück – allesamt schöne Dörfer, die durch Alleen verbunden werden.

Die erste Erwähnung des Dorfes Bettrum findet sich in einem Einnahmeregister des Dompropstes Johann aus den Jahren 1277 – 1786. Darin wird das Dorf »Bettenem« genannt. Die Ortssage erzählt: Noch bevor das Dorf einen Namen hatte, erbaute man die Kirche. Als ihr Dachstuhl aufgerichtet wurde, stand ein Sparren schief. Da rief ein Zimmermann dem anderen zu: »Bett'n rumme!« (etwas herum). Der Ruf gefiel den Leuten so gut, dass sie ihr Dorf Bettrum nannten.

Das Wappen von Feldbergen zeigt einen Berg mit fünf Ähren darüber. Es ist somit ein »redendes Wappen«, das auf den Namen und die Lage des Dorfes in einer äußerst fruchtbaren Landschaft am »Messeberge« hinweist.

Die »Jugendscheune Heinrich Dammann« in Bettrum

Kirche in Klein Himstedt

Am Wald »Bereler Ries« liegen Groß und Klein Himstedt, deren Ortsname 1151 ursprünglich »Hemstide« lautete. Für das späte 12. Jahrhundert ist eine adelige Familie »von Himstedt« überliefert. Klein Himstedt besitzt noch heute eine Glocke des Hildesheimer Glockengießers Harmen Koster aus dem Jahr 1511.

In einer von König Heinrich IV. unterzeichneten Urkunde wird das heutige Hoheneggelsen im Jahre 1064 erstmals als Ecgolvesheim urkundlich erwähnt. Mächtig steht hier der Wehrturm der im Ursprung typisch romanischen Wehrkirche St. Martin im alten Oberdorf und schaut in die Weite der Hildesheimer Börde. Die Matthiaskirche im Unterdorf ist als eine der schönsten Bauernkirchen Norddeutschlands bekannt.

Die Ortschaft Mölme ist aus dem Jahr 1260 als »Muilnem« überliefert: Es wurde im Laufe des Spätmittelalters Hof für Hof vom Kloster Loccum erworben, so dass die Dorfbewohner vor allem für die Zisterzienser aus Loccum wirtschafteten. Um 1935 begann die Gewerkschaft Eleverath in der Mölmer Feldmark mit Bohrungen auf Erdöl. Etwa 50 Ölpumpen waren 1950 in Betrieb; inzwischen sind die Ölfelder jedoch erschöpft.

Auch für Nettlingen ist ein eigenes adeliges Geschlecht überliefert; zunächst 1166 mit Udo von Nettlingen. Um 1570 erbaute ein anderes Geschlecht, die Herren von Saldern, das Nettlinger Schloss. Hier übernachtete 1717 Zar Peter der Große mit seiner Frau auf der Rückreises von Paris nach Moskau. Inzwischen befindet sich das

Schloss im Privatbesitz. In Nettlingen befindet sich zudem eine 1994 restaurierte Wassermühle mit funktionierendem Mahlgang. In der Marienkirche wurden die Wandfriese mit Motiven aus dem alten und neuen Testament 2010 teils neu gestaltet und restauriert.
Söhlde ist berühmt für seine Kreide – dem »weißen Gold« –, dessen Abbau um 1820 mit dem Bau der ersten von Windkraft getriebenen Kreidemühle zur Zerkleinerung der Kalksteine einsetzte. Die Ortschaft führt drei Kreidemühlen im Wappen. Auch die 1880 erbaute und 1988 restaurierte Holländerwindmühle mit Kettenzug (Gaffelrad) ist eine Kreidemühle. Sie dient heute als Ausstellungsraum und Trauzimmer. Ebenfalls restauriert wurde die 1862 erbaute Holländer Schlämmkreidewindmühle, deren Inneneinrichtung fast vollständig erhalten ist. Um beide Mühlen kümmert sich der Verein zur Erhaltung historischer Mühlen in Söhlde e.V.
Wichtigstes Symbol und gleichzeitig heutiges Wappenzeichen der Gemeinde ist der Kehrwiederturm der Burg Steinbrück, die einst Sitz eines Amtes mit Markt- und Stadtrecht war.
Ich hoffe, Ihnen einen kleinen Eindruck aus unserer Gemeinde vermittelt zu haben. Gleichzeitig lade ich Sie herzlich ein, sich davon zu überzeugen, dass es sich lohnt, hier zu leben oder uns einen Besuch abzustatten.

Herzlichst,
Alexander Huszar, Bürgermeister

Das Freibad von Söhlde

Die Kehrwieder-Kirche an der Burg Steinbrück

Die Matthiaskirche in Hoheneggelsen

Die Mühle von Söhlde, in der man auch heiraten kann.

Burg Steinbrück

Bischofsfeste an der Fuhse

Detlef Rund engagiert sich für den Erhalt der Burg Steinbrück.

Eine wechselhafte Geschichte begleitet die Burg Steinbrück durch die Jahrhunderte. 1383 von Bischof Gerhard zu Hildesheim gebaut, diente die Burg Steinbrück ursprünglich, wie die drei anderen noch heute erhaltenen Stiftsburgen des Bistums Hildesheim zur Verteidigung der weltlichen Macht der katholischen Kirche.

Durch ihre strategische Position direkt an der Fuhsebrücke der bedeutenden Heerstraße von Hildesheim nach Braunschweig wurde diese Burg zum umkämpften und blutigen Zankapfel und wechselte häufig ihren Besitzer. 120 Jahre im Besitz der Welfen und die Eroberung während des Dreißigjährigen Krieges sind nur einige der Stationen.

Der Innenhof der Burg

Um das Jahr 1663 endet die militärische Geschichte der Burg Steinbrück. Die Festung an der Fuhse wurde aufgegeben und die noch brauchbaren Gerätschaften auf die neu befestigte Burg in Peine geschafft. In den folgenden Jahren wird die Burg zur Staatsdomäne. Geprägt von landwirtschaftlicher Nutzung beginnt der Rückbau der Burganlage. Aus den Mauern wird die katholische Kirche im Dorf gebaut und etliche Scheunen erhalten ein solides Steinfundament.

Besitzer werden im Laufe der Zeit noch der Hildesheimer Bürgermeister, die Umsiedlungsgesellschaft Salzgitter und letztendlich die evangelische Kirche mit Weihung des Kehrwiederturmes zur Kirche. Aufgrund der leeren Kassen wird die Anlage im 20. Jahrhundert kaum noch genutzt und verfällt zusehends. Hauptsächlich gibt es aus dem letzten Jahrhundert Berichte über eine Schafhaltung, eine kleine Schmiede und viele Gruppen von Kindern der Umgebung, die das verlassene Gelände als Abenteuerspielplatz gebrauchen.

Nach langer Suche seitens der Kirche konnte kein passender Großinvestor gefunden werden, weil die Anlage nicht wirtschaftlich wieder aufgebaut werden kann. Also fand man einen enthusiastischen Trottel, der es sich zur Aufgabe gemacht hat mit durchschnittlichen zur Verfügung stehenden Mitteln, viel Netzwerk, Eigenleistung und der einen oder anderen unkonventionellen Lösung von Problemen zumindest den weiteren Verfall der Burg zu stoppen und die Burgruine wieder zugänglich zu machen. Der Trottel bin ich.

Derzeit arbeiten wir einen Plan zur Herstellung der Verkehrssicherheit und der Erfüllung der baubehördlichen Auflagen für eine Nutzung ab, der hoffentlich 2016 soweit ist, dass eine Nutzungsgenehmigung für Teile der Burg und des Grundstückes vorliegt.

Dann kann es losgehen und mit den Einnahmen aus Märkten, Führungen, Spieleabenden, Geburtstagsfeiern etc. kann die Sanierung nach und nach erfolgen.

Detlef Rund

Der mächtige Palas der Burg Steinbrück

Matthiaskirche in Hoheneggelsen

Kleinod des Reformationsjahrhunderts

Hoheneggelsen ist ein altes Dorf, das zwei Kirchen besitzt: im Oberdorf die Martinskirche und im Unterdorf die Matthiaskirche. Ursprünglich gab es noch den Ort Klein Eggelsen an der Stelle, wo sich heute die Burg Steinbrück befindet. 1064 ist Hoheneggelsen als Ecgolvesheim überliefert. Ein Rittergeschlecht nannte sich nach dem Ort »von Eggelsen«.

Schon am Eingang wird einem klar, warum die von außen unscheinbare kleine Kirche zu den schönsten Bauernkirchen zählt. Das Innere ist fast ausschließlich noch im Original erhalten oder wiederhergestellt worden.

Die Matthiaskirche im Unterdorf wurde für 1235 überliefert und dem Apostel Matthias geweiht, der nach der Apostelgeschichte der Nachrücker für den verstorbenen Judas Iskariot war. Aus der Erbauungszeit stammt noch der Wehrturm aus Bruchstein. Im Ort wird die Matthiaskirche als die »kleine Kirche« bezeichnet – sie ist in diesem Sinne ein wahres Kleinod und zählt zu den schönsten Bauernkirchen Niedersachsens. Wer sie betritt, betritt einen faszinierenden Kirchenraum, der immer noch die alte Balkendecke besitzt. Die Kirche gibt Zeugnis von der Zeit des Reformationsjahrhunderts (1517 – 1618): Im 16. Jahrhundert wurde die Nordempore mit den Aposteldarstellungen eingebaut. Der Taufstein stammt aus dem Jahre 1590 und wurde vom Steinbrücker Amtmann, Wendel von Langensalz, gestiftet. Die Bilder der Südempore kamen später hinzu und zeigen biblische Szenen, besonders aus der Leidensgeschichte Jesu.

1542 wurde die Reformation durchgesetzt, aber erst 1568 blieb die evangelische Konfession dauerhaft. Um 1590 fand eine umfassende Renovierung statt, in deren Zuge auch der Taufstein in die Kirche kam. Zum Ende des Dreißigjährigen Krieges kam Hoheneggelsen mit den benachbarten Orten 1643 an das Hochstift Hildesheim (zurück).

Noch immer sind auf den Bänken Namen zu lesen, was früher durchaus üblich war und hier nicht einfach übergestrichen wurde. Einige Familiennamen findet man heute immer noch im Ort.

Auf der Nord- und Südseite wurde je eine Empore eingebaut. Die Südseite zeigt auf Ölbildern biblische Szenen der Leidensgeschichte Jesu.

Die Barockorgel wurde 1683 von Heinrich Herbst, Magdeburg, erbaut und stand in Holle. 1932 wurde sie von der Gemeinde Hoheneggelsen gekauft. Restaurierungen erfolgten 1958 und 2002.

Bei Sanierungsarbeiten entdeckte man alte Malereien unter dem blau gestrichenenen Chorgewölbe. Teilweise wurde es freigelegt.

Schauen wir zum Altar, befinden wir uns in der Zeit des Barock: Die Orgel wurde ursprünglich 1686 von Heinrich Herbst in Magdeburg errichtet und kam 1934 von Holle nach Hoheneggelsen. Der Altar steht seit 1698 in der Matthiaskirche und wurde von Andreas Bartels hergestellt. Es ist ein Kanzelaltar, der die Bedeutung des Wortes Gottes, als über dem Altar verkündet, unterstreicht. Das Gewölbe über dem Altar ist ein nachträglicher Einbau in die Kirche, um Platz für den barocken Altar zu schaffen.

Sie erinnert an eine Galionsfigur, ist aber eine der vielen Verzierungen des barocken Kanzelaltars von 1698.

Verlassen wir die Matthiaskirche, verstehen wir, warum die Bewohner von Hoheneggelsen, besonders die aus dem Unterdorf, auf ihre Matthiaskirche so stolz sind.

Holle

Gemeinde der Schlösser und Burgen

Obwohl 1974 die Einheitsgemeinde Holle erst im Rahmen der niedersächsischen Gebietsreform entstand, konnte sich die Verbindung der einzelnen Dörfer auf eine jahrhundertealte gemeinsame Vergangenheit stützen. Ihre eng verknüpfte Geschichte wurde zunächst von Holle, im 11. und 12. Jahrhundert von den Besitzern der Burg Wohldenberg und später von dem Kloster Derneburg und den Herren auf Schloss Söder bestimmt.

Leben und arbeiten in Holle

Die Gemeinde Holle mit rund 7500 Einwohnern besteht heute aus 10 Ortschaften: Holle, Derneburg-Astenbeck, Grasdorf, Hackenstedt, Heersum, Henneckenrode, Luttrum, Sillium, Söder und Sottrum. Zahlreiche Wanderwege führen durch die Wälder zu den Schlössern, Burgen und den vielen Sehenswürdigkeiten.
Industrie- und Gewerbeansiedlungen sind am Ortsrand von Holle, Sottrum und Grasdorf zu finden, ansonsten bestimmen landwirtschaftliche Höfe und Wohnsiedlungen das Bild der Ortschaften. Die Gemeinde Holle bietet eine sehr gut ausgebaute Verkehrs- und Infrastruktur, ein herrliches Sportzentrum in Holle, eine große Anzahl von Kindertagesstätten und ein umfangreiches Kulturangebot. In fast allen Ortschaften der Gemeinde Holle sind Neubaugebiete entstanden oder fortentwickelt worden. Mit seiner günstigen Verkehrslage an den Bundesautobahnen A7 und A39 sowie der Bahnstrecke Hannover – Bad Harzburg gewinnt Holle als Naherholungsgebiet für die Großräume Hannover/Hildesheim und Braunschweig/Salzgitter ständig an Bedeutung, insbesondere auch als beliebte »Wohngemeinde« mit preiswerten Grundstücken.

Laves-Kulturpfad

Ein beliebtes Ausflugsziel ist der Laves-Kulturpfad, ein kulturhistorischer Rundwanderweg um das Schloss Derneburg. Das ehemalige Gewächshaus der Schlossgärtnerei Derneburg ist das »Glashaus«, das Kulturzentrum der Gemeinde Holle mit einem Ausflugscafé und einer Dauerausstellung über die Geschichte Derneburgs. In geschichtsträchtiger Umgebung finden hier das ganze Jahr über Ausstellungen, Konzerte, Theaterveranstaltungen, Lesungen und die verschiedensten Festivals statt.

Schloss Derneburg

Das Schloss Derneburg und seine Domäne wurden im Jahr 2006 von dem amerikanischen

Idyllischer Aussichtspunkt bei Holle

Kunstsammler Andrew Hall gekauft, der hier seine zeitgenössische Kunstsammlung mit Werken von Georg Baselitz unterbringen will.
Der ehemalige Herrenhof Derneburg wurde 1143 der Hildesheimer Kirche geschenkt. 70 Jahre später gründeten Augustinerinnen aus Holle hier ein Kloster, das Anfang des 14. Jahrhunderts aufgelöst und 1441 an den Reformorden der Zisterzienserinnen übergeben wurde. In den Zeiten der Reformation war Derneburg ein lutherisches Jungfrauenstift, ehe es 1651 wieder in die Hände der Zisterzienser zurückkam. Diese bauten die landwirtschaftlichen Gebäude und zwischen 1735 und 1749 eine neue barocke Klosterkirche.
Anfang des 19. Jahrhunderts wurde das Kloster aufgelöst und fiel nach dem Wiener Kongress von 1814 an das Königreich von Hannover. König Georg III. schenkte Derneburg seinem Minister Graf Ernst zu Münster, der zusammen mit dem Architekten Georg Ludwig Friedrich Laves das

Die Autobahnabfahrt Derneburg-Salzgitter

Der Mariensee

Burg Wohldenberg

ehemalige Kloster umbauen ließ und rundherum einen englischen Landschaftsgarten anlegte.

Burg Wohldenberg

Auf der Burgruine Wohldenberg fühlt sich der Besucher in die Ritterzeit zurückversetzt. Von dem alten quadratischen Burgturm hat man einen wunderschönen Rundblick über die Gemeinde bis hin zum Harz. Die Burg Wohldenberg wird erstmals 1172 als Besitz von Ludolfs de Waldeberch erwähnt, ehe sie 1275 dem Hildesheimer Bischof Otto I. übereignet wurde, der hier ein Amt schuf. Später ging sie wieder an die Grafen Wohldenberg und wurde während des Dreißigjährigen Krieges fast völlig zerstört. Von dieser Anlage sind heute noch das alte Pforthaus mit seinen zwei Flankentürmen und der alte, quadratische Bergfried erhalten geblieben. Ebenfalls sehenswert ist die 1731 erbaute Hubertuskirche, die dem Schutzheiligen der Jäger gewidmet ist.

Schloss Söder

Das Barockschloss Söder befindet sich in Privatbesitz und ist für Besucher nicht zu betreten. Aber auch von außen beeindruckt die schöne, von Wasser umgebene Anlage. Seit 1690 befindet sich Söder in Besitz der Familie von Brabeck, die 1740 die alte Burg der Ritter von Bortfeld abreißen und an der Stelle ein Barockschloss erbauen ließ, das sich nach Umgestaltungen durch Moritz von Brabeck bis in die heutige Zeit erhalten hat.

Schloss Henneckenrode

Nach der Hildesheimer Stiftsfehde übernahmen die Herren von Saldern den Ort Henneckenrode, der ehemals zu den Besitzungen der Grafen von Wohldenberg gehört hatte. Auf dem Gutshof errichteten sie ein Schloss im Stil der deutschen Renaissance. Burchard von Saldern erbaute 1597 die Schlosskirche. Der Landrendmeister Friedrich Blum erwarb 1820 das Schloss und vermachte seinen Besitz der Kirche für die Einrichtung eines Waisenhauses für Kinder aus dem Stift Hildesheim.

Schloss Henneckenrode

Panorama der Derneburg

Blick in die Wohldenberger Schlosskapelle St. Hubertus

Burg Wohldenberg

Hubertus-Kirche als Wallfahrtskirche

»Man sieht nur, was man weiß«, heißt es. Von der einstigen Größe der Bischofsburg auf dem Wohldenberg ist heute auf den ersten Blick nur noch ein kleiner Bruchteil sichtbar. Bereits um das Jahr 1150 entstand auf dem Berg, der schon in vorchristlicher Zeit kultischen Handlungen diente, eine Höhenburg der Wöltingeroder Grafen, die auf ihrem bisherigen Besitz bei Goslar ein Benediktinerkloster stifteten und sich im Gebiet des Ambergaus neu niederließen. Die Burg diente wohl auch zum Schutz zweier wichtiger Heer- und Handelsstraßen durch den Ambergau, die am Fuße des Berges entlangführten: Der Verbindung Hildesheim-Goslar und des großen kaiserlichen »Hellwegs«.

1172 wurde der Wohldenberg erstmals urkundlich erwähnt als Stammsitz der Familie des »Ludolf von Waldeberch«. 1180 wurde die Burganlage, wahrscheinlich unter Kaiser Friedrich Barbarossa im Kampf gegen Heinrich den Löwen, zum ersten Mal zerstört. Aus dem Geschlecht der Wohldenberger gingen drei Bischöfe hervor, einer davon wurde sogar heilig gesprochen: Der heilige Benno von Meißen (1010 – 1106), Heinrich II. von Hildesheim (Amtszeit 1310 – 1318), und Otto II. von Hildesheim (Amtszeit 1319 – 1331).

Die sehr wechselvolle Geschichte der Burg – eine Zeitlang war die Burg Sitz von Raubrittern, auch die Reformation stiftete Verwirrung – fand 1641 in der Zerstörung im Dreißigjährigen Krieg ein nur vorläufiges Ende. Ab 1648, nach dem Westfälischen Frieden, war die Burg dann wieder katholisch und im Besitz der Bischöfe von Hildesheim.

1731 wurde unter dem Drosten Antonius von Bocholtz und durch ein Geschenk des Fürstbischofs Clemens August die heutige Hubertus-Kirche gebaut. Im Jahr zuvor hatte der Bischof als Gast seines Statthalters rund um den Wohldenberg eine Jagd abgehalten. Die Messe fand in einer noch bis heute erhaltenen, in den Sandstein geschlagenen, Kapelle am Jägerhaus in den Hainbergen statt. Durch eine stattliche Geldsumme sorgte Clemens August anschließend dafür, dass in der Burganlage eine neue, dem Geschmack der damaligen Zeit entsprechende Barockkirche gebaut wurde. In Dankbarkeit für das neue Gotteshaus und mit Rücksicht auf die Jagdbegeisterung des Fürstbischofs wurde der Name der Kirche geändert – das Patrozinium der Apostelfürsten Peter und Paul wechselte zum heiligen Hubertus, dem Patron der Jäger. Die alte Peter- und Paul-Kirche verfiel; ein großer Mauerrest, errichtet auf dem vorchristlichen Opferstein, steht bis heute gegenüber des Bergfrieds (heute Aussichtsturm). Von Drost Bocholtz wurden viele Bildstöcke aufgestellt und eine Eremitage errichtet mit dem lateinischen Motto des Satrapen: »Solitudo sola beatitudo« – ein Wort des heiligen Hieronymus: »Einsamkeit ist die einzige Glückseligkeit«.

Im Mittelalter lag der Wohldenberg übrigens auf der Strecke des Jakobs-Pilgerwegs von der St. Jakobus-Kirche in Goslar nach Santiago de Compostela in Spanien. Der »steinerne Jakob« am Burgweg (»Pestsäule«) und die Muschelsymbolik in der Kirche erinnern daran.

So schön das Wissen um eine reiche Vergangenheit ist: Als Kirchengemeinde fühlen wir uns der Gegenwart mehr verpflichtet als dem, was früher war. Viele Ehrenamtliche unserer Pfarrei sorgen rund um den Wohldenberg für ein buntes Gemeindeleben und für einladend geöffnete Türen. Fühlen Sie sich bei uns zu Hause! Zur Hubertusgemeinde gehören neben der Jugendbildungsstätte unseres Bistums am Fuße des Berges 17 Ortschaften mit fünf weiteren Kirchen in Sottrum, Baddeckenstedt, Grasdorf, Henneckenrode, Söder. In allen Kirchen unserer Gemeinde versuchen wir, die frohe Botschaft Jesu Christi in die Sprache und die Aufgaben unserer Gegenwart zu übersetzen. Besuchen Sie unsere Gemeinde im Internet und erfahren Sie mehr: www.wohldenberg.de oder bei Facebook unter dem Namen Katholische Kirchengemeinde Wohldenberg.

Pfarrer Stefan Lampe

Blick vom Bergfried über das Torhaus Richtung Sottrum und Holle

Der 50 Meter hohe Bergfried kann auch bestiegen werden.

Familienpark Sottrum

Lachen, Lernen & ganz viel Spaß haben

Der Familienpark Sottrum, ein riesiger Spielplatz für Groß und Klein, völlig unmodern, ohne Fahrgeschäfte und Musikberieselung, aber mit vielen Anreizen, um sich mal wieder richtig vielseitig zu bewegen, den Geist auf Trab zu bringen und an vielen Stellen auch zu schmunzeln. Hier können Sie und Ihre Kinder die Welt spielerisch entdecken und lustvoll Neues lernen und erfahren.

Ein Paradies für Kinder ...

Mit der Fähre übers Wasser setzen, Floß fahren. Mit Tretbooten in Form von großen Schwänen über das Wasser gleiten, im Bergwerk ein kleines Gruseln empfinden und mit etwas Glück Edelsteine entdecken und mit nach Hause nehmen. So könnte Ihr Tag aussehen. Oder möchten Sie und Ihre Kinder lieber auf dem Bauernhof mit kleinen Lämmchen kuscheln und sich vom Kinderzirkus verzaubern lassen?
Noch viele weitere spannende Dinge wollen von Ihren Kindern entdeckt werden und wenn Sie wollen, dürfen Sie in vielen Bereichen gerne auch selbst noch einmal Kind sein.

... und auch für Erwachsene

Aber der Park ist nicht nur etwas für Kinder: Genießen Sie die Beschaulichkeit des Familienparks. Suchen Sie sich ein gemütliches Plätzchen am Seerosenteich, wandeln Sie durch das Labyrinth des Glücks und nehmen Sie sich etwas Zeit für Ihre Lieben an der Lobemauer. Oder lassen Sie sich anregen in unseren vielfältigen Ausstellungen, die Ihnen, immer mit einem Augenzwinkern, verschiedene Bereiche der Natur und des Lebens näherbringen: Bestaunen Sie Samen und Früchte aus aller Welt in der Ausstellung der berühmten Botanikerin Erika Schmidt, wandeln Sie durch das Museum des Nichts, die Pilzausstellung und sehen Sie echte Mammutbäume.

Tiere

Heimische Tiere wie z.B. Kühe, Hühner, Hausschweine und Kaninchen können Sie in offenen Gehegen betrachten. Die Gehege sind größtenteils begehbar, so dass Sie und Ihre Kinder genügend Gelegenheit finden, die Tiere zu streicheln und zu füttern. Ein paar exotische Tiere haben im Familienpark ebenfalls ein neues Zuhause gefunden. Staunen Sie über vier Pythonschlangen und schauen Sie sich Lamas, ein Kamel und eine Schnappschildkröte einmal ganz aus der Nähe an. Im Kükenstübchen haben Sie die Möglichkeit, kleine Hühner, Gänse und Enten direkt nach dem Schlüpfen zu sehen.
Der Familienpark in Sottrum liegt nahe der A7 und ist sehr gut mit dem Auto zu erreichen. Geöffnet ist täglich von 10 – 18 Uhr von Anfang der Oster- bis Ende der Herbstferien. Weitere Infos unter.
www.familienpark-sottrum.de

Baumhaus im Zwergenland

Balance halten und bis nach oben klettern

Mit dem Floß übers Wasser

Grundschulen im Kreis Hildesheim

Alltagswissen wird neu entdeckt

Grundschule Barnten (Gemeinde Nordstemmen)

Der schulische Grundstein für Bildung und eine gute Zukunft fängt spätestens mit dem Tag der Einschulung an. Zunehmend müssen dann schon Eltern für ihr Kind eine Schule auswählen. Oftmals beeinflussen – neben den Standortfaktoren – Konzepte und Leitbilder die Entscheidung, denn längst haben sich Schulen einen oder mehrere Schwerpunkte erschlossen.

Beispielhaft für Engagement in den Bereichen Umwelt und Umfeld werden hier die Grundschulen Barnten und Bornum vorgestellt, in denen den Schülern mehr vermittelt wird, als die Rahmenrichtlinien vorsehen. Beide Konzepte haben gemein, dass ein Mehr an Wissen nur aufgenommen werden kann, wenn sich die Kinder in der Schule wohlfühlen.

Eine wiederholte Auszeichnung zur Umweltschule zeigt, dass nachhaltiges Denken und Handeln in der verlässlichen Grundschule Barnten gelebt wird. Das Erleben und Begreifen von Mensch, Natur und Umfeld ist ein fester Bestandteil des Alltagslebens der Schüler. Vormittags, etwa draußen beim Lernen im grünen Klassenzimmer, nachmittags in der Tier-AG, in der Freizeit bei großen Aktionen wie dem Maisfeldlabyrinth und natürlich in jeder Pause auf dem 2014 umgestalteten großzügigen Gelände mit Wiese, Obstbäumen, Barfußpfad, Bienenstock und Teich. Regelmäßige Thementage, Recyclingaktionen und ein Schullabor runden das Programm der behindertengerechten Schule ab. Und weil Bewegung in der Natur eines Kindes liegt, kommt auch der Sport nicht zu kurz. Als sportfreundliche Schule es gibt ein aktives Nachmittagsprogramm und viele Möglichkeiten zum Austoben – von der Kletterwand über die Fußball-AG oder das freie Spielen. Mit individuellen Förderungen und durch Stärkung von Selbstvertrauen wird hier ein natürlicher Lernraum zum Wohlfühlen als Start in das Schulleben geschaffen.

Die Grundschule Bornum am Harz liegt am Nordrand des Harzes und gehört zur Stadt Bockenem im Ambergau. Sie besteht seit fast 60 Jahren und beherbergt 80 bis 100 Kinder. In der »Schule zum Wohlfühlen« besteht ein enger Kontakt zu den Eltern und zu außerschulischen Einrichtungen. Die Beschäftigung mit den Orten im Ambergau, Wandertage zu Besonderheiten wie dem Erdfall »Dillsgraben« bei Königsdahlum, eine Stadtführung durch Bockenem, die Besichtigung des Turmuhrenmuseums, ein Besuch bei der Bücherei und im Rathaus, spielen eine wichtige Rolle. Unterstützt werden Schüler und Lehrer durch Heimatpfleger, Stadtführer und viele andere. Mit den Beiträgen zum Geschichtsatlas wurden schon mehrere Preise gewonnen, unter anderem zu den Themen »Landwirtschaft gestern und heute – Spurensuche im Ambergau« und »Weule-Glocken und Turmuhren – aus Bockenem in die ganze Welt«. Bei Veranstaltungen wie dem Ambergautag und dem Hansetag, aber auch sonstigen Ortsfesten, ist auch das Schulorchester immer gerne gesehen.

Paloma Klages

Grundschule Bornum (Stadt Bockenem)

Wenn Vereine und engagierte Ehrenamtliche bei Projekten einbezogen werden, kann Wissen spannend und anschaulich vermittelt werden.

Leseaktion in der Telefonzelle

Aktionen an Thementagen bieten Abwechslung im regulären Stundenplan.

Im Kindergarten bekommen die Kinder nicht nur Betreuung, sondern auch umfassende und spezielle Förderangebote.

Der Schulkomplex des Landesbildungszentrums für Hörgeschädigte Hildesheim in der Silberfundstraße

Schulabgänger haben verschiedene Berufsfelder zur Auswahl und können hier die Berufschule besuchen.

Landesbildungszentrum für Hörgeschädigte

Kompetenzzentrum für Hören

Von der Frühförderung bis zur beruflichen Rehabilitation reicht das Angebot des Landesbildungszentrums für Hörgeschädigte Hildesheim (LBZH Hildesheim). Die Einrichtung des Landes Niedersachsen ist zuständig für das Gebiet vom Heidekreis bis Göttingen und von Hameln-Pyrmont bis Peine. Sie hat ihren Sitz in der Silberfundstraße auf der Marienburger Höhe in Hildesheim.

Das Pädagogisch-Audiologische Beratungszentrum ist die erste Anlaufstelle für Eltern, bei deren Kindern eine Hörschädigung diagnostiziert wurde. Hier stehen weiterführende Diagnostik und Beratung im Mittelpunkt, um dem betroffenen hörgeschädigten Kind optimale Entwicklungschancen zu eröffnen – beispielsweise durch die Frühförderung oder eine Begleitung in Krippe und Kindergarten.

In der Förderschule mit dem Schwerpunkt Hören können alle Abschlüsse der allgemeinbildenden Schulen nach dem 9. und 10. Schuljahrgang erreicht werden. Daneben begleitet der Mobile Dienst Schüler mit Hörstörungen an anderen allgemeinbildenden Schulen und berät bzw. unterstützt Lehrkräfte, Eltern oder auch Mitschüler.

Das LBZH stellt für Jugendliche und junge Erwachsene neben der Berufsschule ein vielfältiges Angebot für die Berufsvorbereitung sowie für die Aus- und Weiterbildung mit zahlreichen Abschlüssen in verschiedenen Berufsfeldern in Zusammenarbeit mit der Bundesanstalt für Arbeit bereit. Möglichkeiten der Arbeitserprobung und Eignungsabklärung ergänzen das Angebot. Die Begleitende Beratung der Berufsschule betreut Auszubildende in Betrieben und Berufsbildenden Schulen anderenorts. Wer für den Schulbesuch oder die Teilnahme an einer Maßnahme nicht täglich vom Elternhaus aus fahren kann, hat die Möglichkeit im Internat der Einrichtung zu wohnen.

Das LBZH ist ein anerkanntes Kompetenzzentrum für Hören und Kommunikation, Beratungs- und Unterstützungszentrum für die Inklusion. Es ist da, um junge Menschen mit Hör- und damit verbundenen Sprachstörungen im Zusammenwirken mit ihren Familien und weiteren Fachinstitutionen zu fördern, zu erziehen, zu bilden, auszubilden und zu begleiten auf dem Weg in ein eigenständiges, selbstbestimmtes Leben.

Joachim Achtzehn

Eine Frühförderung beginnt meist im häuslichen Umfeld und wird individuell auf das Kind abgestimmt.

Die Sprachförderung ist ein wesentlicher Unterrichtsbestandteil.

Freie Waldorfschule Hildesheim

Lernen mit allen Sinnen

Die, die ihren Namen tanzen, stricken, Theater spielen und nicht sitzen bleiben: Das sind die gängigen Meinungen über die Waldorfschule, die aber den vielfältigen Qualitäten der Schule nicht annähernd gerecht werden.

Die Waldorfschule ist eine Gesamtschule, in der die Kinder von der ersten bis zur letzten Klasse in einem Klassenverband zusammenbleiben. Die Schüler können nicht sitzenbleiben, da sie altersentsprechend unterrichtet werden. Die Lerninhalte sind auf die jeweilige Klassenstufe abgestimmt. Die Klasse wird so auch zu einer sozialen Gemeinschaft, in der die Schüler sich gegenseitig unterstützen und voneinander lernen.

An der Waldorfschule können alle gängigen Schulabschlüsse, inklusive des Zentralabiturs erworben werden. Die Schüler lernen Eurythmie, eine Bewegungskunst, die Musik und Sprache in Gesten überträgt. Sie lernen dadurch Denken, Fühlen und Wollen in Einklang zu bringen und harmonisch zu verbinden.

Die handwerklichen und künstlerischen Fächer haben in der Schule einen hohen Stellenwert. Die Kinder lernen nicht nur Zeichnen und Malen sondern auch Weben, Steinmetzen, Korbflechten und vieles mehr. Die meisten spielen ein Musikinstrument und wer nicht im Schulorchester mitspielt, der singt im Chor. Ein Zusammenklang der künstlerisch-handwerklichen Fächer mit den geistes- und naturwissenschaftlichen Fächern bildet in ganzheitlicher Weise alle Fähigkeiten der Kinder neben den intellektuellen Leistungen aus.

Die Waldorfschule Hildesheim ist keine Schule für Besserverdienende. Zwar müssen die Eltern ein einkommensabhängiges Schulgeld zahlen, doch wird kein Kind wegen der wirtschaftlichen Verhältnisse der Eltern abgelehnt. Jedes schulfähige Kind, ob hochbegabt oder lernschwierig, ist an der Waldorfschule ebenso willkommen wie Quereinsteiger aus anderen Schulformen.

Die Waldorfschule ist eine von Eltern getragene Schulform, in der die Eltern in vielfältiger Form mitarbeiten. So wird die Schule zu einem gemeinsamen Lern- und Begegnungsfeld von Eltern, Lehrern und Schülern.

Martin Ganzkow

Außenansicht der Freien Waldorfschule im Hildesheimer Stadtteil Bockfeld

Ein großzügiges Außengelände mit Schulgarten umgibt die Schule und zahlreiche Nebengebäude.

Das Unterstufenorchester und der Chor bei einer Aufführung

Das Zimmer der Sterne beim Basar

Schulen in Hildesheim

Bildungsvielfalt mit Tradition

Hier gibt es nicht nur mit dem Josephinum eine der ältesten Schulen und mit der Robert-Bosch-Gesamtschule eine der besten Schulen Deutschlands, die Bandbreite der allgemeinbildenden und berufsbildenden Schulen in Hildesheim und Umgebung ist auch sonst riesengroß.

Die Geschichte des heutigen Josephinums beginnt im Jahr 815, als

Der Altbau der Michelsenschule wurde 1878 an der Schützenwiese errichtet und zuletzt 1993 um einen Anbau erweitert. Der Landkreis Hildesheim ist der Träger des Gymnasiums.

Seit 815 ist sie die Schule am Dom: das bischöfliche Gymnasium Josephinum.

Ludwig der Fromme das Bistum Hildesheim gründete. Schon damals soll es am Domstift eine Lateinschule gegeben haben, aus der sich später ein Gymnasium entwickelte, das von Jesuiten geleitet wurde.

Im Jahr 2015 feiert die Traditionsschule – ebenso wie Stadt und Bistum Hildesheim – ihr 1200-jähriges Jubiläum. Bereits ein Jahr vorher, im September 2014, unternahm fast die gesamte Schule eine Reise nach Rom, wo Schüler und Lehrer unter anderem an einer Papstaudienz teilnahmen.

Das Josephinum ist aber nicht die einzige Schule in Hildesheim mit einer langen Tradition. Denn auch die seit dem 13. Jahrhundert in zunehmendem Maße nach Unabhängigkeit strebende Bürgerschaft verfügte seit 1225 mit dem Andreanum über eine eigene Lateinschule am zentral gelegenen Andreasstift. Nach der Reformation wurde die Schule im Jahre 1542 evangelisch.

Noch heute sind die beiden Schulen in Trägerschaft der großen Kirchen: Das Josephinum gehört weiter zum Bistum Hildesheim, das Andreanum seit 1977 als evangelische Privatschule zur hannoverschen Landeskirche. Und das katholische Bistum unterhält sogar noch weitere Schulen in und um Hildesheim: Neben dem Josephinum das Gymnasium Marienschule, die St.-Augustinus-Oberschule und die Albertus-Magnus-Realschule sowie

die staatlich anerkannte Elisabeth-von-Rantzau-Schule als berufsbildende Schule für Sozialwesen.
Aber natürlich gibt es auch etliche staatliche Schulen im Landkreis Hildesheim. Die Stadt Hildesheim ist allein Träger von 18 Grundschulen und betreibt außerdem die Geschwister-Scholl-Hauptschule (Himmelsthür), die Realschulen Renataschule (Ochtersum) und Himmelsthür, die Anne-Frank- und die Didrik-Pinning-Förderschule sowie mit der Scharnhorstschule und der 1858 gegründeten Goetheschule auch zwei Gymnasien. Zudem ist die Stadt Schulträger der Robert-Bosch-Gesamtschule und der 2010 gegründeten Oskar-Schindler-Gesamtschule auf der Marienburger Höhe.
Auch der Landkreis Hildesheim fungiert als Schulträger. Zu ihm gehören das Gymnasium Himmelsthür und die Michelsenschule, außerdem das Fachgymnasium Technik und die berufsbildenden Schulen für Gesundheits- und Sozialberufe (Herman-Nohl-Schule) sowie für Metall- und Elektrotechnik (Werner-von-Siemens-Schule), die Friedrich-List-Schule mit Gymnasialzweig (Wirtschaft) und die Walter-Gropius-Berufsschule.
Daneben gibt es in Hildesheim noch weitere Berufsfachschulen für Altenpflege, Holztechnik und Gestaltung sowie die private Buhmann-Schule, eine Fach- und Fachoberschule für Wirtschaft. In freier Trägerschaft wird in Hildesheim neben der Waldorfschule die Luise-Scheppler-Förderschule der Diakonie Himmelsthür betrieben. Eine weitere Förderschule, die Schule im Bockfeld, wird von einem gemeinsamen Zweckverband des Landkreises und der Stadt geführt.

Das städtische Scharnhorstgymnasium an der Steingrube bietet seinen Schülern Klassen zur freien Wochenarbeitszeitplanung an.

Eine Besonderheit in der Hildesheimer Schullandschaft bildet auch die Michelsenschule, die 1858 von Dr. Konrad Michelsen als »Theoretische Ackerbauschule« gegründet wurde. Seit 1976 ist der Landkreis Hildesheim Träger dieser Traditionsschule. Das Gymnasium bietet neben dem allgemeinen Abitur auch die Möglichkeit der Allgemeinen Hochschulreife mit dem Schwerpunkt Ökotrophologie oder Agrarwirtschaft und als Besonderheit den Besuch der angegliederten ein- oder zweijährigen Fachschule Agrarwirtschaft an.
Die Robert-Bosch-Gesamtschule (RBG) eine Integrierte Gesamtschule mit gymnasialer Oberstufe, bietet als Ganztagsschule alle Abschlüsse im allgemeinbildenden Bereich. Seit 1979 ist diese IGS als UNESCO-Projektschule anerkannt. 2007 war sie Hauptpreisträger des Deutschen Schulpreises.
Aber auch im Hildesheimer Umland gibt es ein breites Schulangebot: Mehrere Real- und Hauptschulen in der Region wurden in den vergangenen Jahren zu Oberschulen zusammengelegt. 2009 gründete der Landkreis Hildesheim in Bad Salzdetfurth eine Integrierte Gesamtschule und in Gronau eine Kooperative Gesamtschule (KGS). Außerdem gibt es Gymnasien in Sarstedt und in Alfeld.
Durch sinkende Schülerzahlen stehen die Schulen in der Region zunehmend in Konkurrenz zueinander. Auf diese Entwicklung und auf den steigenden Bedarf an Betreuung auch am Nachmittag reagieren viele Schulen mit Ganztagsangeboten. Dabei steht immer öfter nicht allein die Beaufsichtigung der Schüler im Vordergrund, sondern ein pädagogisches Angebot, bei dem der Unterricht am Vormittag und das pädagogische Programm am Nachmittag miteinander verzahnt werden.

Sebastian Knoppik

Am Berghölzchen liegt die denkmalgeschützte Grundschule Moritzberg – besser bekannt als Gelbe Schule.

Handwerkskammer Hildesheim-Südniedersachsen

Dem Handwerk in der Region verpflichtet

Die Handwerkskammer Hildesheim-Südniedersachsen ist mit ihren Berufsbildungszentren Hildesheim-Göttingen das Schwergewicht unter den Bildungsträgern für das heimische Handwerk.

Das Handwerk ist wie kaum ein anderer Wirtschaftsbereich gleichzeitig der Tradition sowie der Innovation verpflichtet. Die Mitgliedsbetriebe und ihre Mitarbeiter stehen für Werte, die seit vielen Jahrhunderten das Gerüst für eine starke Gemeinschaft bilden. Die Dienstleistungen des Handwerks bilden heute wie damals das Grundgerüst der Wirtschaftskraft der Region und sind Basis für das Zusammenleben seiner Bürger und dafür, dass sie sich wohlfühlen.

Hildesheim ist einer der sechs Standorte in Niedersachsen, die Sitz einer Handwerkskammer sind.

Am 5. April 1900 fand die erste konstituierende Sitzung der Handwerkskammer des Bezirks Hildesheim statt. Anfänglich nutzte die Kammer noch den Gildesaal des Knochenhaueramtshauses für ihre Vollversammlung und bezog 1932 das Gebäude in der Braunschweiger Straße, wo sich auch noch heute die Geschäftsstelle befindet.

Mehr als ein Jahrhundert später genießt die Handwerkskammer Hildesheim-Südniedersachsen einen guten Ruf als moderne Mitgliederorganisation – und das weit über ihren Bezirk hinaus. Sie vertritt die Interessen von Handwerks- und handwerksähnlichen Betrieben sowie der dort beschäftigen Arbeitnehmer und Auszubildenden in den fünf Landkreisen Göttingen (2181 Betriebe), Hildesheim (2779), Holzminden (759), Northeim (1501) und Osterode (801). Im Jahr 2014 waren 8000 Betriebe mit rund 44 000 Beschäftigten in der Handwerks- und Lehrlingsrolle der Handwerkskammer verzeichnet, davon rund 5557 Meisterbetriebe. All diese Betriebe stehen für einen Umsatz von 4,3 Milliarden Euro im Jahr 2014.

Als Selbstverwaltungseinrichtung ist die Handwerkskammer verantwortlich für die wirtschaftliche, politische und gesellschaftliche Entwicklung vor Ort. Dabei sieht sich das Handwerk in Südniedersachsen großen Herausforderungen gegenüber. Der Fachkräftemangel im Zuge des demografischen Wandels ist nur eine davon. Die Handwerkskammer hat per Bundesgesetz die Aufgabe erhalten, konkrete Vorschläge zur Förderung der Betriebe zu machen sowie Gutachten einzubringen, die als Vorlage für Gesetzesinitiativen dienen können.

Das gesetzliche Gerüst der Kammer ist die Handwerksordnung, in der über 150 Berufe erfasst sind. Der Kammer obliegt die Führung der Handwerksrolle, die als Berufsregister alle meisterpflichtigen und handwerksähnlichen Betriebe des Bezirks sowie die dazugehörigen Betriebsinhaber erfasst. In der Lehrlingsrolle führt sie darüber hinaus das Register aller Berufsausbildungsverträge zwischen den Mitgliedsbetrieben und den Auszubildenden.

Ein Schwerpunkt der Handwerkskammer liegt auf der Aus-, Fort- und Weiterbildung in den Berufsbildungszentren Hildesheim-Göttingen. Dazu gehört neben der gezielten Ausbildung auch die Durchführung von Gesellen- und Meisterprüfungen, die dank der über 1100 engagierten ehrenamtlichen

Fachgerechte Verarbeitung von Fleischerzeugnissen, die Vertrauen schafft: Meisteranwärter im Fleischer-Handwerk.

Die Elektromobilität ist eine der großen Innovationen im KFZ-Handwerk und wichtiger Bestandteil der handwerklichen Bildung.

Der aus der Ferne sichtbare BBZ-Tower des Internats im Stadtteil Bavenstedt

Mitglieder in den verschiedenen Prüfungsausschüssen sichergestellt wird. Die technisch modern ausgestatteten Lehrwerkstätten an den beiden Standorten Hildesheim und Göttingen sind die Kompetenzzentren der Handwerkskammer. Hieraus ergibt sich die Aufgabe der Bereitstellung von qualifiziertem Lehrpersonal. Die erfahrenen und engagierten Fachkräfte sind hoch motiviert, ihre Passion und ihr Know-how für den Beruf weiterzugeben.

Aus insgesamt 20 verschiedenen Handwerksberufen frequentieren jährlich etwa 10 000 Teilnehmer die Berufsbildungszentren, darunter befinden sich 560 Meisterschüler, die in unterschiedlicher Kombination die Teile I & II und die Teile III & IV besuchen. Ein wichtiger Bestandteil der Ausbildung ist die Überbetriebliche Lehrlingsunterweisung (ÜLU), die als Grundgerüst des Dualen Systems die Lehre im Betrieb komplettiert. Jährlich befinden sich über 6000 junge Menschen in diesen Maßnahmen, von denen viele im hauseigenen Internat ein zweites Zuhause auf Zeit finden. Auch sozial benachteiligte Jugendliche oder solche, die beim Heranwachsen den Anschluss an die reguläre Schullaufbahn verloren haben, werden gezielt gefördert, ausgebildet und erfolgreich in den ersten Arbeitsmarkt integriert.

Die Handwerkskammer nimmt das Begriffspaar Karriere und Handwerk sehr ernst. In eigens konzipierten Plakat-Kampagnen, der großen Meisterfeier, diversen Werbemitteln und der Gründung eines eigenen Netzwerkes, weist sie mit Nachdruck auf die gesellschaftliche Bedeutung des Handwerks und zeigt die Möglichkeiten zur Verwirklichung vielfältiger Karrieremodelle im Handwerk auf.

Neuerdings bietet die Handwerkskammer den Handwerksmeistern, die in den Berufsbildungszentren Hildesheim-Göttingen ihren Meistertitel erworben haben, die Mitgliedschaft in einem exklusiven Netzwerk an. Das Meister-Netzwerk dient dem ungezwungenen Austausch von Fachlichem und Persönlichem sowie dem langfristigen Aufbau von gewerkübergreifenden Beziehungen der Meister aller Jahrgänge aus den Berufsbildungszentren. Fachvorträge mit exklusiven Rednern vervollständigen das Angebot.

Für die optimale Vernetzung im 21. Jahrhundert arbeitet das neu strukturierte Team Kommunikation und Karriereberatung an modernen Lösungen, um die Kunden mit Bildungsangeboten der Aus-, Fort- und Weiterbildung noch effizienter erreichen zu können. Zu diesen Maßnahmen gehören u.a. der Aufbau einer neuen Online-Vertriebsseite, zielgruppengerechte Werbemittel und Printprodukte sowie jugendgerechte Ansprache und Angebote über Facebook. Zudem stehen allen Interessenten kompetente Karriereberater zur Seite, die – von kleinen Fortbildungen im Schweißen bis hin zum Betriebswirt nach HwO – perfekt abgestimmte und individuelle Ausbildungsfahrpläne erstellen.

Die Mitarbeiter der Handwerkskammer freuen sich darauf Sie kennenzulernen!

Immer wieder Vorreiter für neue Trends: Die Salons der Friseure in den Berufsbildungszentren.

Beitrag von:
Handwerkskammer
Hildesheim-Südniedersachsen
Braunschweiger Straße 53
31134 Hildesheim
Tel. (0 51 21) 162-0
Fax (0 51 21) 703-432

Bei den Zimmerern im Fachbereich Bau, Farbe, Holz: Innovation trifft traditionelle Verarbeitungstechniken.

In den Berufsbildungszentren werden innovative Schweißtechniken von erfahrenen Meistern geschult.

Nach der Arbeit kommt der Spaß: Die Berufsbildungszentren Hildesheim-Göttingen bieten den Lehrgangsteilnehmern zahlreiche Freizeitaktivitäten.

Die HAWK in Hildesheim

Familiengerechte und regional gut verankerte Hochschule

Heute bietet die HAWK an ihren drei Standorten Hildesheim, Holzminden und Göttingen insgesamt 20 Bachelor- und 14 Masterstudiengänge in sechs Fakultäten an. Insgesamt sind rund 5500 Studierende eingeschrieben, knapp 3000 davon am Standort Hildesheim, dem Sitz des Präsidiums und der Zentralen Verwaltung.
Die HAWK wurde 1971 als Fachhochschule Hildesheim gegründet und schon kurz darauf in Fachhochschule Hildesheim/Holzminden umbenannt. Hervorgegangen ist sie aus der

- Höheren Fachschule für Sozialpädagogik Hildesheim,
- der Werkkunstschule Hildesheim,
- den Staatlichen Ingenieurakademien Hildesheim/Holzminden
- der Königlichen Baugewerkschule Hildesheim (gegründet 1900),
- der Herzöglichen Baugewerkschule zu Holzminden (gegründet 1831) und

1974 entsteht der Fachbereich Forstwirtschaft, heute Fakultät Ressourcenmanagement in Göttingen. 1990 folgt ebenfalls in Göttingen der Fachbereich Physik-, Mess- und Feinwerktechnik, die heutige Fakultät Naturwissenschaften und Technik.
Die Hochschule heißt seit 2000 Fachhochschule Hildesheim/Holzminden/Göttingen.
Ab dem Jahr 2003 tritt die Fachhochschule mit dem Namenszusatz HAWK – Hochschule für angewandte Wissenschaft und Kunst an die Öffentlichkeit. Seit 2003 ist die HAWK Familiengerechte Hochschule, eine der ersten vier in der Bundesrepublik.
Im Zuge des Hochschuloptimierungskonzeptes der Landesregierung wird 2003 der Wechsel der damaligen Hildesheimer Fakultät Wirtschaft an die Fachhochschule Hannover beschlossen.
2009 haben die letzten Studierenden ihre Abschlussurkunden von der HAWK bekommen.
2009 entsteht die Holzmindener Fakultät Management, Soziale Arbeit, Bauen aus den bisherigen Teilfakultäten Bauwesen und Soziale Arbeit und Gesundheit, die in diesem Zuge von den Hildesheimer Pendants abgekoppelt werden.
2014 kann die HAWK den neuen Campus Weinberg in Hildesheim – das ehemalige Klinikum – beziehen. Damit konzentriert sich der Lehrbetrieb stadtnah auf die Bereiche Hohnsen und Weinberg, die nur wenige Schritte nebeneinander liegen. Auf den neuen Campus ziehen die Fakultät Gestaltung und Teile der Fakultät Bauen und Erhalten.

Kinderbetreuung in der hochschuleigenen Modellkrippe

Praktische Werkstattübungen als feste Bestandteile vieler Studiengänge

Zentrale Erstsemesterbegrüßung am Standort Hildesheim

Hochschulparty – auch das gehört zum Studierendenleben.

Die Wurzeln der HAWK in Hildesheim: Fakultät Bauen und Erhalten

1899 gestattete der König von Preußen in vertraglicher Absprache mit der Stadt die Einrichtung einer »Königlichen Baugewerkschule zu Hildesheim«. In ihrem Schulgebäude sind ab 1971 die Fachbereiche Architektur und Bauingenieurwesen zu Hause. Die Dienstwohnung des königlich-preußischen Schuldirektors ist fast drei Jahrzehnte lang Sitz der Hochschulleitung. Heute ist dort ein Teil der Verwaltung untergebracht. Die heutige Fakultät Bauen und Erhalten ist das Dach für die Studiengänge Architektur, Bauingenieurwesen und Holzingenieurwesen. Außerdem gehören die Restaurierungsstudiengänge Konservierung und Restaurierung sowie Konservierungs- und Restaurierungswissenschaften inzwischen zur Fakultät Bauen und Erhalten. Der Bereich Konservierung und Restaurierung war 1987 als in Norddeutschland einzigartiges Angebot gegründet worden.

Die Wurzeln der HAWK in Hildesheim – Fakultät Gestaltung

Die HAWK-Fakultät Gestaltung kann in ihrer Geschichte auf das Jahr 1831 zurückblicken, in dem die »Real-Schule für Gewerbetreibende

HAWK Stadtcampus auf dem Hildesheimer Marktplatz

Tag der offenen Tür im Bereich Konservierung und Restaurierung

und Künstler« zur Weiterbildung aller Gesellen in Hildesheim gegründet wurde. Sie war das Fundament für einen neuen Schultyp, die so genannte Nachfolgeschule. Aus dieser Realschule entstanden schließlich die Kunstgewerbeschule und in der Folge die Werkkunstschule in Hildesheim, die 1971 zum Teil der Fachhochschule wurde. Begonnen wurde die Lehre mit den beiden Fachbereichen Kommunikationsgestaltung und Produktgestaltung. Ende der 1990er Jahre entschlossen sich beide Fachbereiche zu einem zu fusionieren. Heute bietet die Fakultät Gestaltung den Bachelor-Studiengang Gestaltung mit zehn Fachrichtungen und den Master-Studiengang Gestaltung an.

Die Wurzeln der HAWK in Hildesheim – Fakultät Soziale Arbeit und Gesundheit

Mit Gründung der Fachhochschule 1971 nahm der Fachbereich Sozialpädagogik mit dem Diplom-Studiengang Soziale Arbeit (Sozialarbeit/Sozialpädagogik) seine Tätigkeit auf – zunächst provisorisch mit einem Standort in Hildesheim-Ochtersum. Entstanden ist daraus die heutige Fakultät Soziale Arbeit und Gesundheit mit den Studiengängen Bildung und Erziehung, Soziale Arbeit (Bachelor und Master), Ergotherapie/Logopädie/Physiotherapie (Bachelor und Master) sowie Bildungsmanagement in den Gesundheitsberufen Ergotherapie/Logopädie/Physiotherapie.

Beitrag von:
HAWK Hochschule
Hildesheim/Holzminden/Göttingen
Stabsabteilung Marketing
Hohnsen 4
31134 Hildesheim
Tel. (0 51 21) 88 10
www.hawk-hhg.de

Individuelle Beratung und Betreuung vor, während und nach dem Studium

Praktisches Ausprobieren im Bereich Metallgestaltung

Gebäude Goschentor 1 in Hildesheim

Naturnah studieren im Bereich Arboristik

Ingenieurstudiengänge am Standort Göttingen

HAWK Papierbootrennen im Wasserparadies Hildesheim

Infostand auf dem Campus Weinberg

Druckwerkstatt in der Fakultät Gestaltung

Stiftung Universität Hildesheim

Praxisnahe Lehre und Forschung

Hauptcampus der Universität Hildesheim – noch ohne den Neubau. Die Uni ist als Stiftungshochschule verantwortlich für das Baumanagement und ein »Vorzeigebeispiel für andere Hochschulen«, so die Wissenschaftsministerin.

Der Bühler-Campus an der Lübecker Straße: Sprach- und Informationswissenschaften

Die Universität Hildesheim hat Forschungs- und Lehrschwerpunkte in den Erziehungs- und Sozialwissenschaften, Kulturwissenschaften, Sprach- und Informationswissenschaften sowie in Mathematik, Naturwissenschaften, Wirtschaft und Informatik.

Ein Merkmal der Hildesheimer Studiengänge ist die enge Verbindung von Praxis und Theorie, etwa in der Lehrerausbildung. Das hat Tradition, die Universität geht aus der 1946 errichteten Pädagogischen Hochschule in Alfeld hervor. Lehramtsstudierende verbringen das erste Studienjahr mittwochs im Hörsaal – und freitags im Klassenzimmer, das ist bundesweit besonders. In den »Schulpraktischen Studien« beobachten die Studierenden in einer Kleingruppe im ersten Studienjahr einmal in der Woche Unterricht. Die Studierenden erhalten früh echte Einblicke in die Schulrealität, können die Berufswahl überprüfen und reflektieren. Weitere Praxisphasen folgen im Verlauf des Studiums in mehreren Schulformen. Im Projekt »Männer und Grundschullehramt« möchte die Hochschule – als erste in Niedersachsen – in Zusammenarbeit mit Lehramtsstudenten mehr Männer für den Lehrerberuf interessieren. Die Uni arbeitet mit 250 Partnerschulen in der Region zusammen und bildet mit 2600 Personen einen Großteil der Grund-, Haupt- und Realschullehrer in Niedersachsen aus.

Zusammen leben und lernen – am Zentrum für Bildungsintegration befassen sich Wissenschaftler mit Demokratie und Diversität in Migrationsgesellschaften. Mit 2,85 Millionen Euro unterstützt das Niedersächsische Wissenschaftsministerium das Forschungsgebiet. Professuren für Interkulturelle Kommunikation, Deutsch als Zweitsprache, Diversity Education und Migrationspolitik wurden eingerichtet und Fächer wie Sport und Musik in die Planung einbezogen. Forscher möchten einen Beitrag zum Abbau von Bildungsungleichheit leisten. Arbeitsschwerpunkte liegen in den Bereichen Diversität an Hochschulen, historisch-politische Bildung in der Migrationsgesellschaft, Bildungsteilhabe von Minderheiten und Flüchtlingen, Mehrsprachigkeit, Migration in Schulbüchern sowie Teilhabe durch Musik und Sport. Universitätspräsident Prof. Dr. Wolfgang-Uwe Friedrich weist auf das Leitbild hin, dort heißt es: »Unser Land ist seit Jahrzehnten auch durch Immigration geprägt. Wir wollen konsequent dazu beitragen, die Bildungschancen von Menschen aus Einwanderungsfamilien weiter zu entwickeln, um ihre Integration zu fördern. Gleichzeitig erkennen wir ihre vielfältigen Erfahrungen an.« Migration nicht länger nur aus einer Problem- und Defizitperspektive betrachten, sondern die Ressourcen in den Blick nehmen – das ist ein Ziel der Wissenschaftler der Hildesheimer Universität. Dabei setzen sie auch in der Lehrerausbildung an, Studierende begleiten Jugendliche mit unterschiedlichen Herkunftssprachen über ein Jahr in einer Kleingruppe und besuchen die Familien. Ziel ist, die schulische Situation von Erst- bis Zehntklässlern in der Region Hildesheim zu verbessern, gleichzeitig entwickeln die Studierenden ihre diagnostischen und interkulturellen Fähigkeiten weiter.

Sprachwissenschaftler erforschen, wie Kinder mehrsprachig in Kita, Grundschule und Familie aufwachsen. Sozialpädagogen untersuchen in Hildesheim zum Beispiel Bildungswege von Jugendlichen, die im Heim oder einer Pflegefamilie aufwachsen. Dabei verfolgen sie auch den Übergang in Hochschulen. Insgesamt zählt die Universität 7100 Studierende – doppelt so viele wie noch zu Beginn des Jahrtausends. 1100 davon studieren auf dem Kulturcampus Domäne Marienburg. Der Studiengang »Kul-

Mittwochs im Hörsaal, freitags im Klassenzimmer: Lehramtsstudent Ali Ünlü während der Schulpraktischen Studien in einer Hildesheimer Grundschule. Ein Jahr beobachtet er die Entwicklung der Zweitklässler.

turwissenschaften und ästhetische Praxis« ist der älteste Studiengang in Deutschland, der seit 1978 für kulturwissenschaftliche, künstlerische und kulturvermittelnde Berufe qualifiziert. Absolventen schätzen die Verbindung von Theorie und künstlerischer Praxis und sind in Theaterhäusern und Verlagen, in Schulen, in Funk- und Fernsehanstalten, in der Kulturverwaltung und Kulturellen Bildung tätig.

Auf dem mittelalterlichen Burggelände tickt die Zeit anders: In Projektsemestern produzieren Studierende und Lehrende abseits des üblichen 90-Minuten-Takts gemeinsam Theater, Medien und Film, Philosophie, Musik und bildende Kunst, in Hildesheim entsteht die Literaturzeitschrift »Bella«.

IT-Studierende lernen in Hildesheim zum Beispiel, Informationssysteme zu entwickeln und große Informationsmengen in Unternehmen zu managen. Im Bereich »Angewandte Informatik« können sie sich auf Programmierung, Datenbanken, Softwaretechnik und Künstliche Intelligenz spezialisieren. Durch Schnuppertage und in Zusammenarbeit mit Schulen und Partnerunternehmen versuchen Wissenschaftler mehr junge Frauen für ein IT-Studium zu interessieren. Im Arbeitskreis IT arbeitet die Uni mit 30 Partnerunternehmen zusammen. Im Wintersemester 2014/15 waren im Studiengang »Informationsmanagement und Informationstechnologie« erstmals 50 Prozent der Studierenden weiblich, vor zehn Jahren lag die Zahl noch bei rund 25 %.

Im Medientextlabor der Universität lernen Studierende, Filme zu untertiteln und Medien zu übersetzen. Sie bereiten Internetseiten barrierefrei auf. Studiengänge wie Internationale Kommunikation und Übersetzen und Double Degree Programme in den Bereichen Kulturvermittlung (Frankreich), Erziehungswissenschaften (Russland) und Informationswissenschaft und Informationstechnologie (Südkorea) tragen zum internationalen Profil bei. Die Universität Hildesheim kooperiert mit mehr als 250 Hochschulen in 52 Ländern und wurde von der EU für ihre Erasmus-Erfolgsgeschichte im Studierendenaustausch ausgezeichnet. Durch eine ICE-Anbindung sind Großstädte wie Berlin schnell zu erreichen.

Die Stiftung Universität Hildesheim ist eine der ersten Stiftungsuniversitäten Deutschlands. Die Universität vergibt Stipendien an besonders leistungsstarke oder besonders engagierte Studierende.

Der Neubau der Stiftung Universität Hildesheim: Erstmals hat Hildesheim nun auch einen Universitätsplatz, auf dem Bürger und Studierende zusammenkommen.

Medientextlabor der Uni Hildesheim: Hier lernen angehende Medienübersetzer Internetseiten barrierefrei aufzubereiten und untertiteln Filme.

Studierende in der Vorlesung »Grundfragen der Literaturwissenschaft« von Professor Toni Tholen im Wintersemester 2014/15

Beitrag von: Universität Hildesheim · Universitätsplatz 1 · 31141 Hildesheim
Tel. (0 51 21) 8 83-0 · www.uni-hildesheim.de
www.center-for-world-music.de
Studierende beraten Studieninteressierte und zeigen den Campus:
www.uni-hildesheim.de/ankerpeers

Center for World Music

Klänge können trennen – oder verbinden

Instrumente aus allen Teilen der Welt: Das Center for World Music zeigt über 3000 Originalinstrumente, ein besonderer Hörsaal für Musik- und Lehramtsstudenten.

Ein Doktorandennetzwerk entsteht in Hildesheim um den Musikethnologen Professor Raimund Vogels (Mitte).

In Wohnzimmern, Stadtteilen und Schulen gibt es mehr Klänge als Klavier, Gitarre und Flöte. Doch Rhythmen und Tonalitäten, die Baglama, Balalaika und Mbira erzeugen, werden kaum wahrgenommen. Musik kann Menschen aus unterschiedlichen Ländern trennen – oder verbinden. Wie sie die musikalische Vielfalt in ihrer Arbeit in Schulen, Kitas, Stadtteilen und Jugendzentren aufgreifen können, lernen Berufstätige an der Hildesheimer Universität.

Der Hörsaal am Center for World Music ist ungewöhnlich – ein ehemaliger Kirchenraum mit etwa 3000 Musikinstrumenten aus allen Erdteilen. Eine wenige Millimeter kleine Hundepfeife aus England liegt nahe der tibetischen Langtrompete, die mit 4,85 Metern das größte Instrument der Sammlung von Rolf Irle ist. »Wir gehen jetzt nicht mehr in die Kirche, sondern in eure Konzerte«, sagen Nachbarn. An einem Tag erklingt arabische Liebesdichtung von Mustafa Said. Zum 100. Jahrestag der ersten Tonaufnahmen iranischer Sängerinnen spielten Musikerinnen aus Teheran ein Stück von 1912 erstmals in Deutschland. An anderen Tagen sprechen junge Forscher aus Nigeria und Usbekistan über ihre Arbeit, jüdische Popularmusik der »New Budapest Orpheum Society« ertönt. Die Atmosphäre ist familiär, man kommt ins Gespräch mit den Künstlern, das Publikum sitzt zwischen den Instrumenten.

Der Musikethnologe Rolf Irle hat in über 50 Jahren etwa 3000 Instrumente aus aller Welt gesammelt. Er führt themenspezifisch jeden ersten Sonntag im Monat Besucher – ob 3 Jahre oder 83 – kostenfrei durch die umfangreiche Ausstellung.

Die ehemalige Timotheus-Kirche in der Schillstraße beherbergt nicht nur die umfangreiche Sammlung an Instrumenten, Tonträgern und Schriftstücken, sondern bietet auch die ideale Räumlichkeit für Lehrveranstaltungen, Workshops und Konzerte.

Eine der größten privaten Sammlungen außereuropäischer Instrumente kommt in der Erzieher- und Lehrerausbildung zum Einsatz: In dem berufsbegleitenden Studienprogramm »musik.welt«, das Musikethnologen mit der Stiftung Niedersachsen entwickelt haben, oder in Führungen für Schulklassen und Kindergärten, in Konzerten. Einmal im Monat führt der Sammler Rolf Irle selbst durch die Welt der Töne.

»Musik ist eine emotionale Kraft – sie kann Verständigung fördern aber auch trennend wirken und wird in Konflikten eingesetzt. Musik läuft nicht nur nebenher«, sagt Professor Raimund Vogels. Nur fünf Professuren für Musikethnologie gibt es in Deutschland. Im Hildesheimer Forschungszentrum treffen Objekte auf Töne, das ist bundesweit besonders. Die Musikethnologen digitalisieren Musikarchive in Sierra Leone, Malawi, Ghana und Ägypten. Die Forscher erfassen derzeit Klänge aus dem »Music of Man Archive« – sie katalogisieren über 45 000 Tonträger seit 1950, das ist aufwendig, Platten werden in Echtzeit abgespielt. Doktoranden der Universität Hildesheim sind regelmäßig in Teheran. Mit Partnern vor Ort und unterstützt vom Auswärtigen Amt digitalisieren sie 100 Jahre iranische Musikgeschichte, darunter die ersten Aufnahmen iranischer Sängerinnen, Radiomitschnitte und Politikerreden seit 1950, iranischer Tango, klassische wie auch Unterhaltungsmusik seit 1906. Die Klänge sind künftig weltweit recherchierbar und Forschern in Hildesheim zugänglich.

Konzerte und Veranstaltungen:
www.center-for-world-music.de/

Schulgeschichten aus aller Welt

Schulmuseum mit historischem Schulzimmer und digitalem Bildarchiv

Max Engelking, Lehramtsstudent an der Uni Hildesheim (im Bild mit Malte Ewert) mit einem von vielen Anschauungsobjekten, die im Schulmuseum zu sehen sind.

Eintritt in eine andere Zeit – Malte Ewert auf dem Weg zu einem seiner Lieblingsstücke: Eine Fingerrechenmaschine von 1929. Der 76-jährige ehemalige Realschullehrer ist seit Gründung des Schulmuseums dabei. Er ist einer von etwa 30 Ehrenamtlichen, die regelmäßige Öffnungszeiten und Führungen ermöglichen. »Wir wecken Erinnerungen an die eigene Schulzeit«, sagt Ewert in einem Raum voller Schulbänke von Schulen aus Niedersachsen.

Ein kleiner Klassenraum zeigt Variationen von Schulbänken, die meist von örtlichen Tischlern gebaut wurden und aus ganz Niedersachsen zusammengetragen worden sind.

Schulalltag weltweit: Eintrag in ein Poesiealbum in ukrainischer und russischer Sprache

Schreiner aus dem jeweiligen Dorf fertigten die Bänke an, daher die unterschiedlichen Bauarten.

Entdecken – im Schulmuseum der Universität Hildesheim erhalten Lehramtsstudierende, Kinder, Jugendliche und ihre Familien Einblicke in Schule weltweit und im Wandel der Zeit. »In der Begegnung mit Geschichte erfährt man, welche Veränderung Schule erlebt. Die Modernität ist in unserem Museum zu greifen, jede Zeit hat ihre Schule«, sagt der emeritierte Hildesheimer Universitätsprofessor Rudolf Keck, der das Museum 2003 gründete. Damals wurden massenhaft Dorfschulen aufgelöst. Neben Gegenständen und Textdokumenten gehört ein Bildarchiv mit etwa 70 000 Bilddokumenten zum Museum, dessen Bilder bis auf das Jahr 1450 zurückgehen. Hildesheimer Erziehungswissenschaftler haben online ein Bildarchiv zur Bildungsgeschichte im DFG-Projekt »Pictura Paedagogica Online« aufgebaut, in Zusammenarbeit mit der Bibliothek für Bildungsgeschichtliche Forschung. »Forschungsanfragen aus ganz Deutschland erreichen uns. Schulen aus anderen Städten wollen wir den Zugang besser ermöglichen, etwa über ein virtuelles Klassenzimmer.«, sagt Hartmut Schröder.

Wie läuft Schule an anderen Orten der Welt ab? An was erinnern sich Menschen, die heute in Deutschland leben, aber ihre Schulzeit in der Türkei, Kasachstan, Afghanistan, Finnland oder Namibia verbracht haben? Im Schulmuseum kann man Schulvergangenheiten anhand von Interviews, Bildmaterial und Lernmitteln erkunden. »Die eigenen Schulerfahrungen bieten Anknüpfungspunkte, um miteinander ins Gespräch zu kommen über Schule damals und heute sowie über Schulalltag in Deutschland im Vergleich zu anderen Ländern«, sagt Sabine Kirk. Zum 1200-jährigen Jubiläum der Stadt Hildesheim entwickeln die Wissenschaftler gemeinsam mit Lehramtsstudenten eine Ausstellung über niedersächsische und lokale Schulgeschichte.

Auf dem Kulturcampus Domäne Marienburg befindet sich das im Jahre 2003 gegründete Schulmuseum der Stiftung Universität Hildesheim. Ob kreatives Schreiben, Szenische Künste oder Kulturvermittlung: Mehr als 1000 Kulturschaffende aus dem deutschsprachigen Raum studieren auf der Burganlage, deren älteste Gebäudeteile auf das Jahr 1346 zurückgehen.

Das Schulmuseum hat seinen Sitz auf dem Kulturcampus der Uni Hildesheim. In Hildesheim lehren die bundesweit ersten Professoren für Kulturpolitik, Kulturelle Bildung und Populäre Kultur. Am UNESCO-Lehrstuhl untersuchen Kulturpolitik-Forscher mit internationalen Partnern die Rolle von Künstlern in politischen Umbrüchen im Mittelmeerraum, im südlichen Afrika und Nordafrika. Der Studiengang »Kulturwissenschaften und ästhetische Praxis« ist der älteste und größte Studiengang in Deutschland, der seit über 20 Jahren für kulturwissenschaftliche, künstlerische und kulturvermittelnde Berufe qualifiziert.

www.uni-hildesheim.de/schulmuseum

Das Motiv der schönen Michaeliskirche zierte bereits Briefmarken und sogar eine deutsche 2-Euro-Gedenkmünze.

Region Hildesheim – historisch, vielfältig, natürlich

Kooperationspartner rücken Region Hildesheim als Reiseziel und Lebensraum in den Blickpunkt

Der Landkreis Hildesheim verspricht viel Abwechslung: Berge und Flusslandschaften, historische Kleinstädte oder zahlreiche kulturelle Highlights. Um diese touristischen Qualitäten der Region Hildesheim weiterzuentwickeln, sind eine enge Vernetzung der Partner in der Region, eine Bündelung der Angebote von Stadt und Landkreis Hildesheim sowie deren gemeinschaftliche Vermarktung von hoher Bedeutung. Dieses Ziel verfolgt die Wirtschaftsförderungsgesellschaft Hildesheim Region (HI-REG) mbH durch eine enge Kooperation mit der Hildesheim Marketing GmbH und dem Landkreis Hildesheim. Im Fokus stehen dabei die Darstellung der Region auf Tourismusmessen, die Entwicklung von touristischen Angeboten und die Umsetzung von radtouristischen Maßnahmen. Darüber hinaus nehmen die touristischen Angebote eine immer stärkere Präsenz in den Printmedien ein, die die HI-REG und Hildesheim Marketing gemeinsam realisieren. Im jährlich erscheinenden Urlaubsmagazin wird umfassend über die Sehenswürdigkeiten und Freizeitmöglichkeiten in der Region informiert. Zudem werden die touristischen Inhalte von Stadt und Landkreis Hildesheim gemeinsam auf der Website www.hildesheim.de präsentiert.

Zu den touristischen Höhepunkten in der Region gehören z. B. die beiden grundsanierten Hildesheimer Kirchen Dom und St. Michaelis sowie das Fagus-Werk in Alfeld – zwei von insgesamt vier UNESCO-Welterbestätten in Niedersachsen. Diese Konzentration von Welterbestätten ist bemerkenswert. Weitere

Der kürzlich renovierte Hildesheimer Dom und seine Kunstschätze gehören seit 1985 gemeinsam mit der Michaeliskirche zum Weltkulturerbe der UNESCO.

Die vielfältigen Radrouten in der Region, wie hier in Bad Salzdetfurth, versprechen Spaß für die ganze Familie.

Besonderheiten sind zahlreiche Burgen und Schlösser. Hervorzuheben sind dabei das Schloss Derneburg (Gemeinde Holle) mit seinem ungewöhnlichen Pagodendach sowie das zwischen Elze und Nordstemmen gelegene und schon von weitem sichtbare Schloss Marienburg sowie die Burgkirche der ehemaligen Wittenburg.

Die Region, die mehr als 280 000 Einwohner zählt, bietet für Gäste und Bewohner gleichermaßen auch zahlreiche unterschiedliche Wohn-, Freizeit- und Bildungsmöglichkeiten. Ein abwechslungsreiches Kulturangebot, drei Hochschulen und viele verschiedene Schulformen runden die Attraktivität der Region ab. Für die Naherholung oder eine aktive Freizeitgestaltung gibt es unterschiedliche Wanderwege, wie der als Qualitätsweg ausgezeichnete »Ith-Hils-Weg«, weitläufige Parks und zahlreiche Sportmöglichkeiten.

Insbesondere für Radtouristen hat der Landkreis Hildesheim einiges zu bieten: Idyllische Flussläufe von Innerste und Leine oder Höhenzüge wie Ith und Külf sorgen für abwechslungsreiche Radausflüge. Kulturinteressierte, Ruhesuchende, Sportler oder Familien mit Kindern – so unterschiedlich die Ansprüche, so vielfältig sind die Radrouten in der Region Hildesheim. Vom Fern- über Themenradweg bis hin zu Strecken für Mountainbiker findet jeder auf den insgesamt 430 Kilometern mit gut beschilderten und ausgebauten Routen eine geeignete Strecke.

Der 45 Kilometer lange Hi-Ring zum Beispiel verläuft vor den Toren Hildesheims und ermöglicht tolle Ausblicke auf die Stadt und ihre Umgebung. Der Innerste-Radweg hingegen führt überwiegend entlang des Flusses und die Radfahrer erleben auf der Route einen landschaftlichen Querschnitt vom Mittelgebirge über das Gebirgsvorland bis hin zu ebenen Flusslandschaften. Der Themenweg Radweg-zur-Kunst wiederum verläuft von Sarstedt über Hildesheim bis nach Bad Gandersheim auf fünf Teilstrecken: Wasser-Kunst-Weg, Romanik-Weg, Kontakt-Kunst-Weg, Kunst-beWEGt und Skulpturenweg – für Kunst- und Kulturinteressierte gibt es auf dieser Tour viele sehenswerte Stationen. Der Leine-Heide-Radweg verbindet die Mittelgebirgslandschaft des Leineberglandes mit der Hansestadt Hamburg. Der etwa 55 Kilometer lange Abschnitt des Fernradweges durch die Region Hildesheim bietet herrliche Ausblicke ins Leinetal, wunderschöne Fachwerkstädte und zahlreiche Sehenswürdigkeiten entlang der Strecke.

Wer eher Entspannung sucht, für den gibt es Gesundheits- und Wellnessangebote unterschiedlichster Art: sei es beim Schwitzen in der Duinger Pottlandsauna oder beim Schwimmen im Solebad Bad Salzdetfurth. Für Musik- und Kunstfreunde bietet die Region Hildesheim eine große Vielfalt an Museen, Galerien, Theater sowie über die Regionsgrenzen hinaus bekannte Musik- und Kulturevents, wie der »Wittenburger Sommer«, die »Fredener Musiktage« oder der »Lamspringer September«.

Unvergessliche Stunden sind in der Region Hildesheim also garantiert – sei es beim Radfahren oder bei einem Bummel durch die vielen kleinen Fachwerkstädte. Natur, Kultur und Erholung lassen sich hier hervorragend in Einklang bringen.

In Zusammenarbeit von:
Landkreis Hildesheim und
Wirtschaftsförderungsgesellschaft
Hildesheim Region (HI-REG) mbH

UNESCO-Welterbe Fagus-Werk: Lebendes Denkmal zwischen Architektur und Produktion

Weitere Infos:
Hildesheim Marketing
tourist-information
Rathausstraße 20 (Tempelhaus)
31134 Hildesheim
Tel. (0 51 21) 17 98-0

Fagus-GreCon

Bei uns hat Innovation Tradition

Fagus

Wie bereits 1911 begonnen werden im UNESCO Weltkulturerbe nach wie vor Fagus-Schuhleisten produziert. Das Betätigungsfeld erstreckt sich heute auf die Segmente Design und Konstruktion für die Entwicklung von Schuhleisten und Sohlen sowie den Leisten- und den Formenbau. Auf Grundlage der langjährigen Erfahrung zusammen mit modernem Equipment, zeitgerechtem digitalem CAD-CAM Workflow und einem versierten Team interner und externer Partner bietet Fagus die komplette Umsetzung für Schuhprojekte an – von der Idee bis zur Serienproduktion.
Der Fagusgründer Carl Benscheidt befasste sich bereits in den Gründungsjahren zusammen mit seinem Sohn mit Fußgesundheitsthemen. Beide entwickelten daher Schuhleisten, die neben der sich ständig verändernden Mode vor allem eine gute Passform bieten. Früher wurden alle Schuhleistenserien aus Rotbuchenholz (Lat. Fagus sylvatica = Rotbuche) hergestellt. Heute produziert das Unternehmen hauptsächlich Kunststoffleisten mit neuester Technologie. Somit hat sich der Werkstoff innerhalb der letzten 40 Jahre geändert.

GreCon – Produkte aus Alfeld für den Weltmarkt

Fagus-GreCon Greten GmbH & Co. KG ist ein eigentümergeführtes Familienunternehmen mit Stammsitz in Alfeld/Hannover. Der Geschäftsbereich GreCon ist Marktführer bei der Herstellung und Entwicklung von Messtechnik und Brandschutzsystemen für Anwendungen in zahlreichen Industrien wie z.B. der Holzwerkstoffplattenindustrie, der Tabak- oder Lebensmittelindustrie. Der Brand- und Anlagenschutz von Produktionseinrichtungen leistet einen wichtigen Beitrag für eine unterbrechungsfreie Produktion sowie zur Vermeidung von Sach- und Personenschäden. Mit GreCon Funkenlöschanlagen werden Zündinitiale wie z.B. Funken erkannt und automatisch eliminiert, bevor sie großen Schaden anrichten können. Eine Funkenlöschanlage besteht aus einer Zentrale, die den gesamten Sicherungsablauf steuert, den Meldern, die das Zündinitial erkennen und einer Funkenlöscheinrichtung. GreCon-Funkenlöschanlagen sind weltweit in unterschiedlichsten Branchen im Einsatz. Ein weltweites Servicenetz für persönliche Kundenbetreuung mit Kompetenz und Erfahrung gehört seit langen Jahren zu den Stärken dieses Unternehmens.
GreCon ist ebenfalls ein weltweit bedeutender Hersteller und Lieferant von Messgeräten insbesondere für die Holzwerkstoffplattenindustrie. Im Zuge der in die industrielle Spanplattenindustrie einziehenden Automatisierung zu Beginn der 1970er Jahre wurde der Bedarf an prozessbegleitender Inline-Messtechnik erkannt. Eines der ersten Systeme war die Dickenmessung von Spanplatten. Dieser ersten Entwicklung folgen bis heute weitere Inline- und Labormessgeräte. Sie werden inzwischen nicht nur in der Holzwerkstoffplattenproduktion, sondern in zahlreichen platten- oder strangförmigen Produktionsprozessen genutzt. Durch die Bereitstellung exakter Messwerte liefert GreCon wichtige Voraussetzungen für eine effiziente Produktionssteuerung zur Herstellung qualitativ hochwertiger Produkte bei optimiertem Ressourceneinsatz.

Aluformen werden für unterschiedliche Schuhteile (Sohlenformen) produziert.

Modellentwicklung für Schuhleistenformen

Herstellung und Montage von GreCon-Messsystemen für die Holzwerkstoffplattenindustrie

Ausbildungswerkstatt im Bereich der bedeutenden Gropius-Fassade

Weinig Grecon

Im Maschinenbau werden Weinig Grecon Keilzinkenanlagen und Doppelendprofiler hergestellt. Das Keilzinkenverfahren ist als stabilste Methode der Holz-Längsverbindungen anerkannt. Die Weinig Grecon Keilzinkentechnologie ist auf höchste Präzision ausgerichtet. So wird die Restholzaufbereitung und Holzaufwertung durch Keilzinkung einfach und profitabel vorgenommen. Alle Anlagen zeichnen sich durch einen effizienten Fertigungsablauf aus. Durch unterschiedliche Werkzeuge auf allen Maschinen können sowohl Weich- als auch Harthölzer verarbeitet werden. Die Anlagen werden hauptsächlich in der Massivholzverarbeitung eingesetzt unter anderem um Leimholzplatten für den Möbel- und Innenausbau, Treppenbau, Gartenholz, Konstruktions- oder Brettschichtholz herzustellen. Seit vielen Jahrzehnten kommt der Doppelendprofiler (Alleskönner) in der Industrie zum Einsatz, um die verschiedensten Materialien, wie Massivholz, Holzwerkstoffe und Dämmmaterialien in Längs- und Querrichtung zu formatieren und zu profilieren. Hohe Flexibilität in den Bereichen zu bearbeitender Werkstückmaterialien und der Werkstückformgebung machen den Doppelendprofiler zur einem »Arbeitstier«, welches in jeder Holzbearbeitungsbranche, wie Holzhausbau, konstruktive Holzbauprodukte, Fenster, Innenausbau, Fußböden und Dämmstoffplatten zum Einsatz kommen kann.

Im Maschinenbau bei Weinig Grecon werden Keilzinkenanlagen hergestellt.

Beitrag von:
Fagus-GreCon Greten GmbH & Co. KG · Hannoversche Straße 58 · 31061 Alfeld · Tel. (0 51 81) 7 90 · Fax (0 51 81) 7 92 29 · sales@grecon.de · www.grecon.de
UNESCO-Welterbe Fagus-Werk: www.fagus-werk.de

Vereinigte Kreidewerke Dammann KG

Rohstoffe aus einer Hand

Gewässerkalkung

Die Vereinigte Kreidewerke Dammann KG produziert in ihren drei Werken Söhlde, Lägerdorf und auf Rügen Füllstoffe, Grobkreiden und Düngekalke in höchster Qualität. Dabei werden mit modernster Technologie spezielle Produkte hergestellt, die auf unterschiedliche Einsatzbereiche abgestimmt sind.

Um den Kunden in Industrie und Landwirtschaft die benötigten Rohstoffe aus einer Hand anbieten zu können, wird diese Produktpalette durch Handelsprodukte ergänzt: Füllstoffe auf mineralischer Basis, Rohstoffe und Chemikalien. Darüber hinaus unterstützt die Gruppe Dammann ihre Kunden durch anwendungstechnische Beratung beim Einsatz ihrer Produkte bis zur fachgerechten Verarbeitung.

Die Kreidevorkommen entstanden zur Zeit der Dinosaurier vor 70 bis 100 Millionen Jahren. Damals waren weite Teile des heutigen Europas vom Meer bedeckt. In den küstennahen Flachgewässern bildeten sich mächtige Ablagerungen aus Schalen und Skeletten von Kleinstlebewesen. Diese Sedimente haben ihre relativ weiche Struktur erhalten und es entstand ein natürlicher Rohstoff mit vielen Einsatzmöglichkeiten.

Da Kreide sehr feinteilig und leicht zu verteilen ist, gilt sie im industriellen Bereich als idealer Füllstoff. Darüber hinaus eignet sich das hochreaktive Calciumcarbonat der Kreide ganz besonders zur Verwendung als Düngekalk in der Land-, Garten- und Forstwirtschaft sowie im Umweltschutz. Auch für die Tierernährung ist die Kreide ein hervorragender Calciumlieferant. Die Kreide garantiert eine schnelle Umsetzung und wird vom Organismus besonders leicht aufgenommen.

Werk Söhlde

Als Heinrich Dammann 1955 die Leitung des Söhlder Kreidewerkes übernahm, begann eine Erfolgsgeschichte, die damals niemand erahnen konnte. Ein Jahresumsatz von 30 000 DM gehörte schnell der Geschichte an. Heute schreibt die Gruppe Dammann einen Jahresumsatz von 120 Millionen Euro. Auch von 1500 Jahrestonnen Kreide in den 1950er Jahren trennen die Vereinigte Kreidewerke Dammann KG heute Welten: 2,7 Millionen Tonnen Kreideprodukte und andere Rohstoffe und Chemikalien werden hergestellt und gehandelt.

Jedes Werk der Unternehmensgruppe stellt spezielle Qualitäten her. Die Söhlder Kreide wird trocken aufbereitet. Dabei zeichnen sich die produzierten Füllstoffe »Mikrosöhl« durch eine große spezifische Oberfläche aus. Im Bereich der Grobkreide werden Kreidemehle und gekörnte Kreiden mit definierten Kornbändern von herausragender Qualität hergestellt. Düngekalke runden die Produktpalette ab: fein aufgemahlen oder als staubfreies Granulat, wahlweise mit mineralischen Additiven.

In Lägerdorf wird die abgebaute Kreide geschlämmt. Dadurch entsteht

ein sehr feines, weißes Material. Es eignet sich besonders für Kunden, die Füllstoffe mit hohem Weißgrad benötigen. Das sind vor allem Abnehmer aus der Farben- und Lackindustrie sowie der Papierindustrie. Sie werden mit maßgeschneiderten Qualitäten beliefert – trocken oder als Slurry. Ein weiterer Schwerpunkt in Lägerdorf ist die Produktion von granulierten Kreidekalken für vielfältige Spezialanwendungen im Garten- und Landschaftsbau und bei der Kalkung von Gewässern.
Wie im Werk Lägerdorf wird auch im Werk auf Rügen die Kreide nass aufbereitet. Das hochfeine, weiße Material wird besonders in Industrien verwendet, die Rohstoffe mit hoher Teilchenfeinheit und geringer elektrischer Leitfähigkeit benötigen. Darüber hinaus sind die amorphe Struktur und die damit verbundene Reaktivität wegweisende Qualitätsmerkmale für den Einsatz sowohl in vielen Bereichen des Umweltschutzes als auch in der Land- und Forstwirtschaft.
Ausgestattet mit dem Wissen um einschlägige Problemlösungen ist die Gruppe Dammann ein kompetentes Unternehmen für nahezu alle Anwendungsbereiche von Kreideprodukten und angrenzende Geschäftsfelder. Ausreichende Lagerkapazitäten, logistisches Know-how von der Abholung ab Werk bis zum kompletten Lieferservice frei Haus per Bahn, Lkw oder Schiff, verpackt in Säcken, Big-Bags oder lose/flüssig in Silo-Lkws/Tankwagen, trocken oder als Slurry, zeichnen die Gruppe Dammann aus. Ein hoher Qualitätsstandard in jeder Hinsicht, Zuverlässigkeit und Termintreue sind dabei immer selbstverständlich.

Lagerstätte Söhlde

Zugverladung

Beitrag von:
Vereinigte Kreidewerke Dammann KG
Hildesheimer Straße 3
31185 Söhlde
Tel. (0 51 29) 7 80
Fax (0 51 29) 78 12 00
info@dammann.de
www.dammann.de

Willibald Völsing KG

Urnenfabrik seit drei Generationen

Blick aus nördlicher Richtung auf das Gewerbegebiet in Hasede

Im Norden von Hasede befindet sich ein kleines Gewerbegebiet. Hier ist unter anderem eine Urnenfabrik ansässig.
Am 1. April 1948 gründeten Willibald Völsing, Ekkehard Martienssen und Hans André die »Hildesheimer Werkstätten für Keramik Hans André & Co.«.
Der Firmensitz und die Fertigung befanden sich zunächst in den weitgehend zerstörten Räumlichkeiten der Braunsschen Ziegelei am Ulmenweg in Hildesheim. Dort ist heute nichts mehr von den damaligen Aktivitäten zu sehen. Nach dem Ausscheiden der zwei Mitbegründer Anfang der 50er Jahre wurde die Firma umbenannt. Sie erhielt den Namen des allein verantwortlichen Kaufmanns Willibald Völsing, der die Firma 1956 nach Hasede verlegte.

Die dortige Zuckerfabrik war nach Kriegsende in Konkurs gegangen, und dem Konkursverwalter gelang es auf diesem Gelände 12 kleine Unternehmen anzusiedeln.
Eines dieser Unternehmen ist die Willibald Völsing KG. Diese hat sich bereits seit Ende der 40er Jahre auf die Herstellung von Urnen für die Feuerbestattung konzentriert.
Zunächst werden Urnen aus Ton und Kunststein hergestellt, ab Ende der 50er Jahre hat man auch Urnen aus Bakelit vertrieben. Da sich Willibald Völsing die Möglichkeit bietet, benachbarte Grundstücke hinzuzuerwerben, kann das Unternehmen langsam wachsen.
Eine grundlegende Erweiterung findet in den 60er Jahren durch eine umfangreiche Sortimentserweiterung statt: Die Herstellung von Metallurnen beginnt; auch diese werden in den inzwischen erweiterten Räumlichkeiten in Hasede gefertigt. Kontakte nach Italien werden hergestellt, um auch die Nachfrage nach Marmorurnen befriedigen zu können.
In den 70er Jahren wird das Programm um die Herstellung von wasserlöslichen Urnen für die Seebestattung und um Holzurnen erweitert. In dieser Zeit entsteht auch die erste Turnhalle in Hasede in der 4. Etage des früheren Kesselhauses der ehemaligen Zuckerfabrik.
Einige Jahre später lernt Willibald Völsing den Künstler Ernst von Dombrowski kennen. Schnell begeistert er sich für dessen Arbeiten und widmet diesem bedeutenden Holzschneider, Zeichner, Maler und nicht zuletzt Schriftsteller eine Kunstherberge in einigen Räumen des Betriebsgebäudes. Hier befindet sich noch heute ein beeindruckendes Altarbild, welches die Muttergottes zeigt.

Feuerbestattungsanlage in Hasede: Blick in den Raum zur Übergabe an das Feuer

Die Firma Völsing erhält von Dombrowski die Genehmigung, die Werke des Künstlers exklusiv auf ihren Produkten und in ihren Publikationen zu verwenden.
In der Folge gewinnen die Bereiche der Metallgrafik in Verbindung mit Relieftechniken an Bedeutung. Damit einher geht im technischen Bereich die Installation einer modernen Abwasserreinigungs- und Neutralisationsanlage.
In den 90er Jahren beginnt sich auch eine Nachfrage nach Urnen für Tiere zu entwickeln. Auch solche Urnen werden in Hasede hergestellt.
Seit Ende der 90er Jahre ist ein allmählicher Trend zu nachhaltig gefertigten Produkten auszumachen. Diesem Trend öffnet sich die Firma Völsing und nimmt neben den bereits im Sortiment geführten Holzurnen nun auch Urnen aus anderen biologisch abbaubaren Natur-Werkstoffen ins Programm auf. Dabei handelt es sich zum einen um Zellulose, zum anderen um Lignin.
Mit dem Bau eines Krematoriums für den ganzen Landkreis Hildesheim und auch darüber hinaus beschreitet der seit 1983 im Unternehmen mittätige Sohn des Firmengründers einen neuen Weg. Auf einem angrenzenden Grundstück wird eine moderne Feuerbestattungsanlage errichtet und an eine Betreibergesellschaft verpachtet, die über umfangreiche Erfahrungen auf diesem Gebiet verfügt. Somit wird den Bestattern und Hinterbliebenen der allerbeste Service garantiert. Und auch hier wird besonders auf den schonenden Umgang mit unseren Ressourcen Wert gelegt: Als Tribut an den Klimaschutz wird ebenso wie das Dach des Fabrikgebäudes auch die Feuerbestattungsanlage mit einer modernen Photovoltaikanlage ausgestattet.
Wegen der steigenden Nachfrage nach Urnen aus Naturstoffen vor allem im Zusammenhang mit der neuartigen Bestattungsform der Waldbestattung bestand die Notwendigkeit auch solche mit der Spritzgusstechnologie hergestellten Urnen im eigenen Hause zu fertigen und auf diese Weise die Abhängigkeit von Zulieferern zu verringern.
Somit existiert ein breites Spektrum unterschiedlichster Fertigungsverfahren unter einem Dach. Urnen werden einerseits in großer Stückzahl produziert, andererseits werden aber auch nach individuellen Wünschen handwerklich und künstlerisch aufwendig gestaltete Einzelstücke angefertigt. Es besteht die Möglichkeit Urnen durch zahlreiche Attribute wie beispielsweise Gravuren, besondere Trauertexte, Fotoreproduktionen oder Bemalungen im Airbrush-Verfahren individuell zu gestalten.
Die Urnen verlassen die Firma Völsing heute in Richtung zahlreicher europäischer Länder. Fortgesetzt wird die Tradition des Familienunternehmens durch die seit 2006 im Unternehmen vertretene 3. Generation.

Beitrag von:
Willibald Völsing KG
Industriehof 8-10 · 31180 Giesen
Tel. (0 51 21) 20 62 83-0 · Fax (0 51 21) 20 62 83-50
www.voelsing.de

Dekoration einer Urne mit Swarovski Kristallen

Halbautomatische Metalldrückmaschine für Umformarbeiten

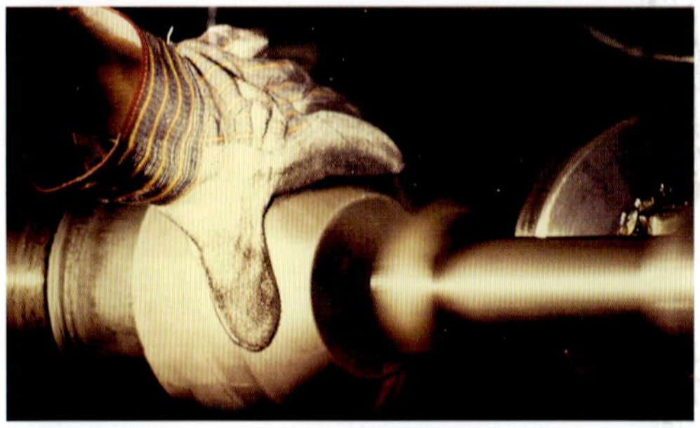

Ehemaliges Altarbild der Kirche in Siegsdorf – jetzt als Leihgabe in den Betriebsräumen der Firma Völsing

Gravurfräsung auf einem Urnenkorpus

Handwerkliche Drechselarbeit

Auf Gummi gebettet in die Zukunft

HAW – Die Harzer Apparatewerke in Bornum

Stahlfertigung von Verdampfern für eine neue Chemieanlage

Im Jahre 1899 wurde in Bornum ein Industriestandort gegründet, der als Schmiede und Gießerei begann und sich zu einem der Branchenführer im Apparatebau sowie in der Gummibeschichtung von Stahl etablierte. Seit 2010 setzt die Geschäftsführung auf Kontinuität, Qualität und Serviceorientierung.

Traditionsunternehmen sind nur deshalb so beeindruckend lang auf dem Markt, weil sie über hoch motivierte Mitarbeiter verfügen, die sich mit ihrem Betrieb identifizieren und im Qualitätsanspruch an ihrer Arbeit nie nachlassen. Ihr Vorbild ist Walter Althoff (1887 – 1968), der 1917 in die »Harzer Achsenwerke« (HAW) eintrat. Damals wurden vor allem Achsen für Fahrzeuge hergestellt (Gießen, Schmieden, Bearbeiten, Montage). Unter der technischen Leitung von Walter Althoff wurden immer mehr Apparate als Stahlschweißkonstruktionen hergestellt, so dass es zur Umbenennung in »Harzer Apparatewerke« kam. Bis ins Jahr 1960 wirkte er aktiv im Unternehmen. Mit Zielstrebigkeit und technischem Wissen legte Althoff den Grundstein für den Erfolg des Unternehmens. Er machte sich ein bahnbrechendes Verfahren zunutze, mit dem durch eine sehr differenzierte, handwerkliche und technologische Arbeits-

Neugummierung eines Kristallers vor Ort. Zur Ausführung wurde eine spezielle Halle gebaut.

Auch Montagen gehören zur Leistung von HAW: hier eine Spezialmontage eines 5,5 Meter Kristallers für K+S.

Lösebehälter für das Großprojekt K+S Canada

weise Gummibezüge in chemische Apparate und Behälter eingebracht werden konnten. Heute ist HAW einer der Branchenführer im Segment »Korrosionsschutz-Gummieren auf Stahl«, wobei der Clou darin besteht, dass die Naht der Gummifolien überlappend ausgeführt wird. Darin ist die HAW weltspitze. Die Gummifolienauskleidung zum Beispiel von Prozess- und Transportbehältern für Bahn und Lkw öffnete HAW das Tor zur großindustriellen Fertigung für die Chemie. Auf eine metallisch reine Stahloberfläche wird mit einem speziell abgestimmten Haftsystem die Gummibahn aus einer korrosionsfesten Gummimischung aufgebracht und durch Vulkanisation unter Druck und Temperatur mit dem Stahl dauerhaft verbunden. Seitdem ist es verhältnismäßig einfach, vielseitige Formen der Apparate, Behälter, Rohrleitungen und dergleichen auszukleiden, ohne verfahrenstechnische Funktionen zu beeinträchtigen oder zu mindern. Im Laufe der Zeit entwickelte HAW die produktionsreife Erfindung weiter im Zusammenspiel mit dem Stahl- und Apparatebau und in einer Auskleidungswerkstatt. Beide Produktionsbereiche sind auch heute noch die wichtigen Standbeine des Unternehmens. Was als Gummierung in dem Werk in Bornum funktioniert, lässt sich auch bei Kunden an deren Standorten verwirklichen. Im Rahmen von Baustellengummierungen erhalten bereits vorhandene Kessel und Behälter in regelmäßigen Abständen Neugummierungen als Korrosionsschutz. Zum Angebot der HAW gehören die Gummierung von Bauteilen und Apparaten bis hin zur Fertigung der Apparate und Stahlbauteile selbst, inklusive der Einbringung des Korrosionsschutzes sowie die Ausführung von Stahlsanierungsarbeiten. Neben der Planung, Auslegung und Beratung sowie der Auskleidung von Bauteilen vor Ort, bietet HAW natürlich einen 24-stündigen Reparatur- und Instandhaltungsservice mit eigenem Fachpersonal und Monteuren an. Insgesamt gilt dies für ortsfeste Ausrüstungen und Bauwerke wie auch für mobile Einrichtungen wie Schienen- (Kesselwagen) und Straßenfahrzeuge (Tankwagenauflieger und andere). Das Unternehmen HAW kann auf eine Vielzahl von Anwendungen im Stahl- und Behälterbau zurückgreifen. HAW verfügt über alle dafür erforderlichen Zertifikate. Heute sind bei HAW 110 Mitarbeiter fest angestellt. Die Qualität kommt von den Mitarbeitern. Man weiß, Gummierung ist immer noch ein Handwerk. Die wertvolle Erfahrung und die hohe Motivation aller Mitwirkenden kommen nun dem Standort von HAW entscheidend zugute – zum Vorteil der weltweiten Kunden und der Region. In 2012 wurden zwei weitere Produktionshallen mit einer modernen Kunststofffertigung ausgestattet. In 2014 wurden die Arbeiten für das Großprojekt für K+S Potash Canada gestartet. HAW lieferte für das Projekt zwei Behälter und drei Kondenser mit Stückgewichten von 55 Tonnen mithilfe eines Schwertransportes aus. Ebenfalls wird derzeit die Planung der Baustelle vor Ort in Kanada von unseren HAW-Mitarbeitern vorgenommen.

HAW

Beitrag von:
HAW Linings GmbH
Werkstraße 30-33 · 31167 Bockenem
Tel. (0 50 67) 99 00
Fax (0 50 67) 9 90 27 72
info@haw-linings.com
www.haw-linings.com

Biolac – auf einer Wolke aus Molke

Von Harbarnsen aus mit Molkenproteinen an die Weltspitze

Biolac (2001) Hauptgebäude und Werkgelände

Ultrafiltrationsmodule

Harbarnsen schwebt auf einer Wolke aus Molke – auch wenn die Produktion von Molkenprotein auf den ersten Blick ein rein technischer Vorgang zu sein scheint, durchdringt das Unternehmen im Leinebergland die Dynamik von globalem Wirtschaftserfolg.
Die Biolac verarbeitet die erheblichen Mengen an Süßmolke, die in Norddeutschland bei der Käseproduktion anfallen, zu Molkenprotein und Milchzucker, auch Laktose genannt.
Für Molkenprotein – ein ernährungsphysiologisch hochwertiges Eiweiß – besteht eine große Nachfrage in vielen Bereichen der Nahrungsmittelindustrie.
Laktose ist mit ihrer geringen Süßkraft praktisch geschmacksneutral und eignet sich daher besonders als Aromaträger und Füllstoff in der Nahrungsmittel- und Pharmaindustrie.
Die Biolac GmbH & Co. KG bezieht ihren Rohstoff – Süßmolke – von Schleswig-Holstein im Norden und Nordhessen im Süden bis hin nach Brandenburg und Sachsen im Osten.
Das Unternehmen Biolac GmbH & Co. KG – Gesellschaft für industrielle Nutzung von Milchinhaltsstoffen entwickelte sich am Standort der 1898 gegründeten Molkerei Harbarnsen. 1965 rief man die Milchtrocknung Südhannover (MTS) ins Leben; die Biolac wurde 1986 als eine gemeinsame Tochter der MTS und der Kali Chemie Hannover gegründet.
Biolac zertifizierte bereits 1995 ihr Qualitätsmanagementsystem nach der internationalen Norm DIN EN ISO 9001; nur ein Jahr später folgte – als eines der ersten Unternehmen im Norddeutschen Raum – die Umsetzung von HACCP zur Gewährleistung der Lebensmittelsicherheit. Wei-

Biolac-Panoramaansicht 2014 aus westlicher Richtung

Qualitätssicherung

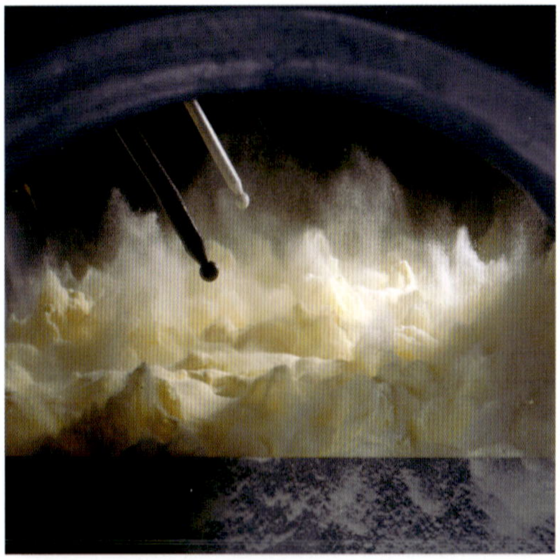

Laktose Wirbelschichttrockner

Hochregallager

terhin erfüllt Biolac mit ihrem – inzwischen – integrierten Managementsystem auch die Vorgaben des international gültigen BRC Global Standard for Food Safety und des International Food Standard.

Die Biolac ist ein erfolgreiches Unternehmen, das heute zu je 50 Prozent dem dänisch-schwedischen Milchkonzern Arla Foods und der deutschen Molkereigenossenschaft Milchtrocknung Südhannover gehört.

Der Vertrieb der von Biolac hergestellten Produkte erfolgt über die skandinavische Muttergesellschaft Arla Foods Ingredients.

Gegenwärtig beschäftigt die Biolac rund 90 Mitarbeiter und verarbeitet gut 900 000 Tonnen Molke zu Molkenprodukten, die weltweit unter den Namen Variolac99® und Ultralac® vertrieben werden. Der erzielte Jahresumsatz liegt bei etwa 50 Millionen Euro.

»Unsere Produkte werden von unseren Partnern weiterverarbeitet. Sie erreichen die Menschen z.B. in Form von Eiscreme, Süßwaren, Babynahrung, Feinkostprodukten, diätetischen Lebensmitteln, Backwaren und Gewürzen.«

Die laufende Überwachung und Steuerung der Produktionsprozesse garantiert eine gleichbleibend hervorragende Qualität. Im Rahmen der Qualitätssicherung werden die Erzeugnisse intern systematisch chemischen und physikalischen Untersuchungen unterzogen.

Mikrobiologische Analysen werden fortlaufend – auch extern – durchgeführt.

Mit garantierter Qualität, hoher Lieferfähigkeit und Flexibilität in der Umsetzung von Kundenwünschen hat Biolac binnen kurzer Zeit einen Spitzenplatz am Mark erreicht.

In der Produktion wird die Molke in ihre Bestandteile zerlegt.

Bei Biolac geschieht dies durch modernste Technologie: Das Protein wird durch Ultrafiltration von der Molke abgetrennt.

Das zurückgehaltene Retentat ist Ausgangsstoff der Molkenproteinherstellung. Das Permeat, welches die Ultrafiltration passiert, bildet die Grundlage der Laktoseproduktion.

Das Molkenprotein wird in seiner nativen Form schonend aufkonzentriert und, abhängig von der Weiterverwendung, flüssig oder als Pulver getrocknet ausgeliefert.

Aus dem separierten Permeat wird Laktose durch Eindampfung, Auskristallisation und Trocknung im Wirbelbett-Trockner gewonnen. Abgestimmte Technologie ermöglicht es, jede vom Kunden gewünschte Körnung herzustellen.

Der hohe Standard in der Arbeitskultur bei Biolac spiegelt sich nicht zuletzt in der Qualität der Produkte wider, was sich auch darin zeigt, dass bei der Produktion praktisch kein Ausschuss anfällt.

Das Know-how der Mitarbeiterinnen und Mitarbeiter, die zum überwiegenden Teil 10 Jahre oder mehr bei Biolac beschäftigt sind, sorgt für eine hohe Stabilität in den Bereichen Qualitätswahrung, Kostenersparnis und Produktinnovation.

Die Umgebung gehört zu Biolac: die schöne Landschaft, die hohe Lebensqualität der Region, die kurzen Wege zu Verwaltung und Politik, das Leben in Harbarnsen und in der Samtgemeinde Lamspringe.

Biolac fühlt sich als Bestandteil der Region und freut sich, wenn die Region die Biolac als guten Partner annimmt.

Heinrich Buchholz

Silolager Laktose und Verdampfer 26 (HK 4)

Frontansicht des neuen Hauptgebäudes (seit 2000)

Beitrag von:
BIOLAC GmbH & Co. KG
Am Bahnhof 1 · 31097 Harbarnsen
Tel. (0 50 60) 60 90 · Fax (0 50 60) 6 09 39
biolac@t-online.de · www.biolac.com

Siegfried-Giesen

Chancen für den Bergbau in der Region

Einst: In den frühen Jahren des Kaliwerkes Siegfried-Giesen erfolgte der Transport der Düngemittel zum größten Teil per Bahn. Hier im Bild die übertägigen Werksanlagen mit Fördergerüst (links) und den Fabrikbauten (1925).

Einst: Rohsalzgewinnung in den Anfangsjahren des Kalibergbaus: eine so genannte Haspelförderung in einem Kalibergwerk, aufgenommen um 1925. Der weitere Transport des Rohsalzes erfolgte mit gleisgebundenen Förderwagen.

Einst

Im Hildesheimer Raum begann die Suche nach dem wertvollen Kali-Rohstoff in den späten 1880er Jahren, nachdem sich der Einsatz von Kalidüngern in der Landwirtschaft endgültig durchgesetzt hatte. Sichtbarer Beginn des Kalibergbaus waren 1896 die Teufarbeiten der Schächte Salzdetfurth I im Hildesheimer Wald und Meimershausen im Leinetal bei Freden. Bis 1913 sollten noch 16 weitere hinzukommen. Viele der kleineren Anlagen waren jedoch nach Ende des Ersten Weltkriegs und dem Ende des deutschen Kalimonopols auf Dauer nicht überlebensfähig und wurden in den 20er Jahren stillgelegt. So erging es den Anlagen Hohenfels-Carlshall (Lühnde), Frischglück (Eime), Desdemona (Godenau), Hohenzollern (Freden), Carlsfund (Groß-Rhüden), Herrmann II (Königsdahlum) und Hildesia-Mathildenhall (Diekholzen). Es verblieben noch zwei produzierende Bergwerke, Siegfried-Giesen und Salzdetfurth. Mit dem Verlust der ostdeutschen Kaliwerke nach dem Zweiten Weltkrieg und dem Wiederaufleben der Nachfrage wurde in Hildesia-Mathildenhall ein Versuchsbetrieb etabliert, der jedoch Anfang der 1960er Jahre aufgegeben wurde. Über Jahrzehnte wirtschaftlich erfolgreich weiterbetrieben werden konnten dagegen die Werke Salzdetfurth (bis 1992) und Siegfried-Giesen (bis 1987).

Jetzt

Seit der Stilllegung des Werkes Salzdetfurth im Jahre 1992 war nach fast 100-jähriger Produktion die Kali-Ära im Landkreis Hildesheim – vorerst – zu Ende. Nun konnte man darangehen, die Bergwerksanlagen über und unter Tage zurückzubauen und die untertägigen Strecken zu sichern – man spricht vom Verwahren. Die Allgemeine Bergverordnung sieht vor, dass Bergwerke nach ordnungsgemäßer Verfüllung der Abbauhohlräume geflutet und die Schächte sicher verfüllt werden müssen. Diese Arbeiten sind im Landkreis Hildesheim nahezu abgeschlossen. Lediglich Siegfried-Giesen wurde weiterhin als Reservebergwerk offengehalten, da man um das Potenzial der dortigen Vorräte wusste. Übertägig erinnert heute an die über 100 Schachtanlagen in Niedersachsen kaum noch etwas. Besondere Bauwerke, wie etwa das Torhaus der Schachtanlage Hildesia-Mathildenhall, konnten erhalten werden, ebenso wie das Fördergerüst des Schachtes Salzdetfurth I, das zusammen mit weiteren ehemaligen Betriebsgebäuden unter Denkmalschutz steht.

Zukünftig?

Rund 110 Jahre nach dem ersten Spatenstich für Siegfried-Giesen besteht für das Bergwerk im Sarstedter Salzstock nun die Chance, wieder in Betrieb zu gehen. Zwischen den Orten Giesen, Ahrbergen, Sarstedt und Barnten erstreckt sich über 16 Quadratkilometer der Salzstock Sarstedt. Er ist bereits durch vier Schächte erschlossen (Siegfried-Giesen, Rössing-Barnten, Fürstenhall und Glückauf-Sarstedt) und wurde nach der Stilllegung der Produktion 1987 als Reservebergwerk offengehalten. Herz des künftigen Werks wäre wieder der Standort Siegfried-Giesen. Hier würden der Förderschacht, die Fabrikanlage, das zentrale Logistikgebäude sowie die Werks-

Jetzt: Die Kaligewinnung würde im Grubenbetrieb eines neuen Werkes Siegfried-Giesen mit modernen Großmaschinen erfolgen. Hier im Bild eine so genannte Firstenfräse, mit der die Konturen der Strecken bearbeitet werden.

Jetzt: Die Werksanlage Siegfried-Giesen in der Gemeinde Giesen im heutigen baulichen Zustand. Im Bildhintergrund: das frühere Verwaltungsgebäude, das im Fall des Neubaus der übertägigen Anlagen abgerissen werden müsste.

bahnhöfe errichtet werden. Die drei Außenschächte Glückauf-Sarstedt, Fürstenhall und Rössing-Barnten sind für den Grubenbetrieb vorgesehen – für den Transport von Personen und Material nach unter Tage und für die Bewetterung (Frischluftzufuhr). Kurze, direkte Transportwege sowie eine Minimierung der Immissionen und des Flächenbedarfs waren die bestimmenden Ziele beim Entwickeln der Werksgestaltung. Rund 2,7 Mio. Tonnen Rohsalz könnten künftig jährlich gefördert werden. Etwa 40 Prozent davon könnten zu Düngemitteln verarbeitet werden – in vielen anderen Bergwerken beträgt dieser Anteil nur 20 bis 25 Prozent. Die Wertstoffe Kieserit und Kaliumchlorid sollen mit Hilfe des trockenen, elektrostatischen Trennverfahrens (ESTA®) aufbereitet werden. Rund 1 Mio. Tonnen Mineraldünger pro Jahr könnten daher ganz ohne Produktionsabwässer hergestellt werden. Übrig bliebe ein kleiner Teil der Förderung, der aufgrund mangelnden Hohlraumvolumens nicht wieder nach unter Tage zurückgebracht werden kann. Es wird daher eine Aufhaldung geben müssen, die sich jedoch durch ihre Begrünung bereits während der Betriebsphase verträglich in die umgebende Landschaft eingliedern wird. Sicher ist ebenfalls, dass die Region neben den Effekten für den Arbeitsmarkt sowohl über die Grundsteuer, die Gewerbe- als auch die Lohn- und Einkommensteuer einen spürbaren finanziellen Nutzen aus den ökonomischen Aktivitäten ziehen wird.

Für die künftige Ernährung der Weltbevölkerung könnte das neue Bergwerk einen wichtigen Beitrag leisten. Weltweit werden Landwirte Qualität, Ertrag und Klimaresistenz von Pflanzen sowie die Bodenfruchtbarkeit steigern müssen – für den Erfolg wird eine ausgewogene Düngung mit Kalium, Magnesium und Schwefel mitentscheidend sein. Nur in Deutschland gibt es Kalilagerstätten, deren Rohsalz neben Kalium auch Kieserit – die Verbindung von Magnesium und Schwefel – enthält. Der Salzstock Sarstedt ist eines dieser seltenen Vorkommen.

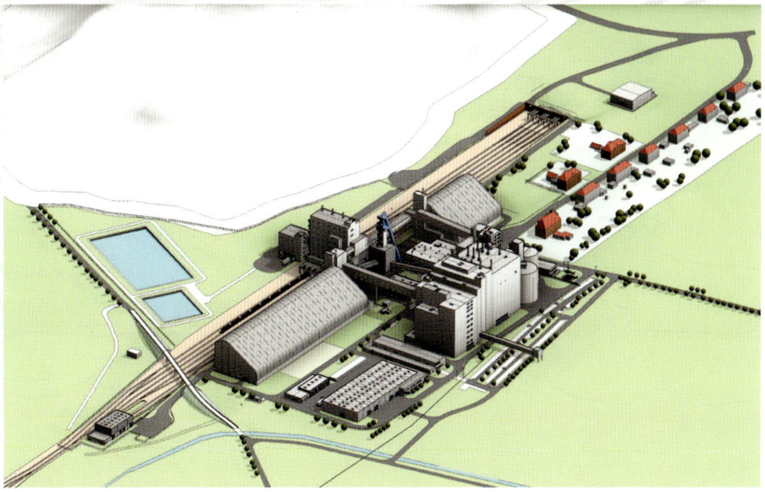

Zukünftig: Die mögliche Gestaltung des Standorts Siegfried-Giesen mit dem Förderturm (blau), der Fabrikanlage, dem eigenen Gas- und Dampf-Kraftwerk, den Verwaltungsgebäuden und den Verladeanlagen.

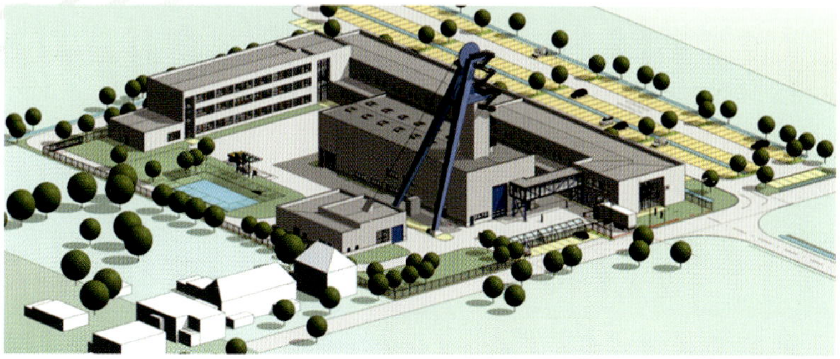

Zukünftig: Die mögliche Gestaltung des Standorts Glückauf-Sarstedt mit dem Förderturm (blau), dem Magazingebäude, der Grubenverwaltung und dem Sozialgebäude für die Grubenbelegschaft.

Beitrag von:
K+S KALI GmbH · Projektgruppe Siegfried-Giesen
Kardinal-Bertram-Straße 1 · 31134 Hildesheim
sg@k-plus-s.com

K+S

PALANDT – Kompetenzzentrum für Landtechnik

Matthias und Maren Palandt bauen ein mittelständisches Unternehmen auf

»Nichts ist selbstverständlich. Für Vertrauen und Qualität muss man sich jeden Tag stark machen«, Matthias Palandt legt den Hörer auf und nimmt das nächste Telefonat entgegen. Schnell noch sagt er: »Kundenzufriedenheit und Mitarbeitermotivation sind mir am wichtigsten.«

Maren Palandt, seine Frau, erzählt die Firmengeschichte: »Angefangen hat alles damit, dass mein Mann in Sottrum in die Fußstapfen seines Großvaters trat. In Sottrum besaß die Familie eine Schmiede, wo auch Ackergeräte repariert wurden. 1988 bestand er die Meisterprüfung, danach machte er sich am 1. Januar 1989 selbstständig. Zum ersten Februar 1991 übernahm er einen Landmaschinenbetrieb in Volkersheim. Damals hatte er drei Mitarbeiter. Schritt für Schritt baute er die Firma auf. Der Erfolg brachte es mit sich, dass die Suche eines neuen, größeren Standortes nötig wurde. Grasdorf bot sich von der Verkehrslage genauso an wie von der Gewerbefläche. 1999 bezog das Unternehmen Matthias PALANDT Landmaschinen zusammen mit der Firma CLAAS dort den Neubau im Lindener Bergsfeld. Beim Einzug hatten wir elf Mitarbeiter, 2010 waren es 18, 2015 sind es 38. Mit jedem Mitarbeiter wächst die Verantwortung für die Zukunft des Betriebes und den Erhalt von Arbeitsplätzen.«

Gustav Bergmann und Ernst Palandt mit Alwine Palandt

Betriebsgelände PALANDT Landmaschinen GmbH und PALANDT Agrartechnik GmbH, Stand 04/2014

In 2008 gründete Matthias Palandt zusätzlich die PALANDT Agrartechnik GmbH mit dem Schwerpunkt Rüben- und Gartentechnik, errichtete eine 2500 Quadratmeter große Halle für die großen Maschinen der Rübentechnik. Hier finden auch die Reparatur, die Wartung und der Verkauf von Gartentechnik statt. Das Unternehmen ist in ganz Niedersachsen für die Betreuung von über 140 Rübenernte- und -verlademaschinen verantwortlich. Mittlerweile gehen PALANDT Landmaschinen GmbH und PALANDT Agrartechnik GmbH Hand in Hand. 2014 wurde aus der Einzelfirma Matthias PALANDT Landmaschinen die PALANDT Landmaschinen GmbH gegründet. Hinzu kam ein

Mitarbeiter der PALANDT Landmaschinen GmbH und PALANDT Agrartechnik GmbH

Maren, Gesa, Malte und Matthias Palandt

neues Firmengelände mit mittlerweile 1,9 Hektar Betriebsgelände und insgesamt 4100 Quadratmetern auf zwei Hallen verteilt. Das Zuständigkeitsgebiet erstreckt sich über das ganze südliche Niedersachsen. Der Hauptaufgabenbereich des Betriebes besteht in der Reparatur und Wartung von Landmaschinen sowie im Handel mit Neu- und Gebrauchtmaschinen. Dabei setzt das Unternehmen auf die Spezialisierung von Qualitätsprodukten und will als Kompetenzzentrum für Landtechnik

ROPA »Waschbär-System-PALANDT«

»Waschbär« im Einsatz

dienen. Dieses rundet der 24-Stunden-Service in vollem Umfang ab. Matthias Palandt legt den Hörer auf und fährt fort: »Als ich mich damals selbstständig machte, prognostizierte man mir, dass es zehn Jahre brauchen würde, bis die Firma aufgebaut wäre. Als Optimist konnte ich das zunächst nicht glauben, aber es stimmt: »Es braucht seine Zeit, bis Sie das Vertrauen der Menschen gewonnen haben. Ohne meine Frau und meine Mitarbeiter könnten meine Firmen heute nicht so dastehen, wie sie dastehen. Das ist so: Meine Frau und ich, wir leben für den Betrieb. Und wir freuen uns, dass sich unsere Kinder für den Betrieb interessieren.« Privat pflegen Maren und Matthias Palandt ein offenes Haus und genießen auch gern die Ruhe vom Trubel.
Der vielseitige Unternehmer kann auch mit technischen Innovationen aufwarten: Er entwickelte die so genannte »Mais-Maus«, eine Landmaschine, die auf dem Acker den gehäckselten Mais so verlädt, dass der Transport-Lkw nicht auf den Acker muss und die Landmaschine nicht die Straße befährt, was die Straßen sauber hält. Dieser Maishäcksler wird dann zur nächsten Biogasanlage gefahren. Damit erschloss Matthias Palandt einen weiteren Baustein zur Zukunfts- und Arbeitsplatzsicherung.
In 2014 wurde auch das sogenannte »Waschbär-System-PALANDT« neu entwickelt: Eine Maschine rodet, wäscht und entsteint Rüben, um sie für Biogas-Anlagen zu verwenden. Dieser PALANDT-»Waschbär« findet auf Biogas-Rüben-Anbau-Feldern Einsatz. Ebenfalls in 2014 erfolgte auch die erste Lieferung von Mais-Mäusen nach England; sechs Waschbären wurden bundesweit verkauft.
Ohne gut ausgebildete und geschulte Mitarbeiter geht gar nichts. Ausbildung ist von Anfang an ein Grundpfeiler des unternehmerischen Leitbildes von Matthias Palandt. Jährlich werden zwei bis drei junge Menschen bei PALANDT Landmaschinen und zwei bei PALANDT Agrartechnik ausgebildet. 2009 konnte das Unternehmen mit einem Kammersieger, Landessieger und einem Bundes-Dritten beim Leistungswettbewerb der Landmaschinenmechaniker aufwarten. 2010 überreichte der Niedersächsische Wirtschaftsminister den Ausbildungsförderpreis der Handwerkskammer Hildesheim/Südniedersachsen für PALANDT als besten Ausbildungsbetrieb. Seitdem ist PALANDT gewachsen: Vertrauen, Qualität, Verlässlichkeit und Produktinnovation. Und jeden Tag warten neue Herausforderungen...

Dienstleistungen:

- Reparatur und Wartung von Landmaschinen
- Handel mit Neu- und Gebrauchtmaschinen
- Reparatur, Wartung und Verkauf von Gartentechnik
- Bau von Spezialmaschinen
- Spezialisierung auf Qualitätsprodukte – Kompetenzzentrum für Landtechnik
- 24-Stunden-Service

Beitrag von:
PALANDT Landmaschinen GmbH
Lindener Bergsfeld 17 · 31188 Grasdorf · Tel. (0 50 62) 90 88-0
info@palandt-landmaschinen.de · www.palandt-landmaschinen.de

PALANDT Agrartechnik GmbH
Lindener Bergsfeld 15 · 31188 Grasdorf · Tel. (0 50 62) 9 65 98-0
info@palandt-agrartechnik.de · www.palandt-agrartechnik.de

Landwirtschaft in der Region Hildesheim

Zwischen ackerbaulicher Tradition und zukunftsweisender Entwicklung – Anforderungen an den landwirtschaftlichen Betrieb von morgen

Die Aufforderung an die Landwirtschaft der Zukunft ist klar: ertragreicher produzieren. Schon heute stehen Landwirte im harten Konkurrenzkampf auf einem globalen Markt. Nur wer stetig hohe Qualität bei geringen Kosten erzeugen kann, wird langfristig bestehen können. Trotz vieler Befürchtungen beinhaltet diese Entwicklung aber nicht nur Risiken, sondern längerfristig auch Chancen für Betriebe, die diese Herausforderung annehmen und ihre Produktion wettbewerbsorientiert ausrichten. Dafür braucht es Standortvorteile.
Der Standort »Landkreis Hildesheim« ist seit jeher ein landwirtschaftliches Zentrum. Seine Böden gehören zu den fruchtbarsten, die es in Deutschland gibt. Anspruchsvolle Kulturen wie Zuckerrüben und Weizen finden in dieser Region ihr klassisches Anbaugebiet. Demzufolge konnten sich die hier wirtschaftenden Betriebe in den vergangenen Jahrzehnten zumeist als reine Ackerbaubetriebe spezialisieren. Auf insgesamt 65 000 Hektar Ackerland und 3500 Hektar Grünland werden durch die landwirtschaftlichen Betriebe wertvolle Lebensmittel zur Versorgung unserer Bevölkerung produziert. Einige Landwirte haben sich darüber hinaus als Energiewirte ein Standbein aufgebaut, indem sie in Biogasanlagen regenerative Energien erzeugen. Der dafür kultivierte Mais macht mit knapp fünf Prozent jedoch nur einen ausgesprochen kleinen Anteil in der Anbaustruktur aus. Nach wie vor wird auf mehr als der Hälfte der landwirtschaftlichen Fläche Weizen angebaut. Zuckerrüben machen einen weiteren bedeutenden Anteil von etwa 20 Prozent der Anbaukulturen aus. Damit gehört Hildesheim zu den Regionen mit dem höchsten Zuckerrübenanteil in Deutschland. Die Viehhaltung hat im Landkreis dagegen eine geringere Bedeutung und ist vor allem im südlichen Bereich angesiedelt. Hier werden rund 6000 Rinder in 50 Betrieben gehalten; 1700 Tiere davon sind Milchkühe. In der Schweinehaltung sehen die Verhältnisse ähnlich aus. 126 Betriebe halten ungefähr 40 000 Mastschweine und 30 Landwirte halten etwa 3000 Sauen. Die Geflügelhaltung erfolgt nur in sehr wenigen Betrieben.

Anbau von Sonnenblumen

Weizendrusch

Die Landwirtschaft entwickelt sich im globalen Wettstreit immer mehr zu einem professionellen Geschäft. Von der häufig romantisch verklärten Einheit von Idylle, Familie, Arbeit und Leben bleibt immer weniger übrig. Neben der starken Orientierung auf die internationalen Märkte, sind einige landwirtschaftliche Unternehmer zwar nach wie vor bemüht, kleinräumige Märkte mit Spezialitäten und regionalen Besonderheiten zu entwickeln und zu bedienen. Vielfach beobachtet man aber eine weitere Professionalisierung, die mit dem Zwang zur Kostensenkung und Ertragssteigerung einhergeht. Mit dem Ziel der Existenzsicherung strebt die Mehrzahl der Betriebe ein Wachstum in der Betriebsgröße an. Die Aufstockung der Betriebe erfolgt fast ausschließlich über Zupacht von Flächen. So beträgt der Pachtanteil der Hildesheimer Betriebe inzwischen weit über 50 Prozent. Die

Pflügen von bestem Boden

Kaufpreise in der Region sind so hoch, dass eine Flächenaufstockung über Zukauf aus dem Betriebsgewinn kaum möglich ist. Aus diesen Gründen entstehen nach und nach verschiedenste betriebliche Kooperationsformen wie zum Beispiel Lohnbewirtschaftungen oder Zusammenschlüsse zu Maschinengemeinschaften, Betriebszweiggemeinschaften bis hin zur Vollfusion zweier oder mehrerer Betriebe zu einem landwirtschaftlichen Unternehmen. Ein dritter Teil der Höfe geht mit dem Wechsel der Generation vom Haupt- in den Nebenerwerb über.

Neben der Kostensenkung helfen die beschriebenen Zusammenschlüsse am ehesten, sich das nötige Marktgewicht zu verschaffen. Für die überregionalen Vermarkter bzw. Zulieferer entstehen auf diese Weise größere Ansprech- und Handelspartner mit den damit verbundenen Vorteilen für die Sicherung von Mengen und Qualitäten, die logistischen Anforderungen und die Erschließung neuer Märkte im internationalen Wettbewerb.

Auch die Personalstrukturen in den Wachstumsbetrieben ändern sich gegenwärtig. Anstelle des typischen »Ein-Mann-Betriebes« tritt immer öfter der Mehr-Personen-Betrieb. Es wirken zunehmend auch familienfremde Arbeitskräfte in den landwirtschaftlichen Betrieben mit; insbesondere im Niedriglohnbereich und innerhalb von Teilzeitbeschäftigungsverhältnissen.

Die Entwicklungschancen für den landwirtschaftlichen Betrieb werden mehr denn je von den unternehmerischen Fähigkeiten des Betriebsleiters bestimmt. Nicht nur die Ausstattung mit den Produktionsfaktoren Arbeit, Fläche und Kapital, sondern vor allem das unternehmerische Gespür, ergänzt um fundiertes Fachwissen und einen hohen Grad an sozialer Kompetenz, zeichnen den erfolgreichen Betriebsleiter unserer Region in naher Zukunft aus.

Andrea Behrendt

Hildesheimer Land

Das Kunstgebäude in Bodenburg, oder ...

... eine ARCHE für die zeitgenössische Kunst

Nähert man sich von Hildesheim kommend der Kurstadt Bad Salzdetfurth, so wird am Ortseingang mit braunen Schildern auf die Sehenswürdigkeiten des Ortes aufmerksam gemacht. Eine davon ist das »Kunstgebäude«, das man, den Schildern folgend, im Ortsteil Bodenburg auf dem Schlossgelände der Familie von Cramm findet.

Hier hat der Kunstverein Bad Salzdetfurth in sechsjähriger Arbeit ein unter Denkmalschutz stehendes historisches Wirtschaftsgebäude vor dem Verfall gerettet, 1998 eingeweiht aber bereits 1999 den Niedersächsischen Denkmalpreis erhalten.

Es ist eine Erfolgsgeschichte, und so kann der kleine aber feine Verein in diesem Jahr, in dem ja auch Hildesheim einen Geburtstag begeht, seinen 25. feiern.

Man betritt durch das große eiserne Tor das private Schlossgelände und ist erstaunt über das Ensemble historischer Bauten, dessen Turm mit der spitzen Haube man bereits aus dem Grün des Schlossparks von weitem hat herausschauen sehen. Das Schloss erstrahlt nach einer dreijährigen Renovierung in neuem Glanz und links neben dem Burgfried fällt ein hell verputztes Gebäude mit einem außergewöhnlichen Dach auf: das Kunstgebäude.

Die letzte Nutzung dieses Hauses mit seinem schiefergedeckten Sattelschwingdach diente der Rinderzucht, ein guter Anlass für den Kurator und 1. Vorsitzenden Hans-Werner Kalkmann, den Stier, der ja bereits in den Höhlen von Lascaux, in Ägypten oder auf Kreta die Künstler zu herausragenden Darstellungen reizte, in den Mittelpunkt der Eröffnungsausstellung zu stellen – der ersten in einem Zyklus von internationalen Gruppenausstellungen, die den Tierarten (gefolgt von Insekten, Vögeln, Reptilien und Fischen) gewidmet waren und viele Besucher nach Bodenburg lockten. Die Weltausstellung EXPO2000 mit dem Thema »Mensch, Natur, Technik« bot dann einen weiteren, hervorragenden Anlass, den Zyklus durch eine Ausstellung zu ergänzen, gab doch die Architektur des Gebäudes hierzu einen ganz außergewöhnlichen Anstoß, der mit der Tierthematik zu verbinden war. Die Dachkonstruktion erweckt von innen den Eindruck, dass es sich um ein umgestülptes Schiff handelt. Und da die Tiere von Moses und seinen Helfern vor dem Ertrinken gerettet wurden, lag es nahe, das Ausstellungshaus zu einer »ARCHE« zu machen. Der Kurator lud statt der Tierpaare Künstlerpaare in das Haus ein, und so wurden 10 Künstlerinnen und 10 Künstler gebeten, eine Partnerin oder einen Partner mit auf die Arche zu bringen. Der Erfolg der Zusagen so bekannter Künstlerinnen und Künstler wie Eduardo Chillida, Alfred Hrdlicka, Ulrike Rosenbach, Katharina Fritsch, Horst Antes, Dorothee von Windheim, Richard Long, Timm Ulrichs, Christiane Möbus u.a. zeigt,

Mittelalterlicher Bergfried des Schlosses

Ansicht des Kunstgebäudes von Osten

Die ARCHE zur EXPO2000

Obergeschoss mit Sattelschwingdach und »Farbrausch« von Susanna Tarras

Die Arche von Christiane Möbus

Owusu-Ankomah »Durchblick«

Ateliergebäude des Bildhauers Hans-Oiseau Kalkmann

dass das Kunstgebäude zu einem anerkannten und wichtigen Ort zeitgenössischer Kunst geworden war. Diesen Tierausstellungen folgte ein zweiter Zyklus, der »die so genannte Krone der Schöpfung« in den Focus nahm und Ausstellungen zu seinen fünf Sinnesorganen Mund, Hand, Ohr, Nase, Auge zeigte. Dass alle Ausstellungen von umfangreichen Katalogen begleitet wurden, war selbstverständlich und führte dazu, dass auf diese Weise ein »Bodenburger-Tierleben« der zeitgenössischen Kunst entstand, das in einem Schuber zusammengefasst, kein vergleichbares Pendant hat.

Natürlich entwickelten sich im Laufe der Jahre durch diese Ausstellungstätigkeit persönliche Freundschaften zu Künstlerinnen und Künstlern, deren Oeuvre dann in umfassenden Einzelausstellungen gezeigt werden konnte. Beispiele hierfür sind der leider zu früh verstorbene Petrus Wandrey, die Bildnismalerin Susanne Ritter oder der Ghanaische Maler Brother Owusu-Ankomah, dessen einzige Skulptur im öffentlichen Raum seit 2011 unsere Besucher von hoch oben mit ausgebreiteten Armen willkommen heißt.

Der außergewöhnliche Raum unter dem Sattelschwingdach eignet sich aber nicht nur für Ausstellungszwecke, sondern bietet ein ganz ungewöhnliches Ambiente für andere kulturelle Veranstaltungen wie Konzerte (z.B. 2001 Albert Mangelsdorff), Tanzdarbietungen oder feierliche Anlässe wie Hochzeiten oder die Eröffnungsveranstaltung für Niedersachsen zum »Tag des offenen Denkmals« im Jahre 2006.

Das kulturelle Leben, das auf diese Weise im Südraum der Kurstadt entstand, bekam inzwischen durch den Atelierbau des Bildhauers Hans-Oiseau Kalkmann direkt neben dem Kunstgebäude einen weiteren Schwerpunkt. Gepaart mit dem schönen Schlosspark, der Kirchplatzgestaltung vor der St. Johannis Kirche und der abwechslungsreichen Landschaft des Flenithigaues hat sich Bodenburg, am www.radweg-zur-kunst.de liegend, zu einem gern besuchten Ort entwickelt.

Dass dieses kulturelle Kleinod Südniedersachsens inzwischen weit über seine regionalen Grenzen hinaus Beachtung findet, ist eine Folge kontinuierlicher Arbeit und dem Einfallsreichtum des Kunstvereins (www.kunstverein-bad-salzdetfurth.de) zu verdanken. Es ist also kein Wunder, dass es inzwischen auch ein Konzept gibt, in der von Philipp von Steinberg 1826 erbauten und nicht mehr für gottesdienstliche Zwecke benötigten St. Laurentiuskirche Ausstellungen religiösen Inhalts zu zeigen oder Konzerte mit kirchlicher Musik zu veranstalten.

Für alle diese Aktivitäten ist Kontinuität notwendig. Mit der Gründung der »Stiftung Kunstgebäude Schlosshof Bodenburg« (2009) wurden dafür gute Voraussetzungen geschaffen. Sie hat in ihrem Satzungsziel festgeschrieben, für die Erhaltung des Gebäudes und der in ihm befindlichen Sammlung zeitgenössischer Kunst Sorge zu tragen.

Laurentiuskirche von Süden

Petrus Wandrey »eye-catcher«

Eröffnungsrede des Ministerpräsidenten Wulff

»Wasser-Säule«, 2014 Sarstedt von Hans-Oiseau Kalkmann

Im Spannungsfeld zwischen Moderne und Vergangenheit

Eine kulturelle Zeitreise auf dem Radweg-zur-Kunst

Unter den rund 400 Kilometer Radwegen in der Region Hildesheim sticht der Radweg-zur-Kunst ganz besonders hervor. Die Verknüpfung von Radsport mit einer Zeitreise durch mehrere Jahrhunderte Kunst- und Kulturgeschichte machen diesen Radweg zu einem kleinen Juwel. Auf der gut 57 Kilometer langen Route zwischen Sarstedt und Bad Gandersheim erhält der Besucher einen einzigartigen Einblick in die Kreativität von Künstlern der Gegenwart und lernt zugleich die Sehenswürdigkeiten der Orte am Wegesrand kennen. Zu schaffen ist der Radweg innerhalb eines Tages, aber die Vielfalt der Kunstschätze und die Schönheiten der Region sind es wert, sich ein wenig mehr Zeit zu nehmen.

Der Radweg-zur-Kunst setzt sich aus den fünf Teilstrecken »Wasser-Kunst-Weg«, »Kontakt-Kunst-Weg«, »Kunst beWEGt« und »Skulpturenweg« zusammen. Die hervorragende Ausschilderung macht eine Orientierung leicht.

Ausgangspunkt des »Wasser-Kunst-Weg« ist die Mündung der Innerste in die Leine bei Sarstedt, der über die »Abzweigung Schliekum« vom Leine-Heide-Radweg in nur fünf Kilometern zu erreichen ist. Für einen ersten Stopp in der Stadt empfehlen sich die St. Nikolaikirche aus dem 15. Jahrhundert oder das Museum in der historischen Wassermühle Malzfeldt aus dem 14. Jahrhundert. Auf der Weiterfahrt nach Giesen wird der Blick des Radlers an einem landschaftlich charakteristischen Punkt haften bleiben: Die 70 Meter hohe, im Volksmund »Kalimandscharo« genannte Abraumhalde ist ein Überbleibsel aus dem Kaliwerk, die bei schönem Wetter leuchtend weiß strahlt. Giesen wird aber nicht nur durch diese Erscheinung geprägt, sondern auch durch den Lauf der Innerste und die von ihr bewässerte Auenlandschaft. Naturliebhaber finden hier eine vielfältige Vogelwelt und im Frühling malerische Blütenteppiche.

Der »Romanik-Weg« beginnt an der Stadtgrenze des Bischofssitzes Hildesheim, der reich an kulturellen Schätzen ist. Mit Dom und St. Michael weist er zwei Welterbestätten auf. Der 1000 Jahre alte Sakralbau St. Michael wurde in den letzten Jahren aufwendig restauriert. Sein Prunkstück ist die bemalte hölzerne Decke, die sich über das Mittelschiff spannt und die als ein Hauptwerk mittelalterlicher Monumentalmalerei gilt. Mit diesen beiden Kirchen, dem wieder aufgebauten historischen Marktplatz, dem Roemer- und Pelizaeus-Museum mit seinen bedeutenden Altägypten- und Altperu-

»Linde« 1983, von Almstadt/Bormann

Sammlungen sowie zahlreichen kulturellen Veranstaltungen lohnt sich hier ein längerer Aufenthalt.

An der Domäne Marienburg beginnt die Teilstrecke »Kontakt-

»St. Michael«, 1034

»Soltmann«, 1994 von Almstadt/Kalkmann

Kunst-Weg«. Dieser Name steht in Zusammenhang mit der »Kontakt Kunst«, einer seit 1970 praktizierten Form bildhauerischer Arbeit im öffentlichen Raum in etwa 40 Städten Deutschlands. Alleine fünf Skulpturen aus der Hand regionaler Künstler und in Zusammenarbeit mit Bürgern sind in Bad Salzdetfurth bzw. in Bodenburg zu sehen. Auf dem gesamten Radweg-zur-Kunst bewegen sich Radler im Spannungsfeld zwischen Moderne und Vergangenheit, zwischen Mut für Neues und Bewahrung des historischen Erbes. In Bad Salzdetfurth treten neben die zeitgenössischen Skulpturen die denkmalgeschützte Kaliförderanlage und die über 250 Jahre alten Gradierwerke im Kurpark, bei denen heute Sole stetig über Reisigwerk rieselt und dadurch die Luft mit Salz anreichert. In der einzigen Kurstadt der Region Hildesheim lässt es sich gut pausieren.

In Bodenburg, wo der Radwanderer am Schloss und dem außergewöhnlichen Kunstgebäude mit Sattelschwingdach vorbeiführt, beginnt nicht weit entfernt von dem idyllischen Freibad der Abschnitt »Kunst beWEGt« mit der Skulptur »Grenzstein – das Symbol der Trennenden als Zeichen der Verständigung« und in Harbansen begrüßt der stählerne »Eurodancer« den Radtouristen. Durch eine hügelige Landschaft geht es zum Kloster Lamspringe, das auf das Jahr 847 zurückgeht und dessen heutiger Bau 1670 gegründet wurde. Im Klosterpark sind sechs Skulpturen zu sehen, die während eines Bildhauersymposiums entstanden sind. Neben der bildenden Kunst setzt der weit über die Regionsgrenzen renommierte »Lamspringer September« mit seinen Konzerten und Lesungen einen besonderen Akzent in der Kulturlandschaft.

»Grenzstein«, 1993 von Hans-Oiseau Kalkmann

»Euro-Dancer«, 2003 von Petrus Wandrey

»Begegnung« von 1998, von Andrzey Irzykowski

Zwölf Arbeiten zeitgenössischer internationaler Künstler säumen den »Skulpturenweg«, der auf einer ehemaligen Bahntrasse bis zum Ziel Bad Gandersheim führt. Die Werke tragen Namen wie »Aufbruch 1999«, »Das Tor«, »Mann im Käfig« oder »Begegnungen« und ihre Schöpfer stammen aus dem Libanon, aus Deutschland, Polen oder Italien. Auch eine Arbeit von Schülern der Realschule Bad Gandersheim gehört in diesen Reigen. Diese Zeugnisse moderner Schaffenskraft geleiten den Radler quasi zurück in die Vergangenheit: Bad Gandersheim geht auf das im Jahr 783 gegründete Kloster Brunshausen zurück. Im historischen Stadtkern sind die reich verzierten Fachwerkhäuser, das Renaissance-Rathaus, die Burg und die romanische Stiftskirche sehenswert. Und wer zur richtigen Zeit unterwegs ist, kann die bekannten Gandersheimer Domfestspiele besuchen. Kloster Brunshausen wurde mittlerweile zum Kulturzentrum ausgebaut und beherbergt die Städtische Galerie – so schließt sich wieder der Kreis.

Detaillierte Informationen gibt es unter: www.radweg-zur-kunst.de

Birgit Wilken

»Freiheit-Liebe-Tod« von 1999, von Hans-Hendrik Grimmling

»Das Tor« von 2000, von Wolf Bröll

Leine-Heide-Radweg

Bezaubernde Natur mit Burgen & Schlössern

Malerische Burgkulisse: Blick von der Poppenburg zur Marienburg

Die Region Hildesheim ist über den Leine-Heide-Radweg mit der Lüneburger Heide und mit Hamburg verbunden. Ein 46 Kilometer langer Abschnitt führt von dem insgesamt 410 Kilometer langen Fernradweg durch den Hildesheimer Landkreis. Landschaftlich ist dieser Abschnitt äußerst reizvoll: Der Weg führt durch das enge Leinetal bei Freden und Alfeld, bietet bei Gronau spannende Sichtachsen auf die Mittelgebirge und erreicht bei Elze/Nordstemmen die Hildesheimer Börde mit ihren sanften Wellen. Bei Sarstedt nimmt der Leine-Heide-Radweg den Innerste-Radweg auf. Die gute Radwegvernetzung macht dieses Teilstück für die Radfahrer interessant.

In der Ferne sieht man die Marienburg, bei Föhrste die Burg Wispenstein, hinter Freden hoch im Wald thront die Ruine der Winzenburg, in Brüggen kommen wir am Schloss vorbei und in Gronau auf dem Schlenker über den Leinewerder finden wir das Gronauer ZeitUfer mit den Resten der Stadtbefestigung (Schiefer Turm) und der einstigen Burg Empne. In Alfeld lädt die Welterbestätte Fagus-Werk zum Besuch ein. Industriegeschichte weisen auch die Zuckerfabrik und der Bahnhof von Nordstemmen auf. In Sarstedt sollte man den Abstecher nach Ruthe zur Mündung der Innerste in die Leine nehmen. In Elze stehen wir an der Stadtkirche oberhalb der Mündung der Saale in die Leine. Hier wurde unter Karl dem Großen das kirchliche Verwaltungszentrum begründet, das Karls Sohn und Nachfolger Ludwig der Fromme 815 nach Hildesheim verlegte um dort ein Bistum zu gründen. So erwartet Hildesheim nur 12 Kilometer vom Leine-Heide-Radweg entfernt die Radfahrer zum Aufenthalt: Römer-Pelizaeus-Museum, Dom-Museum, die Welterbestätten St. Michael und der Dom werden die Gäste nicht enttäuschen. Nach einer Stärkung am historischen Marktplatz von Hildesheim kann es dann wieder weitergehen – auf dem Leine-Heide-Radweg.

Blick über Föhrste im Tal der Leine

Sandsteinbrücke über die Leine in Schulenburg (Pattensen)

Der Innerste-Radweg

Vom Harz über Hildesheim nach Sarstedt

Es begann wie immer mit einer Idee: Einige Mitglieder des Netzwerkes Kultur & Heimat Börde-Leinetal e.V wagten sich auf historischen Wegen entlang der Innerste vom Harz bis nach Hildesheim. Es sollte noch einige Jahre dauern, bis aus der Idee ein Konzept erwuchs und hieraus ein Plan entwickelt wurde für einen Radweg von der Quelle bis zur Mündung der Innerste. Nun kooperieren zwölf kommunale Gebietskörperschaften behördenübergreifend und über die Verwaltungsgrenzen hinweg. Von Beginn an haben sich auch Dorfälteste, mehrere Naturschutzvereine und der ADFC eingebracht. Routenvorschläge, Artenkartierungen, Kochrezepte, Geschichten, Sagen und Daten zur Geschichte der Innerste-Landschaft wurden recherchiert und aufgearbeitet, sogar ein Kulturprogramm (»Innerste Blau«) wurde initiiert. Mit den Welterbestätten in der Kaiserstadt Goslar, der Bischofsstadt Hildesheim sowie der Oberharzer Wasserwirtschaft erschließt der Innerste-Radweg dem Besucher nun eine attraktive Kulturlandschaft, die auch mit Naturschönheiten reichlich ausgestattet ist.

Die Innerste entspringt in den weiten Wäldern des Oberharzes unweit der Bergstadt Clausthal-Zellerfeld. Von hier führt der Radweg vorbei an Stauteichen der Oberharzer Wasserwirtschaft durch das tief einschneidende Innerstetal. Hier ist der Harzer Bergbau mit kulturellen Traditionen, alten Halden und Besucherbergwerken noch immer präsent. Über Wildemann und Lautenthal wird der Harzrand bei Langelsheim erreicht, wo die Möglichkeit eines Abstechers nach Goslar besteht. Der Innerste-Radweg führt, begleitet von der »wilden« Innerste, weiter durch das Naturschutzgebiet »Mittleres Innerstetal mit Kanstein«.

Im sanft hügeligen Innerste-Bergland liegen alte malerische Dörfer am Weg und auch mehrere Mühlen. Nebenrouten erschließen lohnende Ziele, z.B. historische Burgen und Schlösser in Liebenburg, Salzgitter-Bad und Oelber. Die Schlösser Ringelheim und Derneburg mit ihren weitläufigen Parkanlagen laden zum Verweilen ein, und schließlich taucht am Horizont die alte Bischofsstadt Hildesheim auf. Ab hier begleitet der Radweg eine »gezähmte« Innerste durch die weitläufige Bördelandschaft bis zu ihrer Einmündung in die Leine bei Ruthe. Über den Leine-Heide-Radweg ist es zur Landeshauptstadt dann nicht mehr weit.

Noch ist nicht alles so perfekt, wie es sich die vielen Akteure vorgestellt haben. Am Projekt Innerste-Radweg wird ständig weiter gearbeitet und stetig werden Verbesserungen vorgenommen. Auch das gehört zu einer lebendigen Kultur der Menschen dieser Region.

Ulrich Weber

Mit dem Hochrad auf dem Innerste-Radweg

Eröffnung des Innerste-Radweges in Baddeckenstedt 2013

Der Mountain-Biker Thomas Kasten, Bad Salzdetfurth, im Gespräch mit einem Entwickler des Innerste-Radweges, Ulrich Weber, Landkreis Hildesheim

Ein Radweg für Groß und Klein

Rennstieg

Wandern auf altem Kurierweg

Wer den Rennstieg wandert, wandelt auf historischen Pfaden. Im Mittelalter unterhielt der Landesherr, der Bischof von Hildesheim, über den Höhenweg, »Rennstieg« genannt, die Verbindung zu seiner wichtigen Burg Winzenburg. Da dies nur ein schmaler Höhenweg war, eignete er sich für Läufer, die Nachrichten mit sich trugen, aber nicht für Kaufmannswagen, die unten im Tal über die Straßen zogen, so dass sich sein Name »Rennstieg« (in anderen Regionen »Rennsteig«) tatsächlich vom Laufen her erklärt. Unser Hildesheimer Rennstieg verbindet über 48 Kilometer die Hildesheimer Domburg mit der Winzenburg – und zwar über Nienstedt und Eberholzen. Verlässt man Hildesheim, folgt man dem Weg am Kloster Marienrode vorbei nach Diekholzen und über-

Vom Hildesheimer Dom zur Winzenburg führt der Rennstieg. Ausschilderungen wie diese vom Harzklub und Heimatbund im Landkreis Hildesheim weisen den Weg wie auch das weiße R (unten links auf dem Schild). Die Weglänge variiert je nachdem, ob man auf direktem Weg oder mit kleinen Abstechern wandert.

quert von dort aus den Hildesheimer Wald. Im Waldbereich der Vorberge führt der Weg 25 Kilometer durch Mischwald mit Schwerpunkt auf Buche. Hat man die Kulturherberge Wernershöhe und den Adenstedter Berg hinter sich gelassen, bietet sich ein Abstecher zur Irmensäule an. War früher an der Winzenburg das Ziel erreicht, so geht man heute an der Samesbuche vorbei weiter bis zum Wanderparkplatz an der Straße von Westerberg nach Lamspringe.

Das Erkennungszeichen des Rennstiegs ist der »Hödeken«, eine

Im letzten Drittel der Strecke zur Winzenburg bietet sich ein kleiner Umweg zur Irminsäule an. Vom Romberg aus hat man einen weiten Blick auf die umliegenden Dörfer.

Der schwarze Hödeken symbolisiert den Rennstieg. Eine neue Beschilderung ist kürzlich erfolgt.

Symbolfigur, die in Schwarz für den historischen Rennstieg steht. Außerdem gibt es Markierungen mit einem weißen R. Als Höhenweg ist der Rennstieg das ganze Jahr über begehbar. Die Strecke wird als leicht bis mittelschwer eingestuft und hat gut 300 Meter Höhendifferenz. Die Idee der Kulturschleifen des Kreisheimatbundes aufgreifend entstanden nun in den letzten Jahren vier weitere Wanderwege mit Hödekensymbolen: Der Hödeken in Blau steht für die »Gewässerschleife« von der Alfelder Warne bis Langenholzen und bis zum Apenteich unterhalb der Winzenburg. Dank der Leaderregion konnten Ausschilderungs- und andere Maßnahmen verwirklicht werden. Der Hödeken in Rot verbindet die Sieben Berge und führt von Alfeld bis zum Tafelberg bei Brüggen. Der Hödeken in Grün greift ebenfalls ein naturkundliches Thema auf. Der Hödeken in Orange erinnert an den historischen »Herrendienstweg« um das Schloss Wrisbergholzen. Es gibt also viel zu entdecken – rund um die Vorberge, Sieben Berge und den Sackwald.

Morgendliche Idylle im Hildesheimer Wald

Auf dem Königsweg in die Kulturlandschaft

Wanderweg verbindet die Region Hildesheim mit Corvey und Quedlinburg

Am Fuß der Sieben Berge liegt Brüggen. Aus seinem Königshof entwickelte sich der Schlossbereich. Die Sieben Berge verbinden sich mit zahlreichen Sagen, aber mit keinem Märchen.

Die ottonische Pfalz Dahlum lag am Königsweg oberhalb des Flussübergangs über die Nette.

Das Kloster Lamspringe wurde um 847 vom Grafen Ricdag und seiner Frau Imhildis gegründet.

Am Eingang des Lehrpfades der Hohen Schanze steht ein Kartenhaus. Die Pläne fertigte die Walter-Gropius-Schule (Hildesheim) im Jahre 2001 an.

Der Königsweg verband im Mittelalter die politischen und wirtschaftlichen Zentren des Königtums im Vorharzgebiet. Das bekannteste Zwischenstück ist dabei der Rennstieg. Dieser Höhenweg zieht sich von der Hohen Schanze bzw. Winzenburg bis Eberholzen. Gleichzeitig ist er die Verbindung von Gandersheim nach Hildesheim. Königsweg und Rennstieg sind hier weitgehend identisch. Zahlreiche Gelände- und überlieferungskundliche Untersuchungen nutzte man ab 2001 als Grundlage für einen Wander- und Fahrweg. Er wurde im Jahre 2005 auf dem Schlossgelände in Brüggen offiziell eröffnet. Informationstafeln ergänzen die Wanderschilder auf der gesamten Strecke. Darüber hinaus gibt es Veröffentlichungen, Führungen und diverse Veranstaltungen.

Die ottonischen Königshöfe und Pfalzen als zeitweilige Aufenthaltsorte der Herrscher mit Gefolge und Tross lagen hierzulande unter anderem in Brüggen, Königsdahlum und Werla. Dies setzte ein stabiles Wegenetz voraus. Dazu heißt es im Sachsenspiegel (13. Jahrhundert): »Die Königs Straße soll sein so breit, dass ein Wagen dem anderen ausweichen kann. Der leere Wagen soll ausweichen dem Geladenen und der minder Beladene dem Schweren. Der Reiter weiche dem Wagen aus und der Fußgänger dem Reiter. Sind sie aber auf einem engen Wege oder auf einer Brücke und verfolgt man einen Reiter oder Fußgänger, so soll der Wagen stillstehen, bis sie vorüber gekommen sind. Welcher Wagen zuerst auf die Brücke kommt, der soll zuerst hinübergehen, er sei leer oder beladen.«

Seit dem Mittelalter gab es Stationen mit Pferdewechsel; sie dienten dem Königtum wie auch Händlern, Reisenden und der Bevölkerung vor Ort. Verschiedene Funktionsträger genossen auf der Straße »Vor-Rechte«, was sich in den Worten »Vor-Gänger«, »Vor-Läufer« und »Vor-Reiter« erhielt.

Boten wählten als schnelle Nachrichtenübermittler schmale, steile und damit kurze Strecken. Größere Gruppen bevorzugten überregionale Straßen wie den Vorgänger der heutigen B3 als Nord-Süd-Verbindung oder die B1 vom Rhein über Elze und Hildesheim nach Magdeburg. Der südlich davon parallel laufende Königsweg führte von Corvey nach Brüggen (Leine) sowie über den Brüggener Stieg nach Eberholzen, auf der Berghöhe bleibend zum Rennstieg in der Höhe von Westfeld. Der Königsweg/Rennstieg verläuft über Wernershöhe und den Adenstedter Berg bis zur Hohen Schanze bzw. der Winzenburg. Von dort geht es von Hornsen und Graste zum Hartlah, um über Liermunde (heute Neuhof) die Harplage querend bis zur einstigen Pfalz Dahlum/Königsdahlum zu gelangen. Weiter geht es über Ortshausen zum Schreckenberg und zum Weiler Rohde, vorbei zum Kanstein bei Langelsheim und über Immenrode nach Schladen und zum Archäologiepark »Kaiserpfalz Werla«. Der Weg führt über Ohrum und Kissenbrück nach Hornburg, Derenburg und Quedlinburg. Auf dem Königsweg erfährt der Wanderer ein Kernstück deutscher Geschichte in wunderbarer Natur, eben Kulturlandschaft zum Erleben.

Gerhard Kraus

Die an einen Raben erinnernde Figur des Hödeken – er ist der Schutzgeist der Winzenburg, des Sackwaldes und der Sieben Berge.

Eintracht Hildesheim – Der Verein für die ganze Familie

»Menschen erreichen, begeistern & bewegen.«

Mit etwa 8300 Mitgliedern ist Eintracht Hildesheim von 1861 e.V. der zweitgrößte Sportverein in Niedersachsen. Das bedeutet, dass etwa jeder zwölfte Einwohner Hildesheims ein Mitglied ist. Eine konstante und nachhaltige Erweiterung des Angebots um neue Trends in allen Bereichen vom Breitensport bis in die Leistungssparten scheint das Erfolgsrezept für ein ständiges Wachstum zu sein. Eintracht Hildesheim – ein Sportverein, der sich seit 1861 permanent weiterentwickelt. Und genau mit dieser Kombination aus Standorttreue und dem konstanten Engagement für das Leistungsangebot schreibt Eintracht eine mehr als 150-jährige Erfolgsgeschichte und fungiert somit als Aushängeschild für Hildesheim und die Umgebung.

Doch nicht nur hier ist Eintracht den Sportlern ein Begriff, auch deutschlandweit sind Eintrachts Handballer ganz vorne mit dabei. Der Aufstieg in die Bundesliga ist nur einer der Erfolge des Vereins, der durch die große Gemeinschaft der Mitglieder und Unterstützer möglich wird. Ein vorbildliches Leistungsvermögen, das viele Menschen integriert und dennoch jedes einzelne Mitglied im Mittelpunkt stehen lässt.

Die soziale Aktivität des Vereins fängt schon bei der Betreuung der Kleinsten an: Eintracht Hildesheim ist Träger der Kinderkrippe »Hampelmann« und der Großtagespflegestelle »Purzelbaum« für die Kleinsten. Für die etwas älteren Kinder gibt es den Sporthort. Das ist eine besondere Leistung, die der Sportverein für die Gesellschaft erbringt. Hildesheimer Kindern wird im »Flick Flack« nachmittags nach der Schule nicht nur Betreuung geboten, sondern zudem ein abwechslungsreiches Bewegungs-Programm. Dabei werden auch umweltpädagogische Aspekte mit Outdooraktivitäten vermittelt. Doch vor allem haben die Kinder hier nachmittags die Möglichkeit, verschiedene Sportarten kennenzulernen. Fester Bestandteil ist der Schwimmunterricht in der Eintracht-Schwimmhalle in Himmelsthür.

Dass es für jeden von Jung bis Alt ein Angebot gibt, zeigt die große Spartenvielfalt und Kursauswahl. Auch existieren zahlreiche Kooperationen mit Unternehmen, Vereinen, Institutionen und vielen Hildesheimer Schulen. Die Betreuung und Anleitung von über 1000 Hildesheimer Schülern im außerschulischen Ganztagsbereich wird mehr und mehr ein Markenzeichens des Vereins. Es kann sich jeder engagieren und mitwirken, um ein Teil von Eintracht zu werden, sei es bei Sport- oder Fitnessangeboten oder bei sportlichen Großveranstaltungen wie dem »Tag des Sports«. Eintracht Hildesheim bietet allen Bürgerinnen und Bürgern die passende Möglichkeit zur aktiven Freizeitgestaltung und zum Leistungssport.

Paloma Klages

Die Luftbildaufnahme zeigt das Gelände des Sportvereins Eintracht Hildesheim von 1861.

Hohnsen-See

Naherholungsgebiet und Sportzentrum

Der Hohnsen-See ist ungefähr 500 Meter lang und 250 Meter breit. Er liegt südlich der Neustadt Hildesheim, zwischen der Straße »Hohnsen«, die wie der Name des Sees an das ehemalige Dorf Hohnsen erinnert, dem Fluss Innerste mit dem Innerste-Überlaufbecken sowie der Straße »An den Sportplätzen«. Naherholung und Sport gehen am Hohnsen-See Hand in Hand: Der Jogger überholt den Spaziergänger. Die Gelegenheiten zum Sport sind vielfältig: Den Sportplätzen von »VfV Hildesheim«, »Eintracht Hildesheim« und »VfV Borussia 06 Hildesheim« schließen sich das Freibad »Johanniswiese« und das Kanuzentrum mit dem Badestrand an, wobei der Nordteil des Sees als Strandbad mit seinem 150 Meter langen Strand zum Freibad gehört. Im restlichen Teil des Sees kann auf eigene Gefahr gebadet werden. Am Hohnsen-See starten gern die Ballone, weiden die Schafe und entspannen die Gäste im Café Noah. Das beliebte Naherholungsgebiet entstand in den 1970er Jahren aus einem Kiesabbau und ist heute aus dem Stadtbild Hildesheims nicht mehr wegzudenken.

Dr. Thomas Dahms

Kurze Wege vom Kalenberger Graben und der Altstadt ins sportliche Herz von Hildesheim

Blick vom Hohnsen-See zur Hildesheimer Altstadt mit dem hohen Turm der St. Andreaskirche

Das Freibad »Johanniswiese«

Ruhe auf dem Hohnsen-See

Faszination Golf

Höhepunkte der Saison sind jedes Jahr die Clubmeisterschaften, bei denen zahlreiche Zuschauer die besten Spieler auf der entscheidenden Runde begleiten.

Der Golfclub Bad Salzdetfurth-Hildesheim

Neulich fragte mich ein Freund: »Was fasziniert dich eigentlich an diesem komischen Golfspiel?« Mir fiel spontan keine passende Antwort ein, also vertröstete ich ihn: »Ich denke drüber nach. Frag mich morgen noch mal.«
Am anderen Morgen fuhr ich ganz früh auf den Golfplatz, um mich auf die Suche nach der Faszination dieses »komischen« Spiels zu machen. Auf dem Weg dorthin war schon etwas von dieser unerklärlichen Faszination da, Vorfreude, eine Art innerer Erregungszustand. Ich fuhr den Weg zum Parkplatz hoch. Die Bahnen links und rechts des Weges lagen in sattem Grün. Offenbar war noch niemand da.
Erste Sonnenstrahlen krochen über die Baumwipfel im Osten, als ich auf dem Abschlag 1 stand. Die Morgensonne hatte das Innerstetal im Hintergrund in ein wundersames Licht getaucht. Auf dem nahen Feldrain trällerte eine Lerche, und hinter dem Weg, der die Bahn 1 kreuzt, spielte eine Füchsin mit ihrem Nachwuchs. Ich fühlte mich eins mit der Natur. Und ich hatte die nächste Antwort auf die Frage nach der Faszination.
Vorsichtig legte ich den kleinen weißen Ball auf ein Tee und bereitete mich auf den Abschlag vor. Die Füchsin hatte mich entdeckt und verschwand vorsichtshalber mit ihrem Nachwuchs im Unterholz. Meinen Schlägen ist schließlich nicht zu trauen.
Aber mein Abschlag war begnadet. Der Ball flog noch über den kleinen Weg hinweg und landete mitten auf dem Fairway. Welch ein Anfang! Stolz und Genugtuung

durchströmten mich. Ich konnte den zweiten Schlag kaum erwarten. Meine schwungvolle Ausholbewegung riss aber leider ein tiefes Loch in den Rasen, und der Ball hoppelte lediglich drei Meter weiter.
Na, dann eben mit dem dritten Schlag auf das Grün, mahnte ich mich trotzig. Leider entsprach auch dieser Versuch nicht meinen Erwartungen. Ärger kroch in mir hoch. Der vierte Schlag landete im Rough, der fünfte im Bunker. Aus Ärger war Wut geworden.
Wie dem auch sei, mein Hieb aus dem Bunker misslang völlig, und der Ball flog an der Fahne vorbei weit über das Grün hinaus. Anschließend fand ich ihn nicht mehr und überlegte kurz, ob ich in Zukunft nur noch Schach spielen sollte. Aber ich konnte nicht aufhören. Dieser kleine weiße Ball war in mich hineingekrochen und hatte meine Seele in Beschlag genommen.
Die restlichen Bahnen glichen ebenfalls einer Achterbahnfahrt. Ich lernte das Unterholz kennen und die Brennnesseln im hohen Gras neben dem Fairway. Dann wieder gelangen mir einige Schläge, die nach Golf aussahen und die mein Herz hüpfen ließen: Ich spielte ein faszinierendes Spiel gegen mich selbst.

Regen Zuspruch findet jeweils der »Tag der offenen Tür«, mit dem sich der Golfclub zweimal im Jahr der interessierten Öffentlichkeit präsentiert.

Ich hatte meine halbe Runde beendet und traf am Klubhaus einige Freunde, die gerade anfangen wollten. Sie frotzelten über mich, weil ich allein gespielt hatte. Sie lieben die Geselligkeit, die Gespräche während der Runde, das gemeinsame Kaltgetränk hinterher. Beim Golfspiel hat man keine Gegenspieler, sondern immer nur Mitspieler. Das schafft vor allem bei uns Senioren stets eine entspannte Atmosphäre. Und plötzlich begriff ich, was das Faszinierendste an diesem Spiel ist: Dass jeder all das finden kann, was er für sich selber als sinnvoll erachtet: lange Spaziergänge durch eine wunderschöne Natur, Konzentration und Entspannung zugleich, Gespräche und geselliges Miteinander, Wettkämpfe und repräsentative Feste. Und ich begriff, dass man das alles einem Fremden nicht erklären kann. Also antwortete ich auf die Frage meines Freundes, was einen an diesem komischen Golfspiel fasziniere: »Finde es selber raus!«

Dr. Jörg Hellmann

Über die Faszination des Golfsports: in wunderschöner Natur …

Beitrag von:
Golfclub Bad Salzdetfurth-Hildesheim
Dr.-Jochen-Schneider-Weg 1 · 31162 Bad Salzdetfurth
Tel. (0 50 63) 15 16 · info@golfclub-hildesheim.de · www.golfhildesheim.de

Die reizvolle Hügellandschaft der 18-Loch-Anlage des Golfclubs Bad Salzdetfurth-Hildesheim gehört zu den schönsten Plätzen in Niedersachsen.

»Badespaß pur« im Wasserparadies Hildesheim

Ein Tagesbesuch lohnt sich für Groß und Klein

Badeparadies

Im Jahr 1990 wurde das Freizeitbad mit zentraler Lage zum Omnibus- und Hauptbahnhof unter dem damaligen Namen Rosentherme eröffnet. Seit 1992 trägt das Bad den Namen Wasserparadies und erfreut sich großer Beliebtheit bei Jung und Alt.

Abenteuerbereich

Im Bade- und Sportparadies kann man sich auf 1500 Quadratmetern Wasserfläche nach Lust und Laune im Wasser austoben: 70 Meter Rutsche mit Black Hole (Lichteffekte und Sound), Steinwandrutsche, Wasserkanonen, Strömungskanal und Wildbach, Kinderbecken, Außenbecken (31 °C) mit Massagedüsen und Liegemulden, Whirlpools, Massagebecken, Grotte mit Liegemulden und kleiner Rutsche, Spielraum, 25 Meter x 21 Meter Sportbecken sowie 3 Meter und 1 Meter Sprungtürme.

Für den Hunger zwischendurch gibt es im SB-Restaurant Paradieso allerhand Leckeres für jedermann.

Saunaparadies

Die Saunalandschaft mit zehn verschiedenen Saunen auf zwei Ebenen lädt zu einer Auszeit vom Trubel ein und bietet alles, was man zum Entspannen benötigt. Angefangen vom Dampfbad und Bio-Saunarium über die Medical Wellness Sauna mit Salina Vita System (Meerwasser mit Sauerstoff-Ionisation) sowie die Finnische Sauna und Blockhaus Sauna bis hin zu den Kräuter-, Erd-, Eukalyptus-, Lava- und Infrarotsaunen.

Wellnessparadies

Entspannung vom alltäglichen Stress bieten die wohltuenden Kosmetik- und Massageanwendungen, bei denen man sich von Kopf bis Fuß verwöhnen lassen kann. Von der Rückenmassage und der großen Gesichtsbehandlung über Maniküre, Pediküre bis hin zur Ayurveda-Ganzkörpermassage, Make-up und Haarentfernung werden alle Wünsche erfüllt.

Saunaparadies

Restaurant Palmeras

Restaurant Palmeras

Stilvolles Speisen in mediterranem Ambiente mit Panoramablick ins Badeparadies kann man im Restaurant Palmeras genießen. Das Restaurant ist nur über den Haupteingang, vom Bad- und Saunabereich getrennt und ohne Eintrittskarte zu erreichen. So ist das Restaurant ein echter Geheimtipp.

Kindergeburtstag

Riesenspaß für abenteuerlustige Wasserratten bis 14 Jahre verspricht der Kindergeburtstag im Wasserparadies Hildesheim. Spaß und Planschen satt, genau das richtige Ambiente für eine Geburtstagsrunde. Für den kleinen Hunger ist auch mit einem leckeren Geburtstagsmenü gesorgt. Das Geburtstagskind erhält an diesem Tag freien Eintritt.

Kursangebot

Um sich und seine Familie gesund zu halten, stehen verschiedene Kurse auf dem Programm: Wassergewöhnung für Babys, Kinderschwimmen für Anfänger und Fortgeschrittene, Aquafitness (auch im Tiefwasser), Wassergymnastik für Senioren und die Aquabikes sorgen für Fitness und Wohlbefinden.

Weitere Informationen finden Sie unter: www.wasserparadies-hildesheim.de

Innerstebad Sarstedt

Erlebnisbad im Herzen der Stadt

Raus aus dem Alltag, rein ins Vergnügen, so präsentiert sich das Sarstedter Innerstebad.
Mit der Einweihung des Freibades im Jahr 1959 setzte die Stadt Sarstedt neue Akzente im Freizeitbereich. Die Förderung der schwimmsportlichen Betätigung der Bevölkerung, insbesondere der Kinder, hatte sich damals die Stadt Sarstedt zum Ziel gesetzt. Viele Bürgerinnen und Bürger haben im Freibad schwimmen gelernt und ganze Sommer dort verbracht. Die seinerzeit von Rat und Verwaltung gesetzten Ziele wurden positiv umgesetzt und erreicht.
Im Jahr 1978 wurde zu dem bestehenden Freibad ein Hallenbad mit Sauna und Solarium errichtet. Bis in unsere heutige Zeit wurde der Erlebnisbereich mit Riesenrutsche, Whirl-Pools und und ... neu konzipiert und modern gestaltet. Ein besonderes Highlight ist die Saunalandschaft mit fünf verschiedenen Saunen. Salinensauna, Biosauna, Finn-Sauna oder Blockhaussauna, für jeden ist das Richtige zum Schwitzen dabei. Auch der Frischluftgarten und das Bistro sorgen für Abwechslung in schöner Umgebung. Das Innerstebad hat einen hohen Erlebnis- und Freizeitwert.
Damit das Bad seiner Zeit immer einen Sprung voraus ist, gehören auch Aqua-Fitnesskurse wie Wassergymnastik, Babyschwimmen und sogar Kindergeburtstage mit Animation und Mitternachtssauna zum Programm der Freizeitanlage. Eine neue Fitnessvariante ist Aquabiking.
Nicht zu vergessen sind aber auch die vielen schwimmsportlichen Wettbewerbe, die im Innerstebad stattfinden.
Das Freibad hat eine Wasserfläche von 1500 Quadratmetern. Hier erwartet den Besucher in den Sommermonaten ein 50-Meter-Becken mit 5-Meter-Sprungturm und einem Wildwasserkanal im Nichtschwimmerbereich. Besonders beliebt ist das Planschbecken für die kleinen Badegäste.
Während die Eltern auf der großen Liegewiese relaxen, sehen sie ihren Kindern zu, die das Planschbecken mit der Rutsche voll in Besitz nehmen. Lauthals lachen die Kleinen bei ihren Spielen und lernen viele neue Freunde kennen.
Ein kleines Paradies finden die Kinder aber auch auf dem Aktivspielplatz.
Für die Erwachsenen gibt es neben dem Erholen im kühlen Nass sportliche Freizeitbetätigungen. Auf der Beachvolleyball-Anlage können kleine Quatro-Turniere ausgetragen werden.

Da das Innerstebad Sarstedt – mit seinem idealen Standort im Herzen der Stadt – ganzjährig geöffnet ist, sind Besuche zu jeder Jahreszeit möglich. Ein Besuch im Freibad und auch im Hallenbad ist immer wie ein Tag Urlaub.

Warmbecken im Saunabereich

Finn-Sauna

Hallen-Erlebnisbad – Freizeitbereich

Freibad – Liegewiese mit Kinderbecken

Freibad – Schwimmerbecken

Babyschwimmkurs

Das Wildgatter in Hildesheim

Vom Wildtiergehege zum Zoo mit vielen Vögeln

Seit 1968 gibt es am Steinberg in Ochtersum ein Tiergehege, das sich zu damaliger Zeit auf Rot- und Schwarzwild beschränkte. Mittlerweile wurde das »Wildgatter« als etwa sechs Hektar großer Zoo anerkannt. Es hat täglich geöffnet und kann unentgeltlich besucht werden. Inmitten der Tiergehege liegt ein Ausflugsrestaurant. Ein kleiner Schauraum befindet sich in Höhe des Betriebshofs. Auf dem Gelände sind neben den Gehegen auch Infotafeln, eine Wildwiese und mehrere Teiche. Außerdem gibt es kleinere Spielgeräte für Kinder und naturnah geschnitzte Figuren aus Holz.

Der flugunfähige Uhu ist im Wildgatter (Eulenstation) geschlüpft und das älteste Tier im Wildgatter.

Die Ziegen sind sehr neugierig und fast handzahm.

Auf dem Gelände des Wildgatters können die Besucher zwischen Gehegen und Volieren wandern und den direkten Kontakt zu den Tieren genießen. Hier gibt es: Muffelwild (Wildschafe), Schwarzwild, Damwild, Rotwild, Sikawild, Ziegen, Marder, Frettchen, Kaninchen, Meerschweinchen, verschiedenen Fasanarten (je nach Besatz zum Beispiel Jagdfasan, Ringfasan, Königsfasan, Diamantfasan, Amherstfasan), Puten, Hühnern, Gänsen, Pfauen, Tauben, Rabenvögeln (Kolkrabe, Rabenkrähe, Elster), unterschiedlichen Greifvogelarten (Mäusebussard, Turmfalke) und einigen Eulenarten (Uhu, Waldkauz, Schleiereule). Außerdem gibt es eine Voliere der Waldvogelfreunde, deren Bestand wechselt, unter anderem sieht man dort Birkenzeisig, Dompfaff, Kreuzschnabel, Buchfink. Jährlich freuen sich die Besucher über Jungtiere wie zum Beispiel Rehkitze, Lämmer und Frischlinge.

Da das Wildgatter auch über einen Auffangbereich für verletzte Wildvögel verfügt, die aufgrund ihrer Verletzung nicht mehr in die Wildnis entlassen werden können (zum Beispiel flugunfähige Vögel oder Tiere mit Fehlprägung), arbeitet der Verein auch eng mit dem Tierheim Hildesheim und anderen Auffangstationen (zum Beispiel in Leiferde) zusammen.

Das Wildgatter ist für alle Altersgruppen interessant, es wird gern von Familien, aber auch von Schulklassen und Kindergärten besucht, Jogger drehen zwischen den Gehegen ihre Runden, Spaziergänger besuchen das Wildgatter oder führen ihre Hunde aus. Sonntags und an Feiertagen kommen die Besucher besonders gern. Vor allem Kinder freuen sich über den direkten Kontakt mit den Tieren, von denen nur wenige scheu sind.

Da die Unterhaltung des Wildgatters durch die Stadt Hildesheim getragen wird, die auch das Personal für die Pflege der Tiere und Gehege zur Verfügung stellt, aber keine Einnahmen verbucht, wurde der Förderverein Wildgatter Hildesheim e.V. gegründet, um das Wildgatter tatkräftig zu unterstützen und damit den Sparzwängen der Stadt Rechnung zu tragen. Er will über Geldmittel und Aktivitäten etwas zur dauerhaften Erhaltung dieser schönen Freizeiteinrichtung beisteuern: www.wildgatter-hildesheim.de

Martina Bertram

Das Wild ist nur wenig schreckhaft, zieht sich aber gern zurück.

Mufflons (Wildschafe) sorgen jedes Jahr für Nachwuchs.

Auch bei den Wildschweinen sind jedes Jahr Frischlinge zu beobachten.

Bestes Klima am Gradierwerk

Salzhaltige Luft im Kurpark

Ruhige Gelassenheit empfängt den Besucher, wenn er vor den mächtigen Gradierwerken Halt macht. Die Zeit scheint still zu stehen und allein die stetig über das Haufwerk aus Schwarzdornen rieselende Sole gibt den Takt vor. Hier finden Sie einen Ort zum Abschalten, Innehalten und zum tief Durchatmen abseits des Trubels unserer hektischen Zeit.
Die beiden imposanten, über 260 Jahre alten Gradierwerke bilden das Herzstück des Kurparks mit seinen weit angelegten Rasenflächen und den prachtvollen Rosen- und Blumenrabatten. In der Umgebung der Salzdetfurther Salinen ist die Luft mit Salz angereichert und durchaus mit der Nordseeluft vergleichbar. Das Einatmen der salzhaltigen Luft wirkt sich positiv auf die oberen Atemwege aus. Die schleimlösende Wirkung des Aerosols bewirkt eine Linderung bei Atemwegserkrankungen. Besonders Pollenallergiker und Asthmatiker schätzen diesen positiven Effekt.
Ursprünglich dienten die 13 Meter hohen und 71 bzw. 51 Meter langen Gradierwerke der Salzgewinnung. Die unter Salzdetfurth liegende 7-prozentige Sole wurde gefördert und bis zu neun Mal über die Dornenwände geleitet. Durch die natürliche Verdunstung erhöhte sich die Salinität des Wassers auf bis zu etwa 27 Prozent. Das Endprodukt »Salz« erzielten die Salzpfänner dann durch das Kochen der gesättigten Sole in riesigen Salzpfannen.
Haben sich auch die Lebens- und Arbeitsbedingungen von der früh- zur postindustriellen Gesellschaft enorm gewandelt, leisten die Gradierwerke immer noch einen wichtigen Beitrag zu Freiluftinhalation. Deshalb finden sich – hauptsächlich während der Sommermonate – zahlreiche Gäste ein, die im Bereich der Salinen verweilen, um die angenehm frische und salzhaltige Luft im Kurpark zu genießen.
In Deutschland sind heute nur noch etwa 30 Gradierwerke in Betrieb. Die Salinen in Bad Salzdetfurth sind für die niedersächsische Region eine echte Seltenheit und nicht nur einen Besuch wert. Zudem finden vor der Kulisse der historischen Gradierwerke von Frühjahr bis zum Herbst unterschiedliche Veranstaltungen statt. Mehr Informationen erhalten Sie im Internet unter: www.mit-natur-natürlich-fit.de

Eines der beiden Gradierwerke von 1746 mit einer imposanten Höhe von 13 Metern

Rundgang um das Gradierwerk

Das Weenzer Bruchland

Reizvolles Sumpfland mit geologischen Besonderheiten

In einer reizvollen Landschaft westlich von Duingen liegt das etwa 300 Hektar große Naturparadies Weenzer Bruch. Kaum vorstellbar, dass dieses Gebiet in den letzten 200 Jahren mehrfach ganz anders aussah. Am Haidkopf zwischen den Orten Wallensen und Weenzen wurde ab dem 19. Jahrhundert durch die Humboldt-Bergbaugesellschaft Braunkohle abgebaut. Etwa auf der heutigen Grenze zwischen den Landkreisen Hildesheim und Hameln-Pyrmont wurde zunächst unter Tage, später dann im Tagebau Kohle für die eigene Brikettfabrik und das Grubenkraftwerk Thüste gewonnen. Auch ging weitere Kohle als Brennstoff in Betriebe der Umgebung. Die bei Bäckern und Hausfrauen beliebten Humboldt-Briketts, auch Treue-Briketts genannt, stammten von hier.

Als die Bergbaugesellschaft 1966 den Abbau wegen Absatzschwierigkeiten und nachlassender Qualität einstellte, blieben die ausgebeuteten Gruben als eine schwarze Mondlandschaft zurück. Doch bereits am nächsten Tag begann die Rekultivierung mit dem Ziel ein Erholungsgebiet zu schaffen. Vier große und mehrere kleine Seen entstanden als die Pumpen stillstanden. 1967 lief eine gigantische Bepflanzungsaktion an, in der 600 000 Bäume wie Roterlen, Eschen und Douglasien gepflanzt wurden. Im Laufe der letzten Jahrzehnte haben sich Vegetation und Tierwelt ihre ursprünglichen Gebiete zurückerobert, an denen sich nun Erholungsuchende erfreuen können. Viele Wanderwege durchqueren dieses auch bei Anglern, Badenden und Fotografen beliebte Gebiet. Hervorzuheben sei hier der geologische Lehrpfad im Weenzer Bruch. Auf einer Länge von etwa 5 Kilometern gibt es Informationen zur erdgeschichtlichen Entstehung dieses bewegten Gebietes. Es gibt kein zweites Gebiet in Deutschland, in dem auf so engem Raum eine so außergewöhnliche Vielfalt an unterschiedlichen Gesteinen und Bodenschätzen an der Erdoberfläche ansteht. Mit teilweise grandiosen Ausblicken zum Ith kann man einen Rundgang durch 250 Millionen Jahre Erdgeschichte durchlaufen. Vom einst tropischen Zechsteinmeer gelangt man nach einem Spaziergang etwa zum Entensee, einem Refugium für viele Vogelarten. Als größter See lädt der Bruchsee nahe der Bundesstraße 240 im Sommer zur Abkühlung ein. Auch der Humboldtsee ist ein Badesee und dazu von einem Campingplatz umgeben. Teilweise sind die Seen Schongebiete zum Erhalt der Artenvielfalt. Besonders im Herbst, wenn die Blätter in allen Farben leuchten, fällt es einem leicht, bei einem Spaziergang zwischen dem Paradiesteich, dem Weinberger See und der dort durchfließenden Saale, sich nach Kanada versetzt zu fühlen.

Sabine Milas

Durch eine künstliche Teilung fließt die Saale durch Humboldt- und Weinbergersee.

Viele Wege, Pfade und Stege durchziehen das Sumpfland.

Zu jeder Jahreszeit einen Spaziergang wert: die Seen zwischen Duingen und Wallensen

Der Giftener See

Freizeit zwischen zwei Großstädten

Der Giftener See ist ein durch den Kiestagebau künstlich geschaffener See. Er wurde renaturiert und liegt in direkter Nähe zum Sarstedter Ortsteil Giften, umringt von weiteren – zum Teil noch produktiven – Baggerseen.
Der Abbau von Kies begann in der Region zwischen Sarstedt und Giften im Jahr 1953 und hat sich seitdem in nordwestliche Richtung zur Leine verlagert.

Die Natur hat das ehemalige Kiesabbaugebiet zurückerobert und lädt zum Beobachten von Wasservögeln ein.

Mehr als 20 Seen liegen in dem Abbaugebiet zwischen Giften und der Leine. Der größte See am Jeinser Weg bietet sich Wassersportlern an.

Im Sommer ist der Giftener See ein beliebtes Ausflugsziel, wie hier bei einem Geocaching-Event.

Diese im Laufe der Jahrzehnte aus mehreren kleinen Seen unterschiedlichen Alters entstandenen »Baggerseenlandschaften« sind vielerorts wiederzufindende Kennzeichen für das Leinetal südlich von Hannover. Insbesondere für Zugreisende stellen sie markante Orientierungspunkte dar, zumal die 4 Quadratkilometer große Fläche der Giftener Seen von der Regionalbahn- als auch von der Hochgeschwindigkeitsstrecke Göttingen-Hannover durchquert wird und aus dem Zugfenster weitläufig überblickt werden kann.
Nach der erfolgreichen Wiederherstellung von naturnahen Lebensräumen für Pflanzen und Tiere hat sich der zentrale Giftener See zu einem beliebten Naherholungsgebiet der Stadt Sarstedt entwickelt, das ganzjährig zu Sport- und Freizeitaktivitäten einlädt.
Neben Spaziergängern und Radfahrern zieht es in den Sommermonaten nicht nur sonnenhungrige Badegäste, sondern auch Wassersportler an den See. Ausreichend Parkplätze, großflächige Liegewiesen und zwei Grillplätze tragen zum entspannten Aufenthalt bei.
Am Nordufer befindet sich das Heim des Segel-Club Sarstedt e.V. mit eigenem Steg für die Segelboote. Ebenso betreibt die Windsurfabeilung des Turnklubs Jahn Sarstedt e.V. einen Stützpunkt für Material und Ausrüstung. Demnach zeichnet sich an windreichen Tagen das Bild des Sees besonders farbenfroh; immer dann, wenn die zahlreichen bunten Segel der Boote und Surfbretter die Wasseroberfläche verzieren.
Angesichts der Speisung durch Grundwasser und nicht vorhandenen Zuflüssen oder Einleitungen in den kleineren benachbarten Badesee haben sommerliche Badegäste keine externe Verunreinigung des Gewässers zu befürchten. An den Badestellen überwacht das Gesundheitsamt des Landkreises Hildesheim die Badewasserqualität und hat diese in den letzten Jahren durchgehend als »ausgezeichnet« eingestuft.
Am Westufer wurde auf einer Erhöhung eine Plattform errichtet, von der die Aussicht auf den etwa 600 Meter langen und 160 Meter breiten See möglich ist.
Von Saugbaggern und anderem schweren Gerät, das einst dem Abbau und Transport von Kies diente, ist nichts mehr zu erahnen. Im Gegenteil fällt der Blick auf die naturgrüne Insel in der Mitte des Sees, die ausschließlich der Tier- und Pflanzenwelt vorbehalten ist: Ungestört vom Menschen brüten hier zahlreiche Wildvögel und ziehen ihren Nachwuchs auf.

Holger Millies

Das Entree im 1950er-Jahre-Stil mit dem runden, weit überhängenden Dach und den repräsentativen Schwingtüren lädt ein.

Film ab!

Kinoerlebnis im Landkreis

Gronauer Lichtspiele

Die Gronauer Lichtspiele sind ein kleines altes Kino in Gronau/Leine. Sie wurden 1919 gegründet und waren von Anfang an im Besitz der Familie Fricke. Über 50 Jahre lang haben Hans und Erika Fricke das Kino betrieben und sie haben es auch in der Hoch-Zeit 1954 komplett neu ausgestaltet, so wie es noch heute zu erleben ist! Der KulturKreis Gronau e.V. übernahm das Kino 2001. Dank großzügiger Unterstützung der Stadt Gronau, des Landes Niedersachsen, zahlreicher Unternehmen und Privatpersonen, wurde das Kino technisch modernisiert: Vor die große Leinwand kam eine Bühne mit entsprechender Licht- und Tontechnik, ein Beamer und eine Dolby-Surround-Anlage, wobei darauf geachtet wurde, dass der authentische 1950er-Jahre-Charme dieses Hauses erhalten blieb.

Die Gronauer Lichtspiele haben ein monatliches Kinoprogramm und es finden Musik-, Theater- und Kleinkunstangebote statt. Für eigene Veranstaltungen kann das Kino auch gemietet werden. Die kleine Kinoprogramm-Kommission versucht stets einen guten Mittelweg zwischen Anspruch und Kommerz zu finden. Besonders populär sind Filme mit Rahmenprogramm. So hat nach wie vor die Filmreihe »Tage des besonderen Films« – immer mit Einführung, oft mit Rahmenprogramm – eine treue Zuschauergemeinde. Ein Renner ist die »Ladies' Night«, Kinoabende nur für Frauen. Eine »Frauen-affine« Komödie, gern mit etwas Tiefgang, ein Gläschen vorweg, launige Begrüßung, eine Verlosung, ein zum Film passendes Kleinbüfett und die Frauen unter sich. Vierteljährlich und sehr gut besucht.

Der Erfolg liegt vielleicht auch im Konzept-Charakter dieser Veranstaltungen: Wenn der Film beispielsweise in griechischem Umfeld spielt, ist selbstverständlich das Büfett griechisch, der Wein, die Musik, ja selbst die Gewinne, die zum großen Teil von hiesigen Unternehmen gespendet werden, stehen in Bezug zur Story. Die Moderation ist allerdings auf Deutsch (ohne Untertitel).

Nach dem Erfolg der Ladies' Night gibt es auch eine Men's Night, nach ähnlichem Muster und mit wachsendem Zuspruch. Kultstatus hat der Silvesterfilm. Am 31. Dezember des Jahres um 18.30 Uhr gibt es eine (klassische) Komödie, gern Billy Wilder-Filme, ein Gläschen, ein Häppchen, und danach gehen die Gäste gegen 21.30 Uhr mit einer Wunderkerze in der Hand fröhlich zum Weiterfeiern nach Hause.

Kindervorstellungen sind grundsätzlich werbefrei. Acht Mal wurde das Kino bisher mit dem »Niedersächsischen Jahresfilmprogrammpreis« zwischen 2001 und 2009 ausgezeichnet! Die nächste große Herausforderung wird die drängende Digitalisierung der Vorführtechnik sein. Dank des großen Einsatzes aller Beteiligten feierte das Kino im Jahr 2009 ein 90-jähriges Jubiläum und soll noch viele Geburtstage erleben – vielleicht auch Ihren – in diesem tollen Ambiente der 1950er Jahre: www.kulturkreisgronau.de

Im prächtigen Kinosaal weht der Atem der 1950er Jahre. 150 Personen haben hier Platz.

Die guten alten Bauer P12 Projektoren tun noch immer treu ihren Dienst. Bekommen sie bald Gesellschaft von einem Digitalprojektor?

Thega Hildesheim

Der Thega-Filmpalast erfreut sich anhaltender Beliebtheit weit über die Stadtgrenzen Hildesheims hinaus. Kein Wunder: Ein Filmpalast in bester Lage, mit einer tollen Architektur, modernster digitaler Bild- und Tonqualität, einem stets aktuellen und breiten Filmangebot und einem Gastronomiebetrieb in Verbindung mit einer großen Außenterrasse. Im Foyer informieren Monitore über das Programm, die Spielzeiten, Altersfreigaben usw. Es ist barrierefrei erreichbar, ebenso wie alle Kinosäle im Erdgeschoss. Kurz: Thega Filmpalast – ein Ort, an dem immer etwas los ist.

Der Name Thega leitet sich vom Theatergarten ab und bezieht sich auf den Standort direkt neben dem Theater im Zentrum von Hildesheim.

Amateurtheater der Region: Freizeit, Leidenschaft und Engagement

Von Ahrbergen bis Alfeld – von Heyersum bis Holle

Ausdrucksstark und mitreißend – so begeistern die Schauspieler ihr Publikum auf jeder Bühne.

Wenn man von Theatern spricht, sind meistens Stadttheater gemeint, vielleicht auch noch eines der Freien Theater, die man oft in größeren Städten besuchen kann. Aber wenn man vom Theaterspielen spricht, so meint man meist die Amateurtheater, die besonders den ländlichen Raum prägen. Wie viele Menschen sich in ihrer Freizeit engagieren, um Texte zu lernen, Kostüme zu schneidern, Masken zu fertigen, Bühnenbilder bauen oder gar um die Bühnen zu zimmern, kann man nicht sagen, denn diese kleinen oder auch etwas größeren Theater sind nur teilweise erfasst. Sie werden nur in Ausnahmefällen subventioniert und gelten als Freizeitvergnügen. In vielen Orten gibt es zahlreiche Engagierte, die sich mit Leidenschaft um die Unterhaltung ihrer Mitmenschen bemühen. Während in Theatergruppen der Schulen nach ein paar Jahren das Ensemble wechselt, zeigen Vereine oft eine Beständigkeit über Jahrzehnte. Einige Vereinigungen bestehen seit fast 70 Jahren wie der Theaterverein Alfeld oder die Spielfreunde Heyersum; der Theater-Verein in Söhlde ist sogar noch 20 Jahre älter. Neuere Vereine sind teilweise auf spezielle Gruppen ausgerichtet, wie die Jugendlaienspielgruppe in Wehrstedt oder das interkulturelle Deutsch-Türkische Theater in Hildesheim. Wieder andere sind reine Figuren- oder Puppentheater. Feste Größen in der regionalen Amateurtheaterwelt – wie das »Theater nebenan« in Ahrbergen – haben eigene Nachwuchsgruppen und unterhalten selbst ihre Bühne. Ein Beispiel, dass man keine feste Bühne braucht, zeigt das Forum Heersum. An wechselnden – teils auf den ersten Blick kurios erscheinenden – Spielorten werden seit gut 20 Jahren die Orte der Umgebung mit in die interaktiv wirkenden dynamischen Aufführungen integriert. Hier finden sich die Zuschauer inmitten von mehreren hundert Laiendarstellern sowie professionellen Theaterschauspielern und spektakulären Bühnenszenarien wieder.

Beispielhaft für alle Theatervereinigungen, die einer Freizeitbeschäftigung nachgehen, wird hier das Holler Firlefanz Theater e.V. vorgestellt:

1987 war das entscheidende Jahr: Elf Personen haben sich getroffen, mit dem gemeinsamen Ziel Theater für Kinder zu spielen. Das erste Stück war »Rumpelstilzchen«. Der damalige Gemeindedirektor gab die Genehmigung eine Bühne in der Grundschule Holle zu bauen, finanziert aus eigenen Mitteln und Spenden der Bevölkerung. Aus dieser Faszination hat sich der Holler Firlefanz entwickelt, technisch und künstlerisch qualifiziert mit einem gewissen Standard und Bekanntheitsgrad. Der gemeinnützige Verein hat etwa 60 Mitglieder, die sich durch Seminare in allen Bereichen beim Amateurtheaterverband Niedersachsen fortbilden und weiterentwickeln. Zur Erwachsenengruppe kam 1995 eine Kinder- und Jugendgruppe.

Lars Piepenbrink als das Sams zwischen Frau Rotkohl und Herrn Taschenbier (Astrid Wedekind, Julius Ziegler) in dem Stück »Eine Woche voller Samstage«.

Auch die selbst gebaute und bemalte Kulisse zeigt die Verortung in der Region: die Marktplatzszene des Stückes spielt zweifelsfrei in Hildesheim.

Zur Vorbereitung eines Stückes gehört eine regelmäßige Theaterarbeit: Textlernen und auch Bewegung, Mimik und weiteres schauspielerisches Handwerkszeug werden eingeübt. Ebenso ist Regiearbeit wichtig, um ein Theaterstück bühnenreif zu präsentieren. Aber auch andere Aufgaben gehören zur Produktion: Malen der Kulissen, Maskenbildnerei, Soufflieren während Proben, Aufführungen und die Technik (Licht, Ton und Requisite). Bisher wurden in Holle 438 Aufführungen von 47 Kinder- und Erwachsenenstücken vor 52 913 Zuschauern gespielt. Es gab Märchen, Lustspiele, Krimis, Kriminalkomödien, Sketche, Kabarett, Comedy, Schwarzlichttheater, Improvisationstheater und ... es geht weiter!

Paloma Klages

Die TfN-MusicalCompany mit »Crazy for You«

Das TfN – Theater für Niedersachsen

Ein lebendiges Haus mit Geschichte

Frisch, neu, mit Traditionen: In der Spielzeit 2007/2008 ging das Theater für Niedersachsen (TfN) als Zusammenschluss von Stadttheater Hildesheim und Landesbühne Hannover an den Start. Das TfN bringt spannende, unterhaltende, klassische und innovative Inszenierungen in drei Sparten auf seine Bühnen: an seinem Sitz in Hildesheim und an über 60 Gastspielorten in Niedersachsen. Es verfügt über ein Schauspiel- und ein Musiktheaterensemble sowie über die TfN-Philharmonie. Bundesweit einzigartig an einem subventionierten Theater, gibt es am TfN zudem eine feste MusicalCompany. Dass bei einem so lebendigen Haus spartenübergreifend gearbeitet wird und Kooperationen mit freien Theatern und Hochschule zustande kommen, ist selbstverständlich – und eröffnet immer wieder überwältigende Momente im Theater. Darüber hinaus bietet das Junge Theater des TfN Kindern und Jugendlichen Theater zum Zuschauen, Anfassen und Mitmachen. Seine wertvolle theaterpädagogische Arbeit ist in der deutschsprachigen Theaterlandschaft als so genanntes »Hildesheimer Modell« mittlerweile zum festen Begriff geworden.

Das Hildesheimer Haus des TfN kann von seiner über 100-jährigen

Das Theater für Niedersachsen in Hildesheim

Die TfN-MusicalCompany bei »On the Town«

Schauspiel am TfN: »Der Besuch der alten Dame«

Kindertheater am TfN: »Der Zwerg Nase«

Theatererfahrung profitieren: Am 2. Oktober 1909 wurde das Stadttheater mit Hilfe von engagierten Hildesheimer Bürgern gegründet. Sie hatten Aktien im Wert von 300 000 Reichsmark gezeichnet – obwohl keine Gewinne zu erwarten waren. Die Stadt steuerte eine Hypothek bei und so konnte ein repräsentativer Theaterbau, entworfen vom renommierten Münchener Architekten Professor Max Littmann, entstehen. Immerhin 31 Schauspielerinnen und Schauspieler waren im ersten festen Ensemble engagiert. Was für den ersten Intendanten bereits zur allseits präsenten, schwierigen Aufgabe zählte, bleibt bis heute eine Herausforderung für seine Nachfolger: Oscar Lange musste für einen ausgewogenen Spielplan sorgen, der sowohl kulturelle als auch geschäftliche Interessen berücksichtigte. Aus diesen Gründen wurden ab der zweiten Spielzeit Operetten in den Spielplan aufgenommen und fanden großen Zuspruch. Ab der Spielzeit 1918/1919 gab es Sinfoniekonzerte, regelmäßige Opernvorstellungen standen erst ab 1933/1934 auf dem Spielplan. Ein neues Genre eroberte ab 1965 die Publikumsherzen: das Musical. In den 1970er Jahren wurden Modernes Tanztheater und Musical dann fest in den Spielplan integriert. Sein 100-jähriges Jubiläum im Oktober 2009 feierte das Theater mit einer Inszenierung von ungewöhnlicher Dimension: Regisseur Hans Peter Lehmann brachte »Die Meistersinger von Nürnberg« auf die Bühne des Stadttheaters.

Musiktheater am TfN: »Die Hochzeit des Figaro«

TfN-Intendant Jörg Gade arbeitet gerne an dem jungen und zugleich alten Theater: »Durch den Zusammenschluss eines Stadttheaters mit einer Landesbühne sind dem Hildesheimer Theater neue Aufgaben und neue Möglichkeiten erwachsen. Unser Respekt vor der Tradition wird fruchtbar durch das, was wir ab heute hinzufügen können.« Und das wird am Theater für Niedersachsen mit zahlreichen Inszenierungen und Projekten umgesetzt. In der Spielzeit 2010/2011 erhält Giuseppe Verdis Meisterwerk Aida als Hildesheimer Erstaufführung Einzug auf der Bühne des Stadttheaters. Mit dem Familienmusical »Märchenmond« ist außerdem eine Uraufführung zu erleben. Wolfgang Hohlbeins weltberühmter Roman erobert erstmals die Theaterbühne in der Musicalfassung von Christian Gundlach.

Knochenhaueramtshaus

Museum im schönsten Fachwerkhaus der Welt

Das Knochenhaueramtshaus galt bis zu seiner Vernichtung im Zweiten Weltkrieg als eines der bedeutendsten Fachwerkhäuser Deutschlands. In den Jahren 1987 bis 1989 wurde es am ursprünglichen Bauplatz so originalgetreu wie möglich rekonstruiert. Seitdem überragt es mit seinem 26 Meter hohen Giebel wieder alle anderen Gebäude am Marktplatz zu Hildesheim. Erbaut wurde es 1529 als Verkaufsstätte und Versammlungshaus der Knochenhauer vom Großen Markt und zwar als das sichtbare Zeichen der Macht dieser Berufsgruppe, deren Reichtum auf dem Handel mit Fleisch beruhte. Das stattliche Gebäude war ganz auf die Bedürfnisse der Knochenhauer zugeschnitten: Im Hinterhof, dem »Hoken«, wurden die Tiere geschlachtet, das Fleisch im Gewölbekeller eingelagert und in den »Scharren« des Erdgeschosses verkauft. Den »Gildesaal« im ersten Obergeschoss nutzten die Knochenhauer für ihre Sitzungen und Feierlichkeiten, während das Dach den nötigen Platz zum Trocknen und Lagern der Felle bot.

Modell des Knochenhaueramtshauses in einer Ausstellung des Stadtmuseums

Mehr als 300 Jahre lang erfüllte das Knochenhaueramtshaus seine ursprüngliche Bestimmung. Um die Mitte des 19. Jahrhunderts sorgte der Senator Hermann Roemer für den Ankauf des Hauses, dessen Baufälligkeit nicht mehr zu übersehen war, durch die Stadt Hildesheim. 1884 zerstörte ein Brand das Dach, wobei aber der größte Teil des Hauses gerettet werden konnte. Beim Wiederaufbau fand man am Giebel die Reste früherer Farbfassungen vor, die bewiesen, dass die Fassade ursprünglich sehr bunt gewesen sein musste.

Das Knochenhaueramtshaus am Historischen Marktplatz

Nachbildungen des Hildesheimer Silberfundes aus dem 1. Jahrhundert n.Chr.

Geschirr und Speisen vom mittelalterlichen Markt

Nur wenige Wochen vor dem Ende des Zweiten Weltkrieges, am 22. März 1945, ging das Gebäude bei einem verheerenden Bombenangriff zugrunde, der fast die gesamte Altstadt Hildesheims auslöschte. Den Stein zum Wiederaufbau brachte 1983 die Stadtsparkasse ins Rollen, die ihre Hauptstelle an der Südseite des Marktplatzes erweitern wollte; sie entschied sich für die Rekonstruktion der Fassaden des Wedekindhauses, des Lüntzelhauses und des Rolandhauses. Dieser Beschluss unterstützte die Entscheidung, in diesem Zusammenhang auch das Knochenhaueramtshaus in mühevoller Detailarbeit wieder zu errichten: 400 Kubikmeter Eichenholz wurden in 4300 Verbindungen mit 7500 Holznägeln zusammengefügt. Am 15. Januar 1989 wurde unter großer Anteilnahme der Bevölkerung das Richtfest gefeiert. Das beispiellose Projekt fand weite Beachtung und dient seitdem als Vorbild für die Rekonstruktion kriegszerstörter Bauten in Deutschland. Wie schon vor seiner Zerstörung beheimatet das Knochenhaueramtshaus wieder das Stadtmuseum von Hildesheim.

Wissen hilft nicht,
wenn man nicht danach handelt.
So lange die Rose blüht,
vergehet nimmer
diese Stadt,

Blick in den ehemaligen Rittersaal mit dem Ringelheimer Kruzifix

Kruzifix aus Ringelheim, Hildesheim, um 1000 / vor 1022

Große Goldene Madonna, Hildesheim, um 1010 / 1015

Dommuseum Hildesheim

Schätze des Glaubens aus 12 Jahrhunderten

Der Domschatz im Dommuseum ist Bestandteil des UNESCO-Weltkulturerbes. Nach fünfjähriger Umbauphase wurde das Dommuseum 2015 wieder für Besucher geöffnet: in völlig neu gestalteten Räumen auf vergrößerter Ausstellungsfläche – gleich neben dem Hildesheimer Dom. Die Sammlung umfasst mehr als nur den Domschatz, dessen Kunstwerke zumeist aus der Zeit vom 11. bis zum 13. Jahrhundert stammen. Das älteste Stück, das Gründungsreliquiar, stammt sogar aus dem frühen 9. Jahrhundert mit späteren Ergänzungen: www.dommuseum-hildesheim.de

Büstenreliquiar des heiligen Cantius, vermutlich Hildesheim, 1511

Goldkelch Bischof Gerhards, vermutlich Hildesheim, zwischen 1367 und 1398

Silbernes Bernwardkreuz, Hildesheim, nach 1007 / vor 1022

Kopfreliquiar des heiligen Oswald, Hildesheim, um 1185 / 1189

Ehemaliger Lettner des Domes, Johann Brabender, Münster, um 1540/1546

So genannter Stab des heiligen Bernward, Krümme: Italien, 10./11. Jahrhundert, Fassung: W. Saltjenhusen, Hildesheim, 1497

So genanntes Kleines Bernwardevangeliar, Nordfrankreich, spätes 9. Jahrhundert (Handschrift), Einband: Hildesheim, 11. und 12. Jahrhundert

Löwenaquamanile, Hildesheim, um 1220/1230

Mittelalterliche Kopie des so genannten Gründungsreliquiars, Hildesheim, 14. Jahrhundert

Armreliquiar des heiligen Bernward

Reliquiar der Dompatrone, Hildesheim, um 1400

Adlerpult, Hildesheim, um 1120/1130

Großes Bernwardkreuz, Hildesheim, um 1150

Das Roemer- und Pelizaeus-Museum Hildesheim

Eine Reise in fremde Welten

Kopf einer Statue des Königs Chephren, Ägypten, um 2500 v.Chr.

1844 gründeten vier Hildesheimer einen Verein »für die Kunde der Natur und der Kunst im Fürstenthum Hildesheim und der Stadt Goslar«; treibende Kraft war Jurist Hermann Roemer (1816 – 1894) Geologe aus Leidenschaft. Der Verein rief die Bürger auf, Zeugnisse von Natur- und Kunstgeschichte aus aller Welt, aber ebenso aus der eigenen Region zu sammeln. Roemers Traum vom »Weltmuseum« als einer »Schule der Anschauung« für Jung und Alt und seinem Ideal von Bildung für alle Schichten wurde zu einer der wichtigen musealen Bürgergründungen des 19. Jahrhunderts. Während einer Reise nach Ägypten ergriff Roemer die Begeisterung für das alte Ägypten. Sein Wunsch nach einem »Ägyptischen Zimmer« für sein Museum erhörte wenige Jahre später Wilhelm Pelizaeus (1851 – 1930), gebürtiger Hildesheimer und in Ägypten zu Ansehen und Vermögen als Kaufmann, Unternehmer und Bankier gelangt. Seine bedeutende Alt-Ägypten-Sammlung aus Giza (26. Jahrhundert v.Chr.) übergab er 1907 seiner Vaterstadt als Schenkung. So gesellte sich zum Roemer-Museum das Pelizaeus-Museum, das am 29. Juli 1911 eröffnet wurde. Mit der Zeit entstand eines der bedeutendsten Museen Norddeutschlands, das in seinen Dauerausstellungen neben Alt-Ägypten auch die alten Sammlungen des Roemer-Museums präsentiert: Erd- und Menschheitsgeschichte, Alt-Peru (eine der bedeutendsten Sammlungen Europas), Porzellane aus dem kaiserlichen China und andere Asiatika sowie die Hildesheimer Stadtgeschichte im Knochenhaueramtshaus im Zentrum der Stadt.

Pektoral mit der Darstellung des Gottes Sched, Ägypten, um 1300 v.Chr.

Alt-Ägypten

Das international renommierte Roemer- und Pelizaeus-Museum be-

Blick auf das Roemer- und Pelizaeus-Museum

Anubis-Maske, Ägypten, 6. bis 4. Jahrhundert v.Chr.

herbergt eine der größten Sammlungen ägyptischer Altertümer von den Anfängen der ägyptischen Kultur um 4000 v.Chr. bis in die Zeit um 1000 n.Chr.
Der im Juli 2008 eröffnete erste Teil einer neuen Dauerausstellung unter dem Titel »Das Alte Reich in neuem Licht« präsentiert das Herzstück der Hildesheimer Sammlung aus

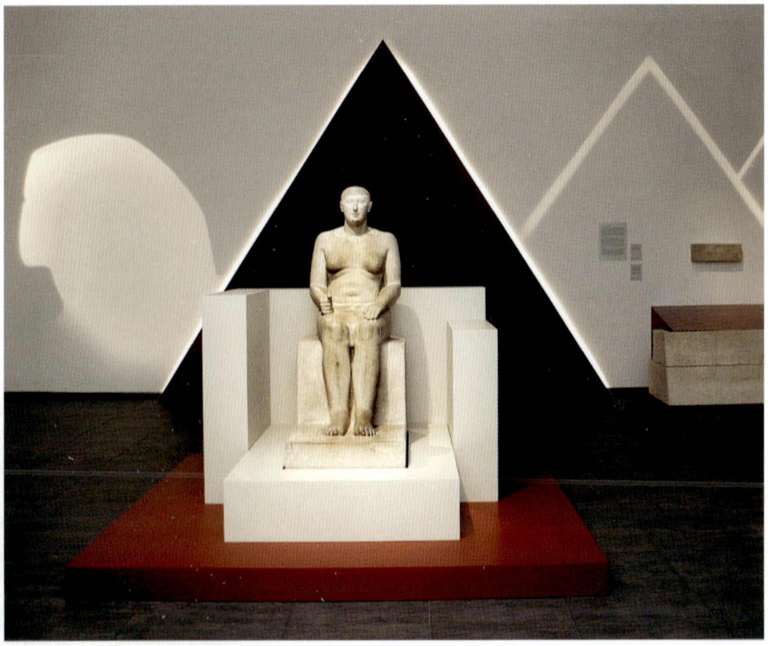

Blick in die Ausstellung »Ägypten«, Teil 1: »Das Alte Reich« mit der lebensgroßen Grabstatue des Wesirs Hem-iunu, Ägypten, um 2530 v.Chr.

der Pyramidenzeit: Reich bemalte Statuen, Reliefs und kostbare Grabbeigaben in zeitgemäßer Inszenierung und mit einem reichen Angebot von Medien versetzen den Besucher zurück in die Zeit der berühmten ägyptischen Pyramiden.
Im November 2009 wurde »Das Leben am Nil«, der zweite Teil der Neukonzeption, eröffnet, der sich dem Diesseits widmet. Einblicke in den

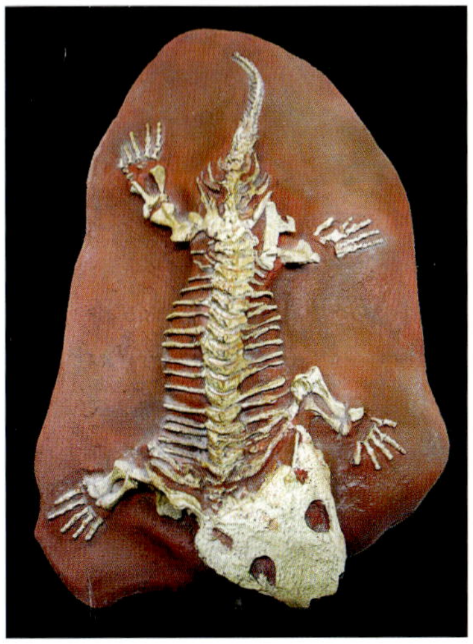

Seymouria – Skelettabguss einer permzeitlichen Amphibie vor 280 Millionen Jahren

ägyptischen Alltag vermitteln der Nachbau eines Hauses, Mitmachstationen zum ägyptischen Handwerk sowie der Tempelbereich, in dem man alten Göttern und frühen Christen in Ägypten begegnet. Zum 100-jährigen Jubiläum des Pelizaeus-Museums erfolgt Anfang 2011 der Abschluss der Neugestaltung; unter dem Titel »Grab und Totenkult im Alten Ägypten« sieht man hier neben den berühmten Särgen, Mumienmasken und dem Totenschmuck auch Tierbestattungen und die Rekonstruktion der Kultkapelle des Gottes Thot aus Tuna el-Gebel in ihrer ursprünglichen Dimension.

Naturkunde

Was ist Leben? Was ist Zeit? Diese grundlegenden Fragen stehen im Zentrum der umfassenden Dauerausstellung »Im Wandel der Zeit – Die Erde und ihre Geschichte«. Von den ältesten Spuren des Lebens vor 3,4 Milliarden Jahren bis zu den ersten Wirbeltieren legen Mineralien und Knochenfunde anschaulich Zeugnis ab.

Ohrpflock mit Einlegearbeiten, Peru, 1200 bis 1470 n.Chr.

Die Ausstellung »Frühe Menschen – Von Afrika in die ganze Welt« setzt diese Präsentation fort. Die Schau will die Forschung zur Entwicklung des Menschen und ihre aktuellen Ergebnisse für Erwachsene und Kinder unterhaltsam erlebbar machen.

Alt-Peru

Gezeigt werden die wichtigsten präkolumbischen Kulturen aus dem Andenraum Südamerikas. Dazu zählen zum Beispiel Chavín (1000 – 200 v.Chr.), Nasca (200 v.Chr. – 600 n.Chr.) oder Moche (100 v.Chr. – 800 n.Chr.) bis hin zur legendären Inka-Kultur (1400 – 1532 n.Chr.). Reich verzierte Keramikgefäße, farbenprächtige Textilien, in denen die Toten eingewickelt waren und weitere Grabbeigaben aus Gold und Silber vermitteln einen intensiven Einblick in das Leben hochgestellter Personen. Sie dienen diesen schriftlosen Kulturen als »keramische Bibliothek« und geben eine Vorstellung über Alltag, Religion und Status einer 3000-jährigen indianischen Zivilisation. Ausgewählte Objekte aus Mittelamerika und ein Modell der Maya-Stadt Palenque ergänzen den Einblick in die indianischen Kulturen Mittelamerikas.

Asien

Das Roemer- und Pelizaeus-Museum besitzt eine der bedeutendsten Sammlungen chinesischen Porzellans in Europa. Hochkarätige Stücke

Goldfiguren der Inka, Peru, 1438 bis 1532 n.Chr.

gehen auf die Sammlertätigkeit Ernst Ohlmers (1847 – 1927) zurück, der lange Zeit in Peking bei der chinesischen Seezollverwaltung tätig war. Zu bewundern sind kostbares, blauweißes und polychromes Porzellan. Es wurde für den kaiserlichen Hof und die hohe Beamtenschaft zwischen dem 15. und 19. Jahrhundert hergestellt, außerdem sieht man herausragende Su-Chou-Rot-Lackarbeiten sowie Inros (Siegelbehälter). Japanische Gegenstände aus der Alltagskultur und persönliche Accessoires sowie Masken des japanischen No-Theaters runden die außergewöhnliche Ausstellung ab.
Der Museumspädagogische Dienst betreut Dauer- und Sonderausstellungen mit einer Palette aus Führungen, Workshops, Sonderveranstaltungen und Publikationen: www.rpmuseum.de und www.rpmuseum-junior.de (unsere spezielle Kinder-Website).

Kristina Zappen

Budai, China, zweite Hälfte des 16. Jahrhunderts

Grußwort Bischof Norbert Trelle

Bischof Norbert Trelle, 70. Bischof von Hildesheim

Die Bistumsgründung durch Kaiser Ludwig den Frommen im Jahre 815 war gleichsam der »Startschuss« für eine insgesamt positive Entwicklung von Bistum, Stadt und Landkreis Hildesheim durch nunmehr zwölf Jahrhunderte.

Was verbindet sich heute mit Hildesheim, mit Bistum und Stadt? Was ist für Bistum bzw. Stadt typisch, welches sind gleichsam die »Markenzeichen«? Da sind natürlich vor allem die beiden Welterbestätten zu nennen, der Mariendom und die St. Michaeliskirche. Der Mariendom: das innere Kraftzentrum des Bistums, das heute von der Nordsee bis Hannoversch-Münden und von der Weser bis Helmstedt reicht. Ein Kraftzentrum, das die Jahrhunderte hindurch immer wieder umgestaltet wurde, um seinem Auftrag gerecht werden zu können – und das in den Bernwardstüren, der Bernwards- bzw. Christussäule, dem Heziloleuchter, der Tintenfassmadonna und nicht zuletzt den Reliquienschreinen des heiligen Godehard und des heiligen Epiphanius ganz herausragende Zeugnisse mittelalterlicher Kunst und Theologie aufweist. Die St. Michaeliskirche: von Bischof Bernward gleichsam als »idealtypischer« Kirchenbau »und geistiges Zentrum« für das Bistum und die Stadt errichtet und als Benediktinerkloster in einen großen, umfassenden kirchlichen und kulturellen Auftrag hineingestellt.

Zu den »Markenzeichen« Hildesheims gehört sicherlich auch das gute Miteinander von katholischen und evangelischen Christen: ein vertrauensvoller Umgang der Mitglieder beider Kirchen wie ihrer Amtsträger. Dass es etwa im 17. wie auch im 19. Jahrhundert, wo andernorts bisweilen erbittert um den »richtigen« Glauben und die »richtige« Kirche gerungen wurde, in Hildesheim keine die jeweils andere Konfession verunglimpfenden Auseinandersetzungen gegeben hat, gehört sicherlich zu den positiven Momenten der Hildesheimer Geschichte. Und dass in Hildesheim die Sorge um qualitativ hochstehende Bildungseinrichtungen sowie ein breites, interessantes und somit die Menschen ansprechendes Kulturwesen die Jahrhundert hindurch ebenfalls erhebliche Bedeutung besessen hat (und besitzt) – auch das gehört zu den Stärken dieser Stadt.

Die nachfolgenden Texte und Fotos illustrieren eine reiche und interessante Geschichte – ein Bistum und eine Stadt, die sich ihrer Vergangenheit bewusst sind und die Zukunft angemessen gestalten wollen.

Grußwort Superintendent Helmut Aßmann

Jubilare sind kostbare Gesellen: Sie erinnern uns daran, dass wir immer eine Vergangenheit haben, deren Zukunft wir waren, aber auch daran, dass wir einmal für eine spätere Zukunft eine Vergangenheit sein werden. Sie geben dem Gleichlauf der Jahre ein kurzes Innehalten, um sich der bleibenden und tragenden Kräfte des Lebens und der Welt zuzuwenden. Das Jubiläum ist auf eigenartige Weise beides: der Nachweis der Vergänglichkeit und zugleich ein Tor für die Ewigkeit. Angesichts des nunmehr 1200-jährigen Bestehens von Stadt und Bistum ist das mit besonderem Bedacht zu betonen.

Hildesheim ist eine kirchliche Gründung. Das merkt man bis heute an Stadt und Land. Ich finde, auf angenehme Weise. Nicht nur wegen der großen Sakralbauten in der Stadt – allein neun mittelalterliche Kirchen stehen auf zwei Quadratkilometern, und alle sind in geistlichem Betrieb. Auch nicht nur wegen der Stiftsgeschichte, die vielen Kommunen im Umland der Stadt bis heute Prägung und Farbe gibt. Und nicht nur wegen der ökumenischen Dichte, die sich symbolisch im konfessionellen Simultaneum der Michaeliskirche veranschaulicht: Hauptschiff evangelisch, Unterkirche katholisch. Nein, es ist, vielmehr und darüber hinaus, die bleibende Offenheit der Menschen für ihre Geschichte, das jahrhundertelange Leben im Umfeld der großen Kirchtürme, der Klöster und Kapellen, das bis heute nachwirkt. Bildung für Geist und Seele hatte hier immer schon ihren Platz, von den ersten Anfängen der Domschule bis zu der reichen Schullandschaft unserer Tage. Und das enorme kulturelle Niveau in Stadt und Land ist für ein Gemeinwesen dieser Größenordnung bemerkenswert. Daran hat auch die traumatische Erfahrung der fast vollständigen Zerstörung der Stadt am 22. März 1945 nichts geändert. Im Gegenteil. Es waren gerade die Kirchen, die als erste große Baukörper wieder aufgebaut worden und zum Teil zu einer Schönheit entfaltet worden sind, die sie seit ihrer Gründung noch nie besessen haben.

Dass Hildesheim eine vorwiegend evangelische Stadt ist, konfessionell gesprochen, ist weithin und für viele eine überraschende Feststellung. Der katholische Bischofssitz legt eine andere Vermutung nahe. Das unterstreicht noch einmal die besondere geistige Signatur dieser Perle in der niedersächsischen Rübensteppe: Hier haben sich Glaubensvielfalt und Stadtgemeinschaft zu einer außerordentlich lebenswerten Einheit verbunden.

Herzlich,
Ihr Helmut Aßmann, Superintendent

Schon von weitem ist der Andreaskirchturm sichtbar und überragt sämtliche Gebäude der »Stadt im Potte«.

Der Turm von St. Andreas ist deutlich höher als alle anderen Wahrzeichen Hildesheims und mit 114,5 Metern auch höher als alle anderen Kirchtürme in Niedersachsen. Im Vordergrund ist der obere Teil des Bugenhagen-Brunnens zu sehen.

Kirchenmusik in St. Andreas

Krippenspiel in St. Andreas

Illumination bei der »Traumkirche zur Nacht«

Die Andreaskirche im Herzen Hildesheims

Weithin sichtbare Stadtkirche mit Bugenhagen-Brunnen

Weithin sichtbar bestimmt die dreischiffige, gotische St.-Andreas-Kirche mit dem höchsten Kirchturm Niedersachsens (114,5 Meter) das Stadtbild. Im Jahre 1389 begann der Bau der Andreaskirche, der von der Bürgerschaft der Stadt in den jetzigen Maßen geplant war. Diese Bürgerkirche sollte durch Größe und Ausstattung vom Selbstbewusstsein, Stolz und Reichtum der Bürger künden. Ihr Standort im Bereich zweier wichtiger, sich kreuzender Handelswege war ein bedeutender Platz, wo sich im Mittelalter Handel, Handwerk, Schule, Krankenpflege und kirchliches Leben zusammenfügten. Kirchenschiff und Turm wurden zunächst als getrennte Bauten errichtet. Erst am 10. November 1883, dem 400. Geburtstag Martin Luthers, wurde der Grundstein zum Weiterbau des Turmes zu seiner jetzigen Höhe von gelegt.

Die von dem Künstler Gerd Winner gestaltete »Skulptur des Worts« wurde zum 1200. Jubiläum der Stadt Hildesheim im Jahr 2015 gestiftet. Hildesheimer Bürger konnten sich an den Kosten für das Kunstwerk beteiligen, in dem sie einen oder mehrere der herausgeschnittenen Buchstaben zu einem symbolischen Preis kauften.

Bei dem verheerenden Bombenangriff in der Mittagsstunde des 22. März 1945 brannte die Andreaskirche vollständig aus. In den Jahren 1956 bis 1965 wurde sie wieder aufgebaut und am 29. August 1965 als letzte der kriegszerstörten Kirchen in Hildesheim eingeweiht.

Von Anfang an stand die Andreaskirche als Bürgerkirche allen Einwohnern Hildesheims offen. Eine besondere Bedeutung erlangte sie dadurch, dass dort 1542 der Reformator Johannes Bugenhagen die Reformation in Hildesheim ausgerufen hat. Als Innenstadtkirche ist die Andreaskirche mit der Entwicklung der sie umgebenden Stadt eng verbunden. So werden auf dem Andreasplatz Märkte und Feste veranstaltet, Kunstwerke wie der Bugenhagenbrunnen oder die »Skulptur des Wortes« finden hier ihren Platz und ihre Beachtung. Der Schwerpunkt der Arbeit der Andreasgemeinde liegt im Bereich Gottesdienste, Kirchenmusik und thematische Veranstaltungen für die Bürger der Stadt. Die Andreaskantorei unter Leitung von Bernhard Römer bringt regelmäßig große Werke geistlicher Musik zur Aufführung. Vorträge und Veranstaltungen zu aktuellen Themen sowie festliche Gottesdienste in der gotischen Hallenkirche stellen für die Bürgern der Stadt ein weit gefächertes Angebot dar. Hier hat der Superintendent seine Kanzel, zwei Pastoren und 5000 Gemeindeglieder gehören zur Gemeinde. Die Andreasgemeinde hat sich das Thema Gastfreundschaft auf die Fahnen geschrieben und lädt alle Interessierten zum Mitmachen ein.

Detlef Albrecht

Serbisch-orthodoxe Kirche in Himmelsthür

Bischofssitz für Mitteleuropa

Der rote Backsteinbau aus dem Jahre 1902 lässt auf den ersten Blick nicht vermuten, dass es sich hier um einen Bischofssitz handelt. Und schon gar nicht von einer Diözese, die sich über ganz Mittel- und Nordeuropa erstreckt. Mitten im alten Himmelsthür, im Westen von Hildesheim, befindet sich zwischen Bahn und B1 seit 1978 das serbisch-orthodoxe Zentrum. Dort befindet sich der Bischofssitz von Bischof Sergije Karanović und zudem auch ein Kloster mit angrenzendem Hotel, eine Kerzenmanufaktur und ein Devotionalienverkauf.

Gebaut wurde der neugotische Kirchenbau 1902 bis 1904 von Adelbert Hotzen auf Veranlassung von Pastor Bernhard Isermeyer als evangelische Kapelle zum von ihm gegründeten Frauenheim. Dieses befand sich in angrenzenden Gebäuden und bot etwa 80 Frauen in Schieflagen des Lebens einen Zufluchtsort. Mit caritativem Einsatz und der Möglichkeit eines Arbeitsplatzes konnte mancher jungen Frau der weitere Lebensweg geebnet werden. Der Kirchenbau mit dem kleinen Dachreiter hat zwei Untergeschosse, in denen damals Wäsche gewaschen, geplättet, geblichen oder gemangelt wurde. Darum wirkt das Gebäude an der Oberen Dorfstraße schon aus der Ferne als stehe es auf einem Sockel.

Nach dem Ersten Weltkrieg wurde aus dem Frauenheim eine Einrichtung für Menschen mit Behinderungen und es bekam zudem eine Geburtsstation. Mit mittlerweile 1500 Plätzen zog schließlich in den 1970er Jahren die Einrichtung nach Sorsum. Der ursprüngliche Ort findet sich noch heute im Namen der Diakonischen Werke Himmelsthür.

Mitten im alten Ortskern von Himmelsthür wurde die Backsteinkirche 1902 bis 1904 erbaut. Im Hintergrund sind der Mastberg und die Hafenanlagen zu sehen.

1978 erwarb die serbisch-orthodoxe Diözese die Kirche und sanierte sie, bevor Decke und Wände des gesamten Innenraums mit Fresken bemalt worden sind. Nachdem die Anforderungen an die Ausstattungen zur orthodoxen Liturgie und auch die baulichen Veränderungen durchgeführt waren, wurde die Kirche der Entschlafung der Gottesmutter geweiht.

Hauptaugenmerk in dem leer wirkenden, aber dennoch sehr farbenprächtigem Raum ist die Ikonostase. In einer bestimmten Anordnung mit Ikonen bemalt steht die hölzerne Trennwand vor dem Altarraum und ist gleichzusetzen mit einer Chorschranke oder einem Lettner. Sie ist reich verziert mit Schnitzwerk, kräftigen Farben und gedrechselten Säulen, lässt aber den Blick frei auf die Deckenbemalung im polygonalen Altarraum. Mittig befindet sich darin eine doppelflüglige Tür – genannt die königliche Tür. Links und rechts davon ist jeweils außen eine weitere Tür.

Im Innenraum der Kirche wurden in Nischen und Fensterbänken Ikonen platziert; sie entsprechen dem typischen Bild einer orthodoxen Kirche. Mittlerweile werden die Untergeschosse als Tagungsräume und für Vorträge genutzt.

Die sehenswerte Kirche steht unter Denkmalschutz und ist auf Nachfrage im Bischofssekretariat sowie zum Tag des offenen Denkmals zu besichtigen.

Paloma Klages

Archimandrit Sergije Karanović wurde 2014 zum Bischof von Mitteleuropa gewählt. Die geschätze Zahl der Gläubigen in dieser Eparchie liegt zwischen einer halben Million und 900 000.

Die Ikonostase trennt den pologonalen Altarraum vom restlichen Kirschenschiff ab und lenkt alle Blicke der Gottesdienstbesucher auf sich. In der Mitte auf der doppelflügligen Tür sind der Erzengel Gabriel und die Gottesmutter abgebildet. Die Platzierung der Ikonen erfolgt nach einem festen Schema. Diese Bilderwände in orthodoxen Kirchen sind eine Fortentwicklung des Vorhangs eines jüdischen Tempels und auch entsprechend eines Lettners in der westlichen Kirche.

Hoffnung voll Unsterblichkeit

Das Mahnmal für die jüdische Synagoge in Hildesheim

Seit dem Mittelalter gab es in Hildesheim eine jüdische Gemeinde, von der noch der Straßenname »Judenstraße« am historischen Marktplatz zeugt. 1849 errichtete die jüdische Gemeinde eine repräsentative Synagoge am Lappenberg, die am 9. November 1938 zerstört wurde. 50 Jahre später wurde am 9. November 1988 das Mahnmal für die jüdische Synagoge am Lappenberg feierlich eingeweiht. Nach jahrelanger Vorarbeit hatte die Friedrich Weinhagen Stiftung mit Prof. Pinchas Lapide sowie Künstlern, Bürgern und Vertretern der Stadt Hildesheim dieses würdige Denkmal zum 50. Jahrestag der Zerstörung der Synagoge fertiggestellt. Der Entwurf stammt von Prof. Elmar Hillebrand. Die Bildhauer Theo Heiermann, Jochem Pechau und Karl Matthäus Winter führten den Entwurf aus.

Der Gedenkstein steht dort, wo sich einst die Mitte des früheren achteckigen Hauptschiffes befand. Das Mahnmal ist ein Kubus, der auf vier Seiten je ein eigenes Thema zeigt. Jede Seite ist durch den Davidsstern gegliedert. Auf der nördlichen Seite wird – symbolisiert durch die Gesetzestafeln – das »Gesetz« thematisiert; die östliche Seite behandelt mit dem Siebenarmigen Leuchter den »Kult«; die südliche Seite (»Erwählung«) zeigt den brennenden Dornbusch; auf der westlichen Seite (»Verfolgung«) sieht man die brennende Synagoge von Hildesheim (nach einem Foto von Theo Wetterau). Die fünfte Ebene des Monumentes bildet den Abschluss nach oben und symbolisiert das »Himmlische Jerusalem«.

Der quadratische Stein hat eine Seitenlänge von zwei Metern und besteht aus Bronze, rötlichem oberitalienischem Kalkstein und verschiedenen Marmorarten. Mit den ausdrucksstarken Bronzereliefs erinnert das Denkmal an die handwerkliche wie künstlerische Tradition von Bischof Bernward und knüpft damit an diese für Hildesheim so wichtige Zeit von 993 bis 1022 an.

Die Worte Dr. Hermann Siemers zur Mahnmal-Übergabe haben an Gültigkeit nicht verloren: »(...) das Denkmal ist keine Reportage der Vergangenheit. Es ist mehr als die Summe seiner Bilder. Es ist ein Buch, das niemand auslesen kann, weil das, wovon es redet, unerschöpflich und das, was es bewirken will, nie endgültig erreicht ist, unsere Erinnerung und unsere Verwandlung. Das Denkmal will Anstoß zu unserer Verwandlung sein.« Seit 1993 gibt es in Hildesheim wieder eine jüdische Gemeinde. Nachbarn kehrten wieder zurück und wurden zu Mitbürgern dieser Stadt und Region. Shalom.

Gerold Klemke (†)

Die Tafel zeigt den häuslichen Familiengottesdienst am Passahfest zur Erinnerung an die Befreiung Israels aus Ägypten (Nordseite des Gedenksteins).

Der Kubus des Synagogenmahnmals am Lappenberg (im Hintergrund die Spitze der Godehardikirche) – die Ostseite thematisiert »Die Erwählung«: Der Bund mit Gott ist das zentrale Thema dieser Seite. Nach der Sintflut erneuerte Gott den Bund mit Noah. Mit Abraham ging Gott ebenfalls einen Bund ein; schließlich ist der brennende Dornbusch das Symbol des Bundes mit Moses, der sein Volk aus der ägyptischen Knechtschaft befreite.

Im Zentrum dieser Seite des Gedenksteins stehen die beiden Gesetzestafeln mit den Zehn Geboten, die Moses von Gott auf dem Berg Sinai erhalten hatte. In seiner Wut über die Errichtung des goldenen Kalbes zerstört Moses auf dem Rückweg vom Berg die Gesetzestafeln Gottes (oben rechts). Auf Bitten Moses verzeiht Gott dem Volk; Moses betet in seinem Zelt, vor dem sein Diener Josua sitzt (oben links).

Kirchen in Hildesheim

Heilig Kreuz, St. Godehardi, St. Magdalenen und St. Mauritius

In kaum einer anderen Stadt Niedersachsens gibt es so viele sehenswerte Kirchen wie in Hildesheim. Neben dem zum Welterbe der UNESCO zählenden katholischen Mariendom und der evangelisch-lutherischen St. Michaeliskirche unter anderem die noch aus dem Mittelalter stammenden katholischen Kirchen Heilig Kreuz, St. Godehardi, St. Magdalenen und St. Mauritius sowie die evangelischen Kirchen St. Andreas, St. Lamberti und St. Jakobus.

Heilig Kreuz: In ihrem baulichen Kern wahrscheinlich auf eine unter Bischof Bernward (993 – 1022) errichtete Torhalle zurückgehend, ist ihre Umgestaltung zu einer Kirche und einem Kanonikerstift während der Regierungszeit von Bischof Hezilo (1054 – 1079) überlieferungsmäßig gesichert. Ihr zweigeschossiger Vierungstrum wie auch die ältesten Teile des Kreuzgangs mit der Vinzentius-Kapelle und den Stiftsgebäuden, von denen die alte Choralei noch heute erhalten ist, stammen aus dem ausgehenden 12. Jahrhundert. Beim Bombardement der Stadt Hildesheim wurde auch die Heilig Kreuz-Kirche weitgehend zerstört und anschließend in reromanisierender Struktur wieder aufgebaut. Eigentümer ist der Allgemeine Hannoversche Klosterfonds. Zur reichen Ausstattung gehört ein Osterleuchter (16. Jahrhundert), das von Mante Pelkinck 1592 gefertigte Taufbecken, der Laurentiusaltar (um 1500) und der Pankratiusaltar (um 1700) sowie die Wandmalerei im südlichen Seitenschiff (14. Jahrhundert) und die im Zuge der Barockisierung der Westfassade angelegte repräsentative Freitreppe vor dem Hauptportal (18. Jahrhundert). Zum Kirchenschatz von Heilig Kreuz gehört das heute im Dom-Museum Hildesheim befindliche so genannte Hezilokreuz aus dem ausgehenden 11. Jahrhundert und das ebenfalls im Dom-Museum Hildesheim aufbewahrte so genannte Kreuz Heinrichs des Löwen, das um 1173 entstand; der Legende nach hat der braunschweigische Herzog Heinrich der Löwe von einer Pilgerfahrt ins Heilige Land eine Reliquie vom Kreuz Jesu mitgebracht und dem Hildesheimer Kreuzstift geschenkt.

St. Godehardi: Diese Kirche gehört zu den großen Zeugen romanischer Baukunst in Norddeutschland. Begonnen in der Regierungszeit von Bischof Bernhard I. (1130 – 1153), war sie mehr als sechs Jahrhun-

St. Godehardi-Kirche

Kreuzgang der Heilig Kreuz-Kirche

derte die Abteikirche des dem heiligen Godehard geweihten Benediktinerklosters, bis dieses im Zuge der Säkularisation 1803 durch den preußischen König aufgehoben wurde. Noch heute führen die erhaltenen Straßenzüge, die einen geschlossenen Eindruck des spätmittelalterlichen und frühneuzeitlichen Hildesheim bewahren, auf die weit geöffnete (ehemalige) Klosterimmunität von St. Godehard mit seiner romanischen, dreischiffigen Basilika. Von den altehrwürdigen Hildesheimer Sakralbauten durch den Zweiten Weltkrieg noch am wenigsten betroffen. 200 Jahre nach Auflösung des Benediktinerklosters beginnt sich hier wieder benediktinisches Leben zu entfalten.

Aus dem Kirchenschatz von St. Godehardi ist unter anderem auf ein Vortragekreuz aus dem 12. Jahrhundert hinzuweisen – und natürlich auf den so genannten Albani-Psalter, der in den Wirren der englischen Reformation in das Benediktinerkloster Lamspringe gelangte und von dort zu Beginn des 19. Jahrhunderts nach St. Godehard kam.

St. Magdalenen: Nachdem bereits in den 1230er Jahren nahe beim Benediktinerkloster St. Michael, am Ufer der Innerste ein Kloster der »Büßenden Schwestern der heiligen Maria Magdalena« durch Bischof Konrad II. (1221 – 1246/1247) begründet worden war, konnte 1294 die St. Magdalenenkirche geweiht werden – heute ein »Kleinod« unter den Hildesheimer Kirchen, kann man doch in ihr gleichsam in die Welt und Religiösität des Mittelalters und der Frühen Neuzeit »eintauchen«. Besonders eindrucksvoll ist der um 1520 angefertigte so genannte Elffenaltar, der bis zur Säkularisation des St. Michaelis-Klosters zu Beginn des 19. Jahrhunderts in der gleichnamigen Klosterkirche stand. Ebenfalls von herausragender künstlerischer Qualität ist der um 1750 geschaffene Schrein des heiligen Bernward. Er zeigt den heiligen Bernward in bischöflichen Gewändern; um das Totenbett herum sind die drei Erzengel sowie der heilige Benno von Meißen, der heilige Benedikt und die heilige Scholastika zu erkennen. Aus dem Kirchenschatz von St. Magdalenen – heute im Dom-Museum – stammen unter anderem das so genannte Große und das Kleine Bernwardskreuz und ein Armreliquiar des heiligen Bernward.

St. Mauritius: »Hoch oben« auf dem Zierenberg – heute Moritzberg – ließ Bischof Godehard (1022 – 1038) eine geräumige Stiftskirche errichten, die Bischof Hezilo (1054 – 1079) um ein Kanonissenstift erweiterte; Bischof Godehard verstarb hier 1038, wie auch Bischof Hezilo hier seine letzte Ruhestätte fand. Im 18. Jahrhundert wurde die bis dahin in romanischen Formen gehaltene St. Mauritius-Kirche barockisiert. Besondere Anziehungskraft entfaltet der Kreuzgang direkt bei der Kirche, der noch immer den Atem des Mittelalters spüren lässt.

Dr. Thomas Scharf-Wrede

St. Mauritius-Kirche

Blick auf den Magdalenenhof und die St. Magdalenen-Kirche

Der so genannte Elffen-Altar in der St. Magdalenen-Kirche

Das Wedekindhaus am Markt

Bürgerhaus als Stadtpalast des Bauherrn Hans Storre

Zwei Häuser stehen für den Wohlstand und den Zeitgeist des städtischen Bürgertums im Hildesheim des Reformationsjahrhunderts (1517 – 1618): Das »Wernersche Haus« und das »Wedekindsche Haus«. Beide Häuser sind außergewöhnlich reich an Schnitzwerk an den Stützbalken und auf den Füllbrettern (Brüstungstafel, Brusttuch) mit Bibelszenen, Bibelzitaten, Personifikationen von Natur, Eigenschaften und Musen. An beiden Häusern finden sich Darstellungen der Tugenden »Glaube, Liebe, Hoffnung und Duldsamkeit« sowie der Todsünden »Neid, Geiz und Hochmut«. Beide Bauherren hatten also einen hohen moralischen Anspruch, als sie ihre Stadthäuser schufen. Stadthäuser wie die des Hans Storre kann man als Stadtpaläste in Holz verstehen, deren Wohnkomfort und Privatheit der Burg als Wohnort eines Ritters überlegen war.

1598 errichtete der wohlhabende Patrizier Hans Storre ein Haus am Markt, acht Jahre später, 1606 baute Philip Werner ein Haus am Brühl. Beide Häuser stehen heute für den widerstreitenden Geist zwischen Protestanten und Lutheranern. Hildesheim war 1542 evangelisch geworden; Johannes Bugenhagen, Stadtpfarrer von Wittenberg und Freund Martin Luthers, war auf Einladung der Stadt nach Hildesheim gekommen und hatte am 1. September 1542 in der Andreaskirche die erste evangelische Predigt gehalten. Hans Storre gehörte zum lutherischen Zirkel, der in der Stadt die Fäden in der Hand hielt. Storre hatte Margarete Bex geheiratet. Sie entstammte einer calvinistischen, politischen Flüchtlingsfamilie aus Flandern. In Flandern tobte der Kampf der protestantischen Niederländer gegen den katholischen Landesherrn, den König von Spanien. Storre ließ ein Haus über fünf Stockwerke errichten und sein eigenes Konterfei und das seiner Frau an den beiden flankierenden Giebeln anbringen.

Im dritten Stockwerk oben links findet man die vier irdischen Elemente, oben rechts die Todsünden. Im zweiten Stockwerk findet man die Sieben freien Künste und im ersten Stockwerk die Darstellungen der Tugenden. Als Kaufmann setzte er zwischen die Tugenden die Darstellung des Reichtums mit Krone und Zepter. Das sei für die damalige Zeit bemerkenswert, so der Historiker Jürgen Reifenberger über das Bildprogramm des Storreschen Hauses. Nach der nachfolgenden Besitzerfamilie trägt das Haus heute die Bezeichnung »Wedekindhaus«. Es wurde in der Bombennacht vom 22. März 1945 zerstört und in den 1980er Jahren wieder errichtet.

Gesamtansicht der Nordfassade

Reiches Schnitzwerk am Wedekindhaus

Der Blick nach oben lohnt sich.

Das Wedekindhaus diente als Lager für Waren, worauf die Türen in den Stockwerken hinweisen. Es beheimatet heute die Sparkasse Hildesheim.

Das Wernersche Haus am hinteren Brühl

Bildprogramm der Gegenreformation des Katholiken Philip Werner

Die Westseite des Wernerschen Hauses mit seinem imposanten Erker

Philip Werner war Sekretär des Bischofs und als solcher repräsentierte er die »katholische Seite« Hildesheims. Sein Haus entstand im südlichen Bereich der historischen Altstadt von Hildesheim und überstand die Bombardierung vom 22. März 1945. Es befindet sich in Privatbesitz und verdankt dem Engagement des heutigen Besitzers seine Restaurierung.

Philip Werner erlebte seinen Fürstbischof nur selten persönlich. Seinem Fürstbischof Ernst von Bayern (1573 – 1612) unterstanden auch die Bistümer Freising, Münster und Lüttich, darüber hinaus war er seit 1583 Erzbischof von Köln. Da Fürstbischof Ernst nur einmal in Hildesheim war, diente Philip Werner nicht nur seinem abwesenden Fürstbischof, sondern war an seiner statt auch ein prominentes Gesicht der Bistumsverwaltung.

Das Wernersche Haus steht im »Brühl« genannten Stadtbereich, in dem es noch einige Häuser gibt, die den Stadtbrand von 1945 überstanden: Ein Spaziergang vom Dom über die Kreuzkirche zur Godehardikirche lohnt allemal. Das Wernersche Haus hat seine Hauptseite zur Godehardikirche hin und umfasst fünf Stockwerke: Das oberste Stockwerk thematisiert die Todsünden; im 4. Stockwerk werden Herrscher und Fürsten dargestellt. Das dritte Stockwerk zeigt Tugenden. und das zweite Stockwerk sieben Planetengötter. Aus Hildesheimer Sicht interessant ist die Tatsache, dass die Könige und Kaiser Karl der Große, Ludwig der Fromme und der heilig gesprochene Heinrich II. sowie die Bischöfe Bernward und Godehard dargestellt sind. Die Darstellung Mariens als Himmelskönigin mit Krone und Zepter ist der Patronin des Hildesheimer Bistums geschuldet und beweist den Hausherrn als Katholiken. Maria mit Krone und Zepter entspricht der figürlichen Darstellung des Reichtums mit Krone und Zepter am Wedekindhaus. Und so kann man am Wernerschen Haus Spuren entdecken, dass diese beiden Hausherren, Storrre und Werner, über Jahre versetzt über das Bildprogramm ihrer Häuser miteinander kommunizierten.

Darstellung des Planeten Saturn

Detailansicht der sanierten Außenfassade

Ein Stück Alt-Hildesheim am Brühl

Der »Umgestülpte Zuckerhut«

Kurioses Fachwerkhaus am Andreasplatz

22. März 1945: Der schwärzeste Tag Hildesheims in seiner fast 1200-jährigen Stadtgeschichte. Fast die gesamte mittelalterliche Innenstadt wurde bei einem einzigen großen Bombenangriff (wenige Tage vor Einmarsch der Alliierten) dem Erdboden gleich gemacht. An diesem Tag wurde auch das bekannteste Vorkriegswahrzeichen der Stadt, der um 1509 errichtete »Umgestülpte Zuckerhut«, zerstört. 65 Jahre später steht das Wahrzeichen originalgetreu rekonstruiert am Originalstandort und bezaubert durch seinen ganz besonderen Charme wieder die Hildesheimer und die Besucher aus Nah und Fern.

Bis zur Zerstörung 1945 gehörte der »Umgestülpte Zuckerhut« zusammen mit dem Knochenhauer-amtshaus, dem Rosenstock oder den prächtigen Kirchen der Stadt, zu den beliebtesten Postkarten-Motiven Althildesheims. Den Anstoß zur Wiedererrichtung des »Umgestülpten Zuckerhutes« gab die Hildesheimer Altstadtgilde, die sich eigens zu diesem Zweck im Jahr 2000 gegründet hatte. Die Altstadtgilde hat sich zum Ziel gesetzt, erhalten gebliebene, historische Bausubstanz zu pflegen, Denkmäler zu errichten und insbesondere auch im Krieg zerstörte, für das Erscheinungsbild der Stadt besonders wichtige Gebäude zu rekonstruieren.

Der »Umgestülpte Zuckerhut« steht auf einer winzigen Fläche von nur etwa 22 Quadratmetern im Erdgeschoss und verdoppelt seine Grundfläche auf etwa 43 Quadratmeter im Obergeschoss durch seine weiten Austragungen. Auf kleinstem Raum wurde so im ausgehenden Mittelalter Platz für Leben und Arbeiten gewonnen. Trotz des kältesten und schneereichsten Winters seit Jahrzehnten konnte das Richtfest am Mittwoch, dem 3. Februar 2010, unter großer Anteilnahme der Hildesheimer Bevölkerung und der Verantwortlichen gefeiert werden. Als reine Zimmermanns-Konstruktion wurden für den Zuckerhut etwa 60 Kubikmeter scharfkantiges, zehn Jahre altes Eichenholz und genau 728 Holznägel zur Verbindung der Balken verwendet. Dazu waren komplizierte statische Berechnungen notwendig, die Abnahme des Rohbaus erfolgte ohne Beanstandungen.

Die originalgetreue Rekonstruktion ist nur möglich gewesen, weil die Kaiserhaus-Stiftung/Heinz Geyer sich allen Widerständen zum Trotz in dieses Projekt kniete und auch den wesentlichen Teil der Gesamtkosten von über einer Million Euro übernommen hat. Als Hauptsponsor für das Projekt hat sich dann auch der Namensgeber der Stiftung und Ehrenvorsitzender der Hildesheimer Altstadtgilde Heinz Geyer besonders exponiert. Der »Umgestülpte Zuckerhut« bleibt im Besitz der Kaiserhaus-Stiftung/Heinz Geyer. Unter den Gewinnern des Wiederaufbaus ist auch der benachbarte Andreasplatz, denn seitdem der Zuckerhut wieder dort steht, zieht er die Passanten aus der Fußgänger-Zone auf den Platz.

Klaus Veuskens

Von Elefanten, Bären und Giraffen

Museum erinnert an Tierhandel aus aller Welt und in alle Welt

Der Alfelder Tierhandel nahm seinen Ausgang im nahen Grünenplan bei Delligsen, wo die Familien Reiche und Ruhe Kanarienvögel in alle Welt versandten. Carl Reiche begann den Kanarienhandel nach Russland und nach Amerika; 1860 wurden 15 000 Kanarien abgesetzt. Carls Bruder Heinrich nahm die Firmeninteressen von New York aus wahr, während Carl Reiche seinen Wohnsitz nach Alfeld verlegte. Von Alfeld aus entwickelte sich Reiche zur größten Tierhandlung Deutschlands. Mitten im Leinebergland warteten Antilopen, Zebras, Gnus, Paviane, Alligatoren oder Jaguare auf ihren Weiterverkauf. In mehreren Kontinenten hatte die Alfelder Firma ihre Agenten. Zoologische Gärten und »Menagerien« aus ganz Europa wurden von der Firma Reiche versorgt. Sieben Eisenbahnwaggons waren 1874 nach einer Afrikaexpedition für den Tiertransport nötig. Die Bürger der Stadt genossen das noch nie erlebte Schauspiel afrikanischer Tiere. Am Bahnhof warteten aber nicht nur Bürger und ihre Kinder, sondern auch die Zoo-Direktoren aus Amsterdam, Rotterdam, Berlin, Frankfurt, Köln, Dresden, Hannover, Hamburg und Manchester, denn sie schätzten den guten Zustand der Tiere bei Reiche. Die Brüder Carl und Heinrich Reiche starben 1885 bzw. 1887 und hinterließen ein schwieriges, aber immer noch blühendes Geschäft. Als Familienunternehmen führte Carl Reiche Junior die Geschäfte, aber schon dessen Kinder wollten nicht mehr ins Geschäft einsteigen. 1910 ging der Firmenbestand von Reiche an die Firma Ruhe über. Ruhe übernahm auch sämtliche Mitarbeiter von Reiche.

Die Firma Ruhe hatte ebenfalls in Grünenplan angefangen und war dann 1880 nach Alfeld gewechselt. Zwischen 1856 und 1937 exportierte Ruhe acht Millionen Vögel. In Alfeld begann Ruhe den Großtierhandel und baute eine Quarantänestation. 1931 expandierte er und übernahm den Zoo Hannover.

1933 wurde das Tiermuseum eröffnet. Auffallend ist der Bestand an Präparaten von bereits ausgestorbenen Tierarten wie Beutelwolf, Alpensittich oder Kakapo. Diese Präparate gehören zum Lebenswerk des Alfelder Lehrers und Präparators Alois Brandmüller. Vögel und Tiere aus dem Leinebergland wurden lange Zeit im Museum gezeigt wie im Nachbarhaus die exotischen Tiere. Im Tiermuseum der Stadt Alfeld wird die Bedeutung der beiden Tierhandelsfirmen Reiche und Ruhe gewürdigt und damit ein Stück örtlicher Geschichte der Nachwelt erhalten.

Gerhard Kraus

Gelbnacken-Amazon

Gürteltier

Tasmanischer Beutelwolf

UNESCO-Welterbe
Fagus-Werk aus Sicht
der Bahnlinie

UNESCO-Welterbe Fagus-Werk

Eine ausgezeichnete Architektur

»Die Fabrikarchitektur, die Walter Gropius mit Carl Benscheidt erbaut hat, ist für die Zeit von 1911 einmalig und einzigartig.«, so kommentiert das UNESCO-Welterbekomitee.
Mit der Errichtung des Fagus-Werkes gelang dem Architekten und Bauhausgründer Walter Gropius der Durchbruch zu einer neuen, dem Zeitalter der Technik entsprechenden Baukunst. Das Fagus-Werk stellt in radikaler Abwehr von konventioneller Entwurfspraxis zum ersten Mal eine Architekturauffassung vor, die Raum und Form aus der Funktion entwickelt, die reformorientiert die Bedürfnisse nach Licht, Luft und Klarheit berücksichtigt und die die neuen technischen Möglichkeiten des Bauens mit Glas und Stahl in industriell vorproduzierter Verarbeitung einsetzt. Glas als eigentlich wesenloses Material wird zum formgebenden Baustoff und Ausdrucksträger der Architektur. Die diesem Bau zugrunde liegenden Entwurfsideen nahmen bestimmenden Einfluss auf die Architekturentwicklung des 20. Jahrhunderts nicht nur in Deutschland und Europa sondern weltweit. Die Konstruktion aus Glas und Stahl sowie den stützenlosen, vollständig verglasten Ecken verleiht dem Gebäude eine schwerelose Eleganz, die für Fabriken zur damaligen Zeit außergewöhnlich war. Die Fabrikanlage ist bereits seit 1946 eingetragenes Baudenkmal. Zwischen 1984 und 2004 wurde die komplette Fabrik aufwendig restauriert und 2011 zum UNESCO-Welterbe erklärt.

Stützenlose Ecke

Haupteingangsbereich

Die ehemalige Lateinschule

Alfelds Juwel aus dem Reformationsjahrhundert

Hinter dem Rathaus von Alfeld (Leine) steht die Nikolaikirche; hinter der Nikolaikirche steht seit 1612 das Fachwerkgebäude der damaligen Lateinschule. Diese Lateinschule gibt Zeugnis von der Kraft städtischer Selbstverwaltung und des Stolzes des Bürgertums auf die Bildung ihrer Kinder. Und dieser Stolz zeigt sich im Bild- und Inschriftenprogramm dieses Hauses. Auf dem Schwellbalken verläuft über alle Seiten des Hauses in Latein zunächst der Hinweis auf Genesis, Kapitel 28 (Jakobs Traum von der Himmelsleiter), dann die Verknüpfung dieses Leiter-Bildes mit der Schule: »Hier steigt das Lehrerkollegium herab, indem es die Lehren dem Fassungsvermögen (der Schüler) anpasst, damit die liebe Jugend die Sprossen hinaufsteige. ... Daher wurde auf Empfehlung der kirchlichen Amtsgewalt und mit Zustimmung des Rates auf Kosten der Stadt diese Leiter (= Schule) gegründet.«

Der Eingang der ehemaligen Lateinschule wurde mit einem Zitat aus dem Buch Jesus Sirach (Altes Testament, nicht Bestandteil der Lutherischen Bibelübersetzung): »Macht euch her zu mir ihr Unerfahrenen, und kommt zu mir in die Schule, und was euch fehlt, das könnt ihr hier lernen ...«

Die ehemalige Lateinschule entstand in den Jahren 1610 bis 1612. Ihr Bau fällt in die Zeit des Superintendenten Bartholomäus Sengebähr, der von 1599 bis 1623 der Alfelder Kirchengemeinde vorstand. Er hatte sich nicht nur um die Restaurierung der Alfelder Stadtkirche, sondern auch um die Schule von Alfeld gekümmert. Neben den Inschriften sind es vor allem die Füllhölzer zwischen den Gefachen, Brüstungstafeln oder Brusttücher genannt, deren Verzierung zum eigentlichen Schmuck der Alfelder Lateinschule wurde. Dargestellt sind die vier Elemente, die fünf Sinne, die Sieben Freien Künste, die Planetengottheiten, die neun guten Helden, die Musen sowie Heilige und biblische Personen. An der nördlichen Giebelseite befinden sich die Darstellungen Martin Luthers und Philipp Melanchthons. Humanistisches Bildungserbe deutet sich mit den Darstellungen antiker Personen (z.B. Xenophon, Themistokles, Pausanias, Leonidas, Hippocrates) an. Die Hildesheimer Holzschnitzer Andreas Steiger und sein Sohn Johann schufen das reiche Schnitzwerk auf den 106 Brüstungstafeln. Fachwerkhäuser mit figürlichen Darstellungen finden wir in Hildesheim (»Wernersches Haus«, »Wedekindhaus«) und in Einbeck (»Eickesches Haus«), aber auch in Osterwieck (»Eulenspiegelhaus«) und Goslar (»Brusttuch«), aber nicht im Raum der Weserrenaissance.

Westansicht der Lateinschule mit dem aufwendig gestalteten Eingang. Zu Anfang des 17. Jahrhunderts war es üblich, Elemente der Steinarchitektur auf Holzbauten zu übertragen. Das lässt sich auch an der Lateinschule beobachten: Das Portal ist an die Formensprache der griechischen Tempelarchitektur angelehnt.

Das Motiv »Jakob mit der Himmelsleiter« hat eine zentrale Bedeutung im Bildprogramm der Lateinschule, denn die Himmelsleiter soll als Sinnbild der Schule verstanden werden. Diesen Gedanken nimmt auch das lateinische Epigramm, das rund um das Gebäude läuft, auf: »Einst sah Isaaks Sohn zu den Sternen sich streckende Stufen und hinab und hinauf steigen der Himmlischen Schar. Siehst Du das Bild? Denn die Schule ist auch solch mystische Treppe, deren Bekrönung das Heil ist von Glaube und Land. Auf ihr steiget hinab der Stand der Lehrer, vermittelnd gültigen Lehren, damit Jugend folge dem Pfad. ...«

Die Begründung der Lehrerausbildung vor 200 Jahren war Anlass zu einer Führung zu den relevanten Gebäuden, eben auch der Lateinschule, deren Fassade den Teilnehmern von Gerhard Kraus erläutert wird.

Das höchste Ausbildungsziel der Lateinschüler war die Erlangung der Doktorwürde in Theologie, Jurisprudenz und Medizin. Als Hinweis auf diese an der Universität angesiedelten Fakultäten sind an der Nordseite der Lateinschule herausragende Vertreter der drei Fächer abgebildet. Hippokrates (460 – 377 v.Chr.) beispielsweise war ein hoch angesehener griechischer Arzt.

Schulklasse, Adenstedt, 1949

Silberne Konfirmation, Delligsen, 1991.

Klasse 10 Fa, Gymnasium Alfeld (Leine), 1968

»Auf Lucke bitte«

Fotografische Lebenserinnerungen mit den Püschers

Fast sechs Jahrzehnte begleitete die Fotografenfamilie Püscher die Ortschaft Alfeld im Leinebergland, meist in Form eines Gruppenfotos.
Das so genannte Püscher-Foto dauerte eine knappe Stunde, denn so lange brauchten sie nun mal, um alle »auf Lucke« zu arrangieren, so dass keiner mehr verdeckt war und alle in die Kamera guckten. Das resultierte in bestechend scharfen und außerordentlich gelungenen Bildern für das Familienalbum. Häufig einher ging aber noch ein zweiter Nutzen: Da die Alfelder spätestens zur Einschulung auf ihren Fotografen Püscher trafen, etablierte sich schnell die Erkenntnis, dass wenn der Fotograf mit seinem großen alten Holzstativ und der Balgenkamera auf dem Schulhof aufkreuzte, in Kürze eine Freistunde anstand.
Und so traf man sich im Leben immer wieder, bei der Konfirmation, dem Abschlussball, der Hochzeit. Zwischendurch fotografierten die Püschers, erst Vater Richard, später dann Sohn Eberhard, auch noch das öffentliche wie private Leben der Stadt, die Feste, das Besondere und das Banale, im Großen und Ganzen gesagt, ihre Alltagswirklichkeit.
In Verbindung mit dem Andenken an die verstorbenen Fotografen prägen ihre einzigartigen Fotografien die kollektive Erinnerung des Ortes bis heute. Sie erzählen aber nicht nur sinnbildlich die Geschichte und Entwicklung von Stadt und Umland, sondern offenbaren im Grunde genommen die Entfaltung der alten Bundesrepublik, von der Nachkriegszeit über das Wirtschaftswunder bis in die Nachwendejahre.
Die Püschers waren Lokalfotografen und visuelle Chronisten, wie es sie in so vielen Orten gab. Außergewöhnlich in ihrem Fall ist, dass ihr Nachlass nicht wie leider so häufig entsorgt wurde, sondern in letzter Sekunde gerettet werden konnte und nun in Gänze vorliegt, bereit zur Interpretation, Erforschung und Dokumentation.
Dafür zeichnet sich federführend die Püscher Gesellschaft verantwortlich, die sich in enger Kooperation mit regionalen und überregionalen Partnern um Archivierung (Rettung der alten Negativbestände) und Kommunikation des Nachlasses kümmert. Schließlich sollen diese eindrucksvollen Zeitdokumente raus aus den Kisten und der breiten Öffentlichkeit zugänglich gemacht werden (www.sammlung-puescher.de), denn erfahrungsgemäß ist das Interesse an den fotografierten Biografien aus Alfeld groß.

Das Ergebnis knapp einstündiger Bemühungen

alt-alfeld

»alt-alfeld« ist das visuelle Gedächtnis der Stadt

alt-alfeld – das sind Tausende von historischen Fotos, Bildern und Tondokumenten zur Stadtgeschichte. Sogar historische Filme befinden sich mittlerweile im digitalen Archivbestand, der älteste aus dem Jahr 1923. Dabei horten die beiden Protagonisten Matthias Quintel und Thorsten

Der Alfelder Marktplatz mit dem Rathaus. Auch die Foto- und Filmtechnik der Epochen macht die Arbeit immer wieder spannend.

Schütz diesen einmaligen Schatz nicht, sondern bereiten ihn seit 2006 kontinuierlich für die Nachwelt auf und präsentieren ihn jederzeit abrufbar unter www.alt-alfeld.de im Internet.
alt-alfeld ist nicht Geschichtsschreibung – es ist eine visuelle Geschichtenschreibung der Menschen, die unseren Heimatort ausmachen. Nicht die Chronik der Stadt Alfeld mit ihrer besonderen Gemengelage von ländlicher Kleinstadt im beschaulichen Leinebergland und dabei unverhältnismäßig großem Industriestandort. Es ist vielmehr das Foto von damals, die Geschichte dahinter und es sind die Menschen, die sie geschrieben haben. Quintel und Schütz helfen den Menschen, ihre eigene, teils ganz persönliche Geschichte zu dokumentieren. Das ist das Interessante und immer wieder Antreibende. Anknüpfungspunkte gibt es dabei viele: Hier das Bild einer längst abgerissenen oder mehrfach umgebauten, kruden Industrieanlage, in der der Familienvater im Dreischichtbetrieb geschuftet hat, während die Kinder heranwuchsen. Dort das erste eigene Haus der Heimatvertriebenen, die nach dem Kriegsende die Bevölkerung der kleinen Stadt explosionsartig haben anwachsen lassen. Oder die Straße, die erst in den 1950er Jahren gepflastert oder geteert wurde und vorher einem Feldweg glich. Umstände, die insbesondere jüngere Menschen sich gar nicht mehr vorstellen können.
Und hier schließt sich der Kreis: Jüngere gewinnen über alt-alfeld Verständnis für die Geschichte ihrer Eltern und Großeltern. Das mag manchem

Die Macher von alt-alfeld.de: Matthias Quintel und Thorsten Schütz

Die Leinstraße 1948 und 2013. »Gestern & Heute«, diese Serie von alt-alfeld erscheint seit 2007 wöchentlich in der Alfelder Zeitung und hat sich zur längsten, da beliebtesten Serie in der Geschichte der Zeitung entwickelt.

auch einen neuen Einblick in die eigene Identität oder die seiner Familie ermöglichen.
Und schließlich gibt es die Ereignisse, die alle Altersgruppen verbinden und Identität stiften: der knorrige alte Lehrer, der Generationen von Alfeldern das Lesen und Schreiben beigebracht hat, die großen Stadtfeste, auf die Groß und Klein hingefiebert haben.
Aber auch Skurriles (und heute Undenkbares) ist zu sehen: Mitarbeiter der Firma Ruhe etwa, die Elefanten, Giraffen und Dromedare über den Alfelder Marktplatz zur Tierquarantänestation treiben. Vorbei an Kindern auf dem Schulweg, an Markttreibenden oder an Senioren, die zu Lebzeiten kaum über die Stadtgrenze hinausgekommen sind. Denn Alfeld war von 1860 bis 1993 der große Umschlagplatz für exotische Tiere in Deutschland. Von hier aus wurden Zoos und Zirkusse beliefert. Auch das ist ein Teil der Stadtgeschichte, die bei alt-alfeld wieder lebendig wird.

Matthias Quintel

Yorckstraße, Sommer 1970: Unbeschwerte Jugendzeit, unbefestigte Bürgersteige – kein Bild erinnert so schön an »die gute alte Zeit« als die Ascheimer noch aus Blech waren und Autos fuhren, die heute Oldtimer sind.

St. Cosmas und Damian in Rheden

Turm mit romanischen Figuren

Rheden ist um 820 in den »Corveyer Traditionen« zum ersten Mal erwähnt worden. Die Kirche ist den Heiligen St. Cosmas und Damian geweiht. Sie war eine der ersten Archidiakonatskirchen in unserer Region. Aus einem Vorgängerbau sollen die am Kirchturm erhaltenen verschiedenen Tierabbildungen und Köpfe stammen, deren Symbolik nicht geklärt ist (siehe Foto).

Blick von der Empore in den Altarraum der Kirche. Rechts in der Wand ist die Grabplatte von Oporinus zu erkennen.

Typisches Merkmal für eine Erbauungszeit vor etwa 1000 Jahren ist die rot-weiße Farbgebung an den Schalllocheinfassungen.

In die Wand eingelassen ist die Grabplatte des Warnerus Oporinus. Er ließ sie bereits 25 Jahre vor seinem Tod anfertigen.

Spannend ist auch der Bezug zu St. Michael in Hildesheim: Der rot-weiße Farbwechsel an den Schalllöchern im Turm entspricht der Ausmalung in St. Michael in Hildesheim und deutet auf eine Erbauungszeit um das Jahr 1000 hin.

In der Kirche befindet sich ein Epitaph des Heinrich von Rheden und seiner Frau Anna von Oberg aus dem Jahr 1568. Rechts vom Altar ist der Grabstein des Warnerus Oporinus, der von 1607 bis zu seinem Tod 1643 Pastor zu Rheden war, in der Wand eingelassen. Die Biographie des Warnerus Operinus kann als für seine Zeit charakteristisch verstanden werden: Geboren 1571 als Werner Herbst in Lühnde, zwischen Hannover und Hildesheim, war Werners Vater noch ein ehemaliger Kartäusermönch. Da die Eltern wenig vermögend waren, erhielt Werner für den Schulbesuch und das Studium in Helmstedt Stipendien des Herzogs Heinrich Julius von Braunschweig-Lüneburg.

Nach erfolgreicher Beendigung seiner Studien wurde Warnerus Oporinus zunächst Pastor in Brüggen und übernahm 1607 die besser dotierte Pfarre im benachbarten Rheden. Dort ließ er die Kirche modernisieren und kaufte eine Orgel des bekannten Meisters Henke. Die Nöte des Dreißigjährigen Krieges zwangen Oporinus mit seiner Familie 1630 zur Flucht in die Stadt Hildesheim. Nach seiner Rückkehr begann er, die Kriegsschäden zu beseitigen. Für den Nachbarort Heinum ließ er die zerstörte Glocke neu gießen. 1643 verstarb Oporinus und wurde in seiner vom Krieg beschädigten Kirche in Rheden beigesetzt. Seinen Grabstein hatte er bereits 1618, zu Beginn des Krieges, anfertigen lassen.

Oberhalb der Kirche steht das Schloss der Familie von Rheden, die seit 1251 in Rheden ansässig war. Das Schloss und das Wohnhaus des Unterhofes wurden um 1729 erbaut, das Schloss selbst 1896 in die heutige Form umgestaltet. Südlich des Schlosses schließt sich eine moderne 18-Loch-Golfanlage an. Schloss und Golfanlage erstrecken sich am Hang des nördlichen Ausläufers der Sieben Berge. Der Blick von hier oben über das Leinetal ist auch der Blick, den man vor vielleicht 1000 Jahren vom Rhedener Kirchturm aus hatte.

Joachim Werner

Der Brunottesche Hof in Wallenstedt

Verein rettet 400 Jahre alten Hof

1594 errichtet und von 2011 – 2014 vom gleichnamigen Verein saniert: Der Brunottesche Hof in Rheden OT Wallenstedt. Ein Einhaus (Mensch und Vieh unter einem Dach) mit kleinem Wohnteil und größerem Wirtschaftsteil, das die Wirren des Dreißigjährigen Krieges (1618 – 1648) unbeschadet überstanden hat. Nach gründlicher Vorarbeit durch Historiker, Bauforscher, Restaurator, Architekt und Statiker der Denkmalpflege des Landes Niedersachsen wurde der Hof aufgrund seiner Alleinstellungsmerkmale mit den Worten gewürdigt: »Kein zweites Bauernhaus im südlichen Niedersachsen an der Grenze zwischen den mittel- und niederdeutschen Hausformen vermag das Bauen, Leben und Wirtschaften auf dem Lande so lückenlos von der Zeit um 1600 bis ins 20. Jh. zu veranschaulichen, wie dieses Fachwerk-Bauernhaus aus dem Jahr 1594«.

Zufahrt mit altem Lilienzaun

Die Farben der Fenster bedeuten: Nutzraum (rote Fenster) und Wohnraum (weiße Fenster).

Die Archivrecherche des Historikers brachte die noch weitaus ältere Geschichte dieser Hofstelle zutage: 1022 erstmals urkundlich erwähnt im zweiten Testament von Bischof Bernward zu Hildesheim (gilt als gefälscht) und zeitgleich in der auf der Pfalz Werla ausgestellten Urkunde Kaiser Heinrich II., in der er das Hildesheimer Kloster nebst dessen namentlich aufgeführten Hofstellen, so auch die in Wallenstedt, unter seinen Schutz nimmt. Seit 1537 ist der Name der Familie Brunotte mit diesem Hof verbunden. Zunächst als Besitzer im Wege des Meierrechts, der seit dem Mittelalter praktizierten Form der Zeitpacht, und nach Ablösung der Gefälle im Jahr 1847 als Eigentümer von Hof und Ländereien. Der landwirtschaftliche Betrieb wurde 1903 eingestellt. Aus dem Wohnteil des Hauses zogen die letzten Bewohner gut 100 Jahre später aus. Seitdem stand es leer und der jahrzehntelange Verfall setzte sich fort.

Der 2009 gegründete Verein Brunottescher Hof e.V. wurde im August 2010 neuer Eigentümer des Grundstücks. Mit finanzieller Hilfe der EU, des Bundes, des Landes Niedersachsen, der Klosterkammer Hannover, verschiedener Stiftungen, der regionalen Volksbank und der Sparkasse sowie des Landschaftsverbandes Hildesheim wurde das Fachwerk-Bauernhaus substanzschonend und denkmalgerecht saniert.

Mit den früheren Stallungen, der Tenne, der Rauchküche und der Guten Stube bietet das Haus heute Platz für unterschiedliche Veranstaltungen und steht auch privaten Interessenten zur Nutzung zu Verfügung.

Reges Interesse am Tag des Offenen Denkmals

Nordseite des Hauses

Brüggen (Leine) – über 1000 Jahre alt

Königsaufenthalt und Lebensmittelpunkt für 1000 Menschen

937, 955, 961 und 965 stellte Otto der Große, König der Ostfranken und seit 962 Römischer Kaiser, Urkunden an seinem Königshof zu Brüggen, damals »Bruggihem« genannt, aus. 1040 kam der Königshof an das Reichsstift Gandersheim, wo der Hof bis 1803 verblieb. Das Kloster hatte vor Ort die Familie »von Brüggen«, die sich nach diesem einstigen Königshof nannte. Später bekamen die Herren von Steinberg das Gut zu Lehen und behielten es bis zu ihrem Aussterben 1911. Danach kamen Schloss und Gut an die Familie von Cramm, die bis heute dort wohnt und einen eigenen landwirtschaftlichen Betrieb bewirtschaftet.

Die evangelisch-lutherische Kirche Maria zu den Sieben Bergen

Schloss Brüggen, Blick vom Torhaus

Herbst am Brüggener Kies-See

Im Mittelalter gehörte Lehde, ein Vorgängerort Gronaus, zum Königsgut Brüggen; heute gehört Brüggen zur Samtgemeinde Gronau. Von Gronau führt der Leine-Heide-Radweg nach Brüggen. Brüggen liegt landschaftlich reizvoll unter den Sieben Bergen. Die evangelisch-lutherische Kirche, die 1220 erstmals erwähnt wird, heißt daher »St. Maria ad septem montes« (Heilige Maria zu den Sieben Bergen) und war im Mittelalter eine Wallfahrtskirche.

Der Höhenzug »Sieben Berge« zieht sich oberhalb von Brüggen von Rheden bis Alfeld hin. Sein höchster Punkt ist mit 395 Metern die Hohe Tafel, auch Tafelberg genannt. Auf der Hohen Tafel thront der Ernst-Binnewies-Turm, von dem man eine schöne Aussicht hat. Die Sieben Berge sind berühmt für ihre Orchideen und andere botanische Kostbarkeiten, die seit 2000 ein eigenes Fauna-Flora-Habitat (FFH) bilden.

2012 feierten die Brüggener »1075 Jahre« – mit den »Chören auf dem Königsweg« in der Schlosskirche St. Cyriakus, die aus dem Jahre 1706 stammt. Die heutige Gutsanlage ist zwischen 1686 und 1716 angelegt worden. Das Schloss ist ein stattlicher Baukörper mit einem herrlichen, giebelbekrönten Risalit mit breiter Freitreppe davor. Über den Schlossplatz verteilt fand 2012 der feierliche Geburtstagsmarkt des Ortes statt: Vereine, Kirche und Verwaltung, Bürger und die Familie von Cramm stellten gemeinsam ein tolles Fest auf die Beine. Dies gibt Zuversicht, dass auch zukünftige Generationen ein wenig stolz auf ihre Heimat sein werden.

Werner Sührig

Schloss Marienburg

Sitz der Welfen auf dem Marienberg

Wie eine mittelalterliche Burganlage wurde das Schloss in den Marienberg hineingebaut und ermöglicht einen Blick weit ins Leinetal hinein.

Schon von weitem sichtbar erhebt sich Schloss Marienburg am Südwesthang des Marienbergs, rund 20 Kilometer südlich von Hannover und 15 Kilometer nordwestlich von Hildesheim. Die authentisch erhaltene Sommerresidenz der Welfen, des ältesten Fürstenhauses Europas, zählt zu den bedeutendsten neugotischen Baudenkmälern Deutschlands. Das romantische Schloss bezaubert durch die abwechslungsreichen Fassaden, variantenreichen Turm- und Dachformen sowie durch eine aufwendige Innenausstattung mit 140 Räumen und Sälen. Erbaut wurde das Schloss von 1858 bis 1867 von König Georg V., dem letzten Monarchen des Königreiches Hannover, für seine Frau, Königin Marie.
König Georg V. (1819 – 1878) schenkte 1857 Königin Marie (1818 – 1907) zum Geburtstag den Schulenburger Berg, der fortan Marienberg genannt wurde, und das noch zu errichtende Schloss. Es ist die Besonderheit dieses außergewöhnlichen Geschenks, dass Königin Marie den als Sommersitz gedachten Bau nach ihrem Geschmack und ihren Vorstellungen planen konnte. Das vom König gewählte Grundstück liegt nicht nur idyllisch auf einer der letzten Erhebungen des Leinetals, sondern in bedeutungsvoller Nähe zur alten Stammfeste der Welfen, der Feste Calenberg, und zur Residenzstadt Hannover.

Beeindruckend ist das detailreiche und mit Blattgold besetzte Schirmgewölbe der Bibliothek.

Märchenschloss als Publikumsmagnet

Heute ist Schloss Marienburg eine der meistbesuchten Attraktionen Norddeutschlands und ein stimmungsvoller Veranstaltungsort. Durch die nahezu vollständig erhaltene Inneneinrichtung nimmt Schloss Marienburg eine herausragende Stellung in der deutschen Schlösserlandschaft ein.

Kochgeschirr und Backformen aus Kupfer glänzen noch immer, aber nur noch als Ausstellungsobjekte.

Die Königskrone, die Brautkrone und das Zepter sind das Herzstück der Ausstellung »Auf dem Weg zur Krone«.

Besucher können die Innenräume des Schlosses in einer einstündigen Führung besichtigen. Zu sehen sind Prunk- und Privaträume, die die königliche Familie bei ihren Aufenthalten auf dem Schloss genutzt hat, sowie viele bedeutende Objekte aus der Zeit der Welfenherrschaft. Bei einer Turmführung belohnt der großartige Ausblick den Aufstieg über 160 Stufen. Sonderausstellungen gehören seit 2014 zu den ganz besonderen Attraktionen des Schlosses. So wird zum Beispiel bis Ende 2015 die Hannoversche Königskrone erstmals der Öffentlichkeit präsentiert, innerhalb der Ausstellung »Der Weg zur Krone – Das Königreich Hannover und seine Herrscher«. Während der Saison lädt ein abwechslungsreiches Veranstaltungsprogramm mit besonderen Open-Air-Höhepunkten zum Besuch ein. So haben das Kleinkunst-Programm »Best of Kleines Fest« und die Live-Hörspiele der Berliner Lauscherlounge im Schloss-Innenhof schon Tradition. In der Adventszeit lockt die Winter-Märchen-Woche mit vielen Angeboten für Familien mit Kindern. Für die Jüngsten gibt es auch sonst spezielle Führungsangebote, beispielsweise während der Schulferien oder rund um Halloween.

Zu ihrem Geburtstag bekam Königin Marie 1857 von ihrem Ehemann König Georg V. den Schulenburger Berg geschenkt, der seitdem Marienberg heißt.

Die Schlossanlage mit dem Glashaus davor

Eingepackt wie der Reichstag durch den Künstler Christo bot sich das Schloss während der Renovierungsarbeiten dar.

Schloss Derneburg

Ein Ort der Kunst und Kultur

Derneburgs Geschichte weist wenigstens bis in die Hälfte des 12. Jahrhunderts zurück. Hermann von Winzenburg war unter anderem auch Herr über die Burg Derneburg. Als Sühne für einen Mord, den er beging, übergab er die Burg am Zusammenfluss der Nette in die Innerste dem Bischof von Hildesheim, damit dort ein Kloster entstünde. Erst aber 1213 zog ein Konvent auf die Burg, nämlich die Augustiner-Nonnen aus Holle. Burg und Ort wurden den Bedürfnissen des Klosters angepasst. 1443 wurde das Kloster dem Zisterzienserorden übertragen. 1523 bis 1643 unterstand es den Herzögen von Braunschweig-Wolfenbüttel, die es reformierten. 1643 kam der Ort wieder an den Bischof von Hildesheim. Im 18. Jahrhundert erlebte das Kloster wieder eine Phase der Blüte, bevor es 1803 mit dem Bistum Hildesheim an das Kurfürstentum Hannover kam. 1804 schenkte der König von Hannover das mittlerweile zur Domäne gewordene Derneburg dem Grafen Ernst zu Münster. Der Graf errichtete das heutige Schloss in den Grundrissen des Klosters, beließ die mittelalterliche Klosterkirche und fügte ihr einen griechischen Tempelbau und eine ägyptische Pyramide bei. Dieser Kunstsinn wurde von seinem Sohn Herbert nicht geteilt, der den Architekten Laves beauftragte, das Schloss nach englischem Vorbild umzugestalten: So entstand die dreiflüglige Anlage von heute. Auf den Turm kam ein pagodenartiges Dach, das dem Schloss seine Wiedererkennung gibt.

Die Familie zu Münster prägte das Schloss bis in die zweite Hälfte des 20. Jahrhunderts. Schließlich wurde der Künstler Georg Baselitz Besitzer des Schlosses, der es 2006 an den US-amerikanischen Kunstsammler Andrew Hall verkaufte. Unter Andrew Hall wurde die Schloss Derneburg Corporation gegründet, die nach der umfassenden Renovierung auf dem Gelände des Schlosses und der Domäne Ausstellungen von internationalen Künstlern plant. Das Schloss befindet sich in Privatbesitz und ist nicht zu besichtigen. Besucher finden im benachbarten Laves-Kulturpfad einen waldbezogenen Anknüpfungspunkt zum Schloss und sind eingeladen, anschließend im Café »Glashaus« unterhalb des Schlosses einzukehren.

Laves-Kulturpfad

Ein Rundwanderweg am Schloss Derneburg

Der Rundwanderweg »Laves-Kulturpfad« führt durch den ehemaligen englischen Garten des Schlosses Derneburg. Das Schloss war das ganze Mittelalter über ein Kloster mit wechselvoller Geschichte, ehe es 1814 in den Besitz des Grafen Ernst zu Münster überging. Die Grafen zu Münster lebten bis 1975 in Derneburg und verkauften ihren Besitz 1975 an den Maler Georg Baselitz. Im Jahr 2006 übernahm der amerikanische Kunstsammler Andrew Hall das Schloss und die Domäne Derneburg und restaurierte das Gebäude von Grund auf.

Die Gruppe Jelemo spielt im vollbesetzten Glashaus und begeistert das von Nah und Fern angereiste Publikum.

Das Mausoleum dient als Grabstätte des Grafen von Münster.

Griechischer Tempel und ägyptische Pyramide

Der Laves-Kulturpfad führt am Schloss vorbei auf den Donnerberg, zum griechischen Tempel. Von hier aus hatte man früher einen weiten Blick in den ganzen Park, hinein in das Innerste- und Nettetal. Der Tempel wurde im Zeichen des Klassizismus als Denkmal an diese exponierte Stelle gestellt. Etwas entfernt hinter dem Steinbruch stößt der Besucher auf eine ägyptische Pyramide im deutschen Eichenwald. In dem Mausoleum sind der Graf Ernst zu Münster und seine Frau Wilhelmine bestattet. Vor der Pyramide wurden weitere Mitglieder der Familie Münster beigesetzt.

Die Fischteiche

An der Schlossstraße entlang geht es weiter über die Bahnschienen zu den Teichanlagen. In diesem idyllischen Teil brüten viele seltene Vögel; Fischreiher und Kormorane haben hier ihre Nester. Sehenswürdigkeiten sind das Bootshaus, die schön geschwungene Laves-Brücke, das Waschhaus und die alte Mühle. Von hier bietet sich ein wunderschöner Blick auf die Gartenanlagen des Schlosses.

Das Glashaus

Vorbei an der landwirtschaftlichen Domäne Derneburg geht es zurück zum Glashaus. Beliebtes Fotomotiv ist das alte Kutscherhaus in der Klostermauer, das sich wie eine Kulisse vor dem Waldhintergrund abhebt. Im »Café im Glashaus« endet der Besuch bei Kaffee und Kuchen. Eine Dauerausstellung informiert über die Geschichte Derneburgs und das Programmheft des Glashauses lädt zu vielfältigen Kulturveranstaltungen in historischer Kulisse ein.

Mitten im Wald erhebt sich heute der griechische Tempel.

Das Schloss Derneburg liegt am Höhenzug des Hildesheimer Waldes.

Heidenkerkhof im Vorholz

Germanengräber der Römischen Kaiserzeit

Am nördlichen Rand des »Vorholz« genannten Waldgebiets liegt – von den Dörfern der Börde aus gut sichtbar – der 199 Meter hohe Mieckenberg. Noch im 18. Jahrhundert trägt er den Namen »Ickenberg«, also »Eichenberg«. Rund um ihn sind Reste vor- und frühgeschichtlicher Buckel- bzw. Hügelgräberfelder erhalten oder belegt. In der Bevölkerung sind sie über Jahrhunderte als »Heidenkerkhof«, also »Heidenkirchhof«, bekannt. Nach heutigem Verständnis ist damit ein vorchristlicher Friedhof gemeint.

Unscheinbar liegen die Grabhügel unter der Decke des Waldes.

Im Stobenholz geborgene Urne mit Leichenbrand (Leihgabe Niedersächsisches Landesmuseum Hannover Inv. Nr. 67:61)

Einer dieser Bestattungsplätze befindet sich im Stobenholz südöstlich von Wöhle, ein weiterer im Asseler Holz westlich von Hohenassel. Auf diesen Plätzen legten die in der Gegend lebenden Menschen während der Römischen Kaiserzeit und der Völkerwanderungszeit vom 2. bis ins 6. Jahrhundert n.Chr. Urnengräber an. Auf dem Kuhanger südlich des Stobenholzes deuten Funde darauf hin, dass sich hier in dieser Zeit ebenfalls ein Gräberfeld befunden hat. Im Asseler Holz ist außerdem ein ein bis zwei Jahrtausende älterer Bestattungsplatz aus der Bronzezeit nachgewiesen.

Im 19. Jahrhundert wurden einige Grabhügel geöffnet, 1851 z.B. acht von 120 Grabhügeln im Asseler Holz. Die Grabhügel sind hier etwa 60 bis 90 Zentimeter hoch (Durchmesser: etwa 6 bis 12 Meter). Die Forscher finden in jedem Hügel einen gebrannten Tontopf ohne Deckel; alle Gefäße haben verschiedene Formen, auch sind die Tonarten unterschiedlich. Jedes enthält eineinhalb bis zwei Pfund Knochenreste, Asche, Spuren von Kohle und Reste oft nicht näher zu erkennender Beigaben. Heute befinden sich noch einige Stücke im Besitz des zum Braunschweigischen Landesmuseum gehörenden Archäologischen Museums Wolfenbüttel, darunter ein römischer Kessel und ein Becken aus Bronze (1859 vom Kuhanger).

Interessierte Besucher in der Ausstellung – Vitrine mit Schalenurne aus dem Stobenholz im Eingangsbereich des Schellerter Rathauses (Leihgabe Niedersächsisches Landesmuseum Hannover Inv. Nr.58:61)

Im Stobenholz führt Dieter Schmelz 1961 im Auftrag der Abteilung Bodendenkmalpflege des Landesmuseums Hannover eine Grabung durch. 17 der noch erkennbaren 60 bis 70 Grabhügel wurden untersucht: Die Hügel sind zwischen 10 und 35 Zentimeter hoch und haben einen Durchmesser von 1,5 bis 6 Meter. Insgesamt werden elf Urnen mit und eine Urne ohne Inhalt, zwei Knochen- und Scherbenlager sowie ein Knochenlager geborgen. Außerdem werden Flachgräber entdeckt. Alle Funde bekommt das Landesmuseum in Hannover.

Im Sommer 2012 kontaktiert Heimatpfleger Peter Hoffmann (Dinklar) das Niedersächsische Landesmuseum Hannover. Er und Gemeindeheimatpflegerin Gerda Mayer suchen im Magazin des Museums sechs Urnen aus der 1961 durchgeführten Grabung im Stobenholz aus, die im Frühjahr 2013 nach Schellerten ausgeliehen werden. Die Heimatpfleger Heike Klapprott (Schellerten), Gerda Mayer (Wöhle), Dorothea Reich (Bettmar) und Hans-Georg Schrader (Ottbergen) konzipieren nun eine Ausstellung, die erstmals die frühgeschichtlichen »Heidenkerkhöfe« um den Mieckenberg über heutige Gemeinde- und Kreisgrenzen hinweg zusammenhängend darstellt.

Wissenschaftliches Material finden sie in den Archiven des Niedersächsischen Landesamts für Denkmalpflege, des Museums für Ur- und Frühgeschichte (jetzt Archäologisches Museum) in Wolfenbüttel und im Museum Schloss Salder in Salzgitter sowie beim Burgdorfer Heimatpfleger Dr. Sigurd Baltin. Die Ausstellung war 2013 im Rathaus der Einheitsgemeinde Schellerten zu sehen.

Gerda Mayer und Heike Klapprott

Gewölbepfarrkirche mit Historismus-Ausmalung auf 4000 Quadratmetern

Star-Architekt baute in Harsum ohne Genehmigung

Die Ausmalung in der St. Cäcilia-Pfarrkirche gab für die Deutsche Stiftung Denkmalschutz den Ausschlag, das monumentale Harsumer Gotteshaus in das Verzeichnis besonders schützenswerter Sakralbauten aufzunehmen. »Ein Juwel, eine Rarität«, sagen Kenner. Die Harsumer setzten sich vor 125 Jahren gegen den Willen der bischöflichen Behörde mit dem Bau dieser beeindruckenden spätromanischen Kirche nach der Vernichtung der Vorgängerkirche durch einen Großbrand konsequent durch. Der renommierteste Architekt Norddeutschlands im Bereich des Sakralbaues, Christoph Hehl, ist für den Neubau verpflichtet worden.

Die dreischiffige Gewölbebasilika mit Querhaus und drei Eingängen steigt im Mittelschiff bis zu 15 Metern auf. Das pompöse dörfliche Bauwerk mit einst 1000 Sitzplätzen hat einen segmentbogigen Altarraum mit Nebenapsiden. Auf der Vierung ist ein achtseitiger Dachreiter mit einer Höhe von 32 Metern angebracht. Die Vermalung in klarer, historischer Ikonographie entstand von 1896 bis 1898 mit der Idee, das himmlische Jerusalem darzustellen. Der Kirchenmaler Valentin Volk aus Mainz bekam den Auftrag mit 35 000 Goldmark an Kosten.

Verträge zwischen Valentin Volk und dem »verehrlichen katholischen Kirchenvorstande zu Harsum« deuten auf die vielen Besonderheiten der großen Vermalungen hin. Die Vorhalle mit Taufkapelle wird einfacher als das Langhaus dekoriert, dafür der Chor umso prunkvoller. »Reiche Vergoldung in Glanz und Matt des Hochaltars, der beiden Seitenaltäre und Kanzel samt aller Malereien der Figuren«, hieß es.

Die Decken- und Wandgemälde erfolgten in enkaustischer Malerei, mit fünf großen Wandgemälden aus dem Alten und Neuen Testament für die Wände des Chores, sechs Gemälde aus dem Leben der heiligen Cäcilia im linken Teil des Querschiffes, sechs Gemälde aus dem Leben der Mutter Christi im rechten Querschiff, acht lebensgroße Heiligenfiguren sowie acht halbe Heiligenfiguren für die Wände im Mittelschiff, so genannte Brustbilder. Weiter kommen noch sechs knieende Engel für die Wände und vier Brustbilder für das Gemälde im Chor sowie vier große Figuren und acht Brustbilder für das Gewölbe im Querschiff hinzu. Außerdem sind acht Brustbilder für die Mittelschiff-Gewölbe und vier Bilder in der Vorhalle zu sehen. Mehr als 50 Darstellungen von Engeln finden wir in den kunsthistorisch bedeutsamen Wandmalereien und Ölgemälden.

Zu den Kostbarkeiten der Kirchenausmalung gehört der Bilderzyklus mit sechs Gemälden im nördlichen Querschiff zum Leben und Sterben der Patronatsheiligen.

Die Bildthemen sind so ausgewählt, dass auf jedem Bild Cäcilia zu sehen ist und von den in der Passio erwähnten Martyrien nur ihr Martyrium zur Darstellung kommt.

Gerhard Schütte

Imposantes Deckengewölbe im Mittelschiff

Reiche Ikonographie – die Wände im nördlichen und südlichen Mittelschiff

Zentraler Blickpunkt im Chor über dem Altar: das Abendmahl

Das monumentale Cäcilia-Gotteshaus in Harsum mit dem Primissariat-Gebäude (links)

Das Schwarzerde-Profil in Asel

Ein Bördeboden-Geotop als Naturdenkmal

Das Bodenprofil bei der Aseler Paltrockmühle in der Gemeinde Harsum gibt Einblick in die Entstehung der Landschaft der Hildesheimer Börde über einen Zeitraum von etwa 110 Millionen Jahren.

Nach der letzten Eiszeit vor etwa 18 000 Jahren zogen sich die großen Gletscher nach Norden zurück und hinterließen große Schotterfluren, aus denen fein geriebenes Gesteinsmaterial durch starke Winde ausgeweht wurde. Im Bereich vor den Nordhängen der Mittelgebirge – innerhalb eines etwa 30 – 50 Kilometer breiten Gürtels, den fruchtbaren Börden – wurde es in durchschnittlich bis zu zwei Meter mächtigen Schichtpaketen wieder als Löss abgelagert. Unter kontinentalen Klimabedingungen und Bewuchs mit vorherrschend krautartiger Steppenvegetation bildeten sich mächtige Oberbodenauflagen. Der Bodentyp, der sich aus dieser Abfolge aus dunklem Humushorizont über dem ockerfarbenen Löss ergibt, wird als Schwarzerde bezeichnet. Der staubartige und kalkhaltige Löss hat aufgrund seiner Porosität ein hohes Wasserspeichervermögen. Tiefreichende Pflanzenwurzeln können den Löss leicht durchdringen und das gespeicherte Wasser wieder aufnehmen.

Außerhalb der Vegetationsperiode staut sich das Niederschlagswasser auf mächtigen Tonschichten, die während der Unteren Kreidezeit vor etwa 110 Millionen Jahren abgelagert wurden und im Bereich der Hildesheimer Börde ab einer Tiefe von meist ein bis drei Metern anstehen. Weitere Gunstfaktoren wie Durchlüftung, schnelle Erwärmung der Oberfläche im Frühjahr, Versorgung mit Nährstoffen sowie ständige Durchmischung durch Bodentiere bewirken in der Summe die hohe landwirtschaftliche Bedeutung der Böden der Hildesheimer Börde, die seit der Jungsteinzeit vor etwa 7000 Jahren und heute vornehmlich intensiv ackerbaulich genutzt werden.

Die Einstufung der Ertragsfähigkeit auf der Grundlage der Bodenschätzung führt dazu, dass die Schwarzerden der Hildesheimer Börde zu den höchst bewerteten und somit besten Böden Deutschlands gehören. Durch die Überbauung mit Siedlungs-, Gewerbe- und Verkehrsbauten sowie Energieanlagen sind die Schwarzerden der Hildesheimer Börde einer zunehmenden Gefährdung ausgesetzt. Ein Lackprofil der Aseler Schwarzerde ist im internationalen Bodenmuseum von Wageningen (Niederlande) als Beispiel für Schwarzerdevorkommen in Westeuropa ausgestellt.

Aus Anlass der Ausweisung der Schwarzerde als »Boden des Jahres 2005« durch die Deutsche Bodenkundliche Gesellschaft (DBG) und den Bundesverband Boden (BVB) hat der Landkreis Hildesheim mit Unterstützung durch die Gemeinde Harsum die regionale Bedeutung der Schwarzerde aufgegriffen und ein für die Öffentlichkeit zugängliches Geotop erstellt. Die Ortschaft Asel sowie der örtliche Mühlenverein tragen durch entsprechende Beschilderungen und Aktivitäten zur Förderung der Bewusstseinsbildung bei.

Anfahrt: Zwischen Asel und Harsum steht am Bahnübergang die Paltrockmühle. Direkt dahinter befindet sich das Schwarzerde-Profil.

Das Geotop ist gesichert und verschlossen. Der Zugang ist nur möglich nach Kontaktaufnahme über:

Landkreis Hildesheim
Fachdienst Umwelt und Bevölkerungsschutz, Herr Grube
Bischof-Janssen-Straße 31
31132 Hildesheim
Tel. (0 51 21) 309-42 21
wulf.grube@LandkreisHildesheim.de

Stiftung Universität Hildesheim
Institut für Geographie
Prof. Dr. Martin Sauerwein
Marienburger Platz 22
31141 Hildesheim
Tel. (0 51 21) 883-40 902
martin.sauerwein@uni-hildesheim.de

Das Schwarzerde-Profil am Rand der ehemaligen Tongrube ist seit 1990 als Naturdenkmal ausgewiesen. Unter Fachleuten ist der Aufschluss weit bekannt.

Das als Geotop ausgewiesene Bodenprofil ist durch eine Abdeckung geschützt. Anhand einer Schautafel wird die nacheiszeitliche Entstehung der Bördelandschaft veranschaulicht.

Die Abfolge aus einer mächtigen und dunklen Humuslage über dem ockerfarbenen Löss als Ausgangssubstrat wird als Schwarzerde bezeichnet. An der Basis ist der grau-blau gefärbte Ton der Unterkreide zu sehen, der während der Eiszeiten oberflächennah aufbereitet wurde.

Durch regelmäßige Veranstaltungen, die vom Landkreis Hildesheim und vom Institut für Geographie der Stiftung Universität Hildesheim angeboten werden, wird die Entstehung der Bördelandschaft und deren Bedeutung erläutert und somit auch das Bewusstsein für das Schutzgut Boden gefördert.

Lebendiges Leinebergland

Natur. Kultur. Erholung.

Von den Sieben Bergen eröffnen sich immer wieder atemberaubende Blicke.

Malerisch erheben sich die »Sieben Berge«. Kein Frage, wir befinden uns in einem geschichtsträchtigen Natur- und Wanderparadies. Die Gemeinden sind in eine liebliche Landschaft eingebettet. Links und rechts, östlich und westlich des Leineflusses wechseln sich langgestreckte Bergrücken und schmale Täler ab, in denen kleine Orte mit typisch dörflichem Charakter liegen.
An Themen und Attraktionen mangelt es im fotogenen Leinebergland nicht. Wanderer können Natur und Geschichte auf den zahlreichen, gut ausgeschilderten Wegen erleben wie etwa dem Königsweg oder den Hödeken-Wanderwegen, die durch und um das Leinebergland herumführen. Radfahrer entdecken den Radweg zur Kunst oder erkunden die Berge mit dem Mountainbike.
Vom Leinetal aus gesehen liegt hinter den Sieben Bergen die Samtgemeinde Sibbesse mit Fayencemanufaktur und Schloss mit Park und Orangerie. Südöstlich von Sibbesse und im Anschluss an den Sackwald besticht Lamspringe mit seinen eindrucksvollen Klostergebäuden und historischem Ratskeller. Weiter geht es nach Freden (Leine), das von geschichtsträchtigen Wanderwegen und Burgruinen umgeben ist. Delligsen in der Hilsmulde kann auf eine lange Industrietradition zurückblicken. Im Glasmacherort Grünenplan trifft der Besucher immer wieder auf Objekte, die an dieses Handwerk erinnern, etwa ein gläsernes Altarkreuz. In Duingen im »Pottland« ist die Töpfertradition bis heute lebendig. Die Duinger Seenplatte lädt zum Wandern, Schwimmen oder Bootfahren ein. In Elze ist der von Conrad Wilhelm Hase erbaute Bahnhof sehenswert. Auf dem Rast & Bike Platz kann sich der (Rad)Wanderer nach Kneippschem Vorbild erfrischen. Gronau (Leine) ist ein malerisches Städtchen, in dessen Stadtkern zahlreiche historische Bauten erhalten sind. Der Brunottesche Hof in Wallenstedt ist eines der ältesten, besonders authentisch erhaltenen Fachwerkbauernhäuser in Südniedersachsen.
Die einstige Hansestadt Alfeld (Leine) ist auch heute noch, als Industriestadt, das Mittelzentrum der Region. Die Schuhleistenfabrik Fagus-Werk, 1911 von Walter Gropius entworfen, ist seit 2011 UNESCO Weltkulturerbe und das einzige »Lebende Denkmal«, in welchem bis heute produziert wird.
Die Region bietet vielfältige Freizeitbeschäftigungen. Wer sich sportlich betätigen möchte, kann auf der Leine Wasserwandern, Radfahren, Wandern oder (Segel)Fliegen. Der Leine-Heide-Radweg führt in und durch das Leinebergland. Motorradfahrer sind hier oft anzutreffen. Eine komfortable Bahnanbindung ist gegeben, der Metronom fährt im Stundentakt zwischen Hannover und Göttingen.
Kultur wird großgeschrieben im Leinebergland. Fredener Musiktage, Lamspringer September und Wittenburger Sommer locken mit renommierten Künstlern aus den Bereichen Musik, bildender Kunst und Literatur an besonderen Orten Besucher aus Nah und Fern.

Die Rapsfelder leuchten im Frühling gelb aus den sattgrünen Feldern und Wäldern.

Der Winter verwandelt Sträucher und Bäume in Skulpturen aus Eis.

Im Sommer locken kühle Seen.

Das Laub der Wälder lodert im Herbst über nebligen Auen.

Die etwas andere Bank

Gut für die Region. Gut für Sie.

Lichtdurchflutete Räume sorgen für eine angenehme Atmosphäre in der Sparkasse Almstor.

Die Sparkasse Hildesheim unterscheidet sich von allen anderen Banken: Sie ist überall im Kreis und in der Stadt Hildesheim vertreten, bei ihr arbeiten über 1000 Menschen aus der Region und – sie strebt nicht vorrangig nach maximalem Profit. Ein erheblicher Teil der Erträge fließt Jahr für Jahr als Spenden, Sponsoring und Stiftungsgeld wieder in die Region: für Sport, Kunst, Kultur und Soziales. So werden jährlich einige Hundert Projekte in Stadt und Landkreis mit etlichen Hunderttausend Euro unterstützt.
Aus neun selbstständigen Häusern, die zwischen 1831 und 1883 gegründet wurden, entwickelte sich die Sparkasse Hildesheim in der heutigen Form. Als Träger fungiert, seit der Fusion von Stadt- und Kreissparkasse 2005, der Sparkassenzweckverband Hildesheim. Daran sind die Stadt Hildesheim und der Landkreis Hildesheim je zur Hälfte beteiligt.
Die Sparkasse gehört als Teil der Sparkassen-Finanzgruppe auch deren Haftungsverbund an. Im Rahmen der Finanzgruppe kooperiert sie mit der LBS/Nord, der Deka und der VGH.
Als einer der größten Arbeitgeber und Ausbilder in der Region sowie als engagierter Wirtschaftsförderer setzt die Sparkasse wertvolle Impulse für den Standort Hildesheim. Auch ist sie für viele ortsansässige Betriebe ein wichtiger Auftraggeber. Bei der Sparkasse angelegtes Geld arbeitet nicht zuletzt hier vor Ort. Seit über 180 Jahren ist die Sparkasse Hildesheim in der Region verwurzelt. Jeder zweite Einwohner hier hat seine Hauptbankverbindung bei der Sparkasse Hildesheim! Mit über 200 000 Kunden ist die Sparkasse die regionale Nr. 1.

Die Hauptstelle am Marktplatz mit den historischen Fassaden von Wedekindhaus, Lüntzelhaus und Rolandstift

Verantwortung für die Region

Als regionales Kreditinstitut bietet sie solide Finanzierungen, ausgewogene Vorsorgelösungen sowie beständige Spar- und Geldanlagekonzepte.
Die Grundlage dafür bietet das Sparkassen-Finanzkonzept – ein Beratungsinstrument, das in allen Kundensegmenten eingesetzt wird. Die dadurch erreichte sehr gute Beratungsqualität wurde von unabhängiger Stelle im Focus Money City Contest bereits zum fünften Mal in Folge bestätigt: »Gewusst wie: Die Sparkasse Hildesheim ist ein Traditionsunternehmen, das die optimale Balance zwischen alten Wertvorstellungen und

moderner Finanzdienstleistung gefunden hat. Eine Linie, die den Kunden gefällt – und auch die Tester beim CityContest 2014 in Hildesheim überzeugt hat. Vorausschauende Beratung, individuelle Angebote, sicheres Onlinebanking. Das niedersächsische Geldhaus punktet mit einer guten Mischung aus Engagement und zeitgemäßen Leistungen – und siegt mit der Note 1,9 in der Gesamtwertung.«

Die erzielten Erträge der Sparkasse unterstützen die Region, in der sie verwurzelt ist. Die Sparkasse Hildesheim versorgt die örtliche Wirtschaft mit Krediten und sichert so Arbeitsplätze. Das stärkt die Kaufkraft und sichert nachhaltiges Wachstum.

Die Sparkasse Hildesheim unterstützt nahezu alle Bereiche des öffentlichen Lebens. Mit ihrem gesellschaftlichen Engagement von jährlich über einer Million Euro für die Region Hildesheim fördert sie eine Vielzahl an Projekten als Dividende für alle Bürgerinnen und Bürger in der Stadt und den Gemeinden des Landkreises. Ob aus den Bereichen Kunst und Kultur, Wissenschaft und Sport, Kinder und Jugend – unabhängig vom Gewinn der Sparkasse fördern die Ausschüttungen der im Jahr 1995 gegründeten »Kulturstiftung der Sparkasse Hildesheim« Kunst, Kultur und Heimatkunde, die Pflege und Erhaltung von Kulturwerken und Denkmälern sowie die Umwelt unter Berücksichtigung der besonderen Belange des Naturschutzes.

Im Jahr 2011 wurde die »Jugendstiftung der Sparkasse Hildesheim« errichtet. Sie fördert die Jugend auf den Gebieten Erziehung, Ausbildung, Studium und Fürsorge.

Zusammen mit ihren Stiftungen beteiligt sich die Sparkasse Jahr für Jahr insgesamt an etwa 700 Projekten, initiiert von Menschen aus der Region für die Region. Mit rund 1000 Beschäftigten ist sie einer der größten Arbeitgeber der Region. Jahr für Jahr beginnen etwa 25 Trainees und Auszubildende ihre berufliche Laufbahn bei der Sparkasse Hildesheim. Das Wohl dieser Mitarbeiterinnen und Mitarbeiter liegt ihr am Herzen, denn ihr liegen die Menschen am Herzen.

Beitrag von:
Sparkasse Hildesheim
Rathausstraße 21–23 · 31134 Hildesheim
Tel. (0 51 21) 580-0 (zum Ortstarif)
Fax (0 51 21) 580-3333
info@sparkasse-hildesheim.de
www.sparkasse-hildesheim.de

Die Eintracht Handballer werden von der Sparkasse Hildesheim bereits seit vielen Jahren gefördert.

Jedes Jahr bewegt die Sparkasse Hildesheim zusammen mit dem MTV Hildesheim die Massen beim traditionellen Wedekindlauf.

Das flächengrößte Musikfestival wird von der Niedersächsischen Sparkassenstiftung veranstaltet und von den regionalen Sparkassen und örtlichen Mitveranstaltern wie dem Fagus-Werk begleitet.

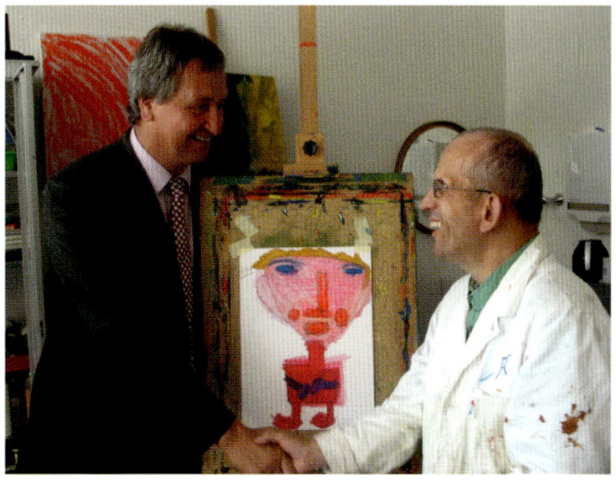

Die Sparkasse Hildesheim unterstützt die Künstlergruppe der Diakonie Himmelsthür bei deren Ausstellung »Eigen.Art.Ich«.

Volksbank Hildesheimer Börde eG

Kundennähe erlebbar … mit Kreativität, Elan und Menschlichkeit

Die Volksbank Hildesheimer Börde eG steht in der Beratung ihrer Kunden seit mehr als 150 Jahren für Nachhaltigkeit, Verlässlichkeit, Fairness und Partnerschaftlichkeit in Stadt und Landkreis Hildesheim. Dabei liegt die persönliche Kundennähe der Genossenschaftsbank besonders am Herzen – sie ist kein leeres Versprechen, sondern im täglichen Umgang erlebbar. Die Kunden ganzheitlich finanziell zu beraten und zu begleiten ist das Markenzeichen der Volksbank Hildesheimer Börde eG und daran lässt sie sich gern messen. Die Bank setzt auf innovative Konzepte, die die Begegnungen mit Menschen ermöglichen – sei es die Energie-Bank, der Club Aktiv55 oder das Private Banking. Mit diesen Kompetenzmerkmalen greift sie bedeutungsvolle Felder in der Bankberatung auf und setzt diese erfolgreich um. Die Mitarbeiterinnen und Mitarbeiter sind mit Kompetenz und Engagement in der Region für die Kunden und Mitglieder da. Nicht umsonst lautet das Motto der Bank: Volksbank Hildesheimer Börde eG – einfach menschlich.

Mitten im Leben. Mitten in Hildesheim. … Kundennähe erlebbar

Mit insgesamt 17 Bankgeschäftsstellen und sechs Reisebüros ist die Volksbank Hildesheimer Börde eG in Stadt und Landkreis Hildesheim vertreten. Eine der Bankgeschäftsstellen befindet sich direkt in der Hildesheimer Innenstadt, in der Almsstr. 48. Das Gebäude wurde umfassend saniert und modernisiert und ist auch von außen ein Blickfang und eine Bereicherung der Hildesheimer Innenstadt. Modern, innovativ und zeitgemäß präsentieren sich die Räumlichkeiten. An diesem Standort steht den Kunden das ganze Spektrum der umfassenden Finanzberatung zur Verfügung. In angenehmer Atmosphäre finden hier die Beratungsgespräche statt. Im Obergeschoss befindet sich unter anderem eine Lounge-Wartezone mit einem einzigartigen Ausblick auf die Hildesheimer Fußgängerzone. Im Erdgeschoss präsentiert sich das bankeigene Reisebüro PIER 48 als ausgezeichneter Kreuzfahrtspezialist in Hildesheim für alle See- und Flussreisen-Interessierten.

Das Team in der Almsstr. 48 (v.l.n.r.): Geschäftsstellenleiterin Katarina Semper und die Kundenberaterinnen Claudia Schmidt und Annika Glowienka

Der Standort direkt in der Innenstadt von Hildesheim – in der Almsstraße 48

Kundenclub Aktiv55 … Kundennähe erlebbar

Der Club »Aktiv55« ist ein in der Region einzigartiger Kundenclub der Volksbank Hildesheimer Börde eG. Hier treffen sich seit nunmehr 15 Jahren Kunden und Clubmitglieder ab 55 Jahren zu gemeinsamen Informationsveranstaltungen, Tagesreisen, interessanten Betriebsbesichtigungen oder Events – den Clubmitgliedern wird ein vielfältiges und breit gefächertes Veranstaltungsprogramm geboten. Die Nachfrage und Resonanz auf den Club sind so hoch, dass die neuen Angebote immer wieder in Windeseile ausgebucht sind. Hier zeigt sich

Die Clubbetreuer »Aktiv55« (v.l.n.r.): Manfred Barthels, Ulrike Duderstadt und Brigitta Brinkmann

einmal mehr, wie innovative Konzepte der Volksbank Hildesheimer Börde eG Kundennähe erlebbar werden lassen.

Private Banking Hildesheim … Kundennähe erlebbar

Mit dem Private Banking Hildesheim bietet die Volksbank Hildesheimer Börde eG eine exklusive Beratung und Betreuung für Kunden mit höchsten Ansprüchen an die individuelle und diskrete Finanzberatung. Am Standort Hildesheim wird mit den Netzwerkverbindungen zu international renommierten Privatbanken und Investmenthäusern, zum genossenschaftlichen Bankensektor und zu den Marktführern der rechts- und steuerberatenden Berufe der Region ein Höchstmaß an fachlicher und persönlicher Kompetenz präsentiert. Neben den Finanzfachthemen stellen die Events im Private Banking beliebte Foren dar, um Kontakte zu pflegen und neue interessante Verbindungen aufzubauen. Dabei liefern die international erfahrenen Referenten häufig spannende Anlässe zum Gedanken- und Erfahrungsaustausch sowie die Grundlage für lebendige Diskussionen.

In der Region – für die Region … Kundennähe erlebbar

Durch seine Präsenz in Stadt und Landkreis Hildesheim ist das regionale Kreditinstitut gut für die Kunden persönlich erreichbar. Mehr als 170 Menschen sind in der Volksbank tätig. Über 41 000 Kunden und 17 500 Mitglieder der Genossenschaft vertrauen auf die ausgezeichnete Beratungsqualität der Bank. In Stadt und Landkreis Hildesheim genießt die Volksbank Hildesheimer Börde eG als Partner der Wirtschaft und Unterstützer von Vereinen und sozialen Einrichtungen ein hohes Ansehen.

Volksbank
Hildesheimer Börde eG
einfach menschlich

Beitrag von:
Volksbank Hildesheimer Börde eG
Hauptstraße 46 · 31185 Söhlde
Tel. (0 51 29) 809-0
info@vbhildesheimerboerde.de
www.vbhb.de

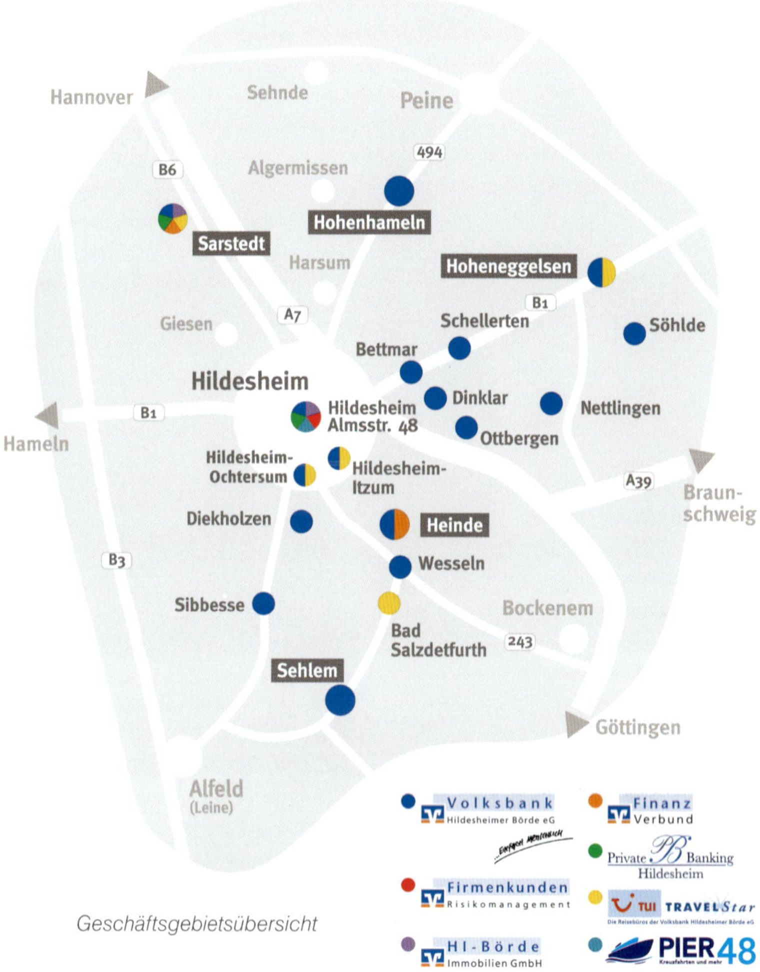

Geschäftsgebietsübersicht

Der Vorstand der Volksbank Hildesheimer Börde eG (v.l.n.r.): Jörg Biethan und Marcus Hölzler

Die Kreiswohnbau

Mehr als nur Vermieter

Die Kreiswohnbau bietet als einziges Unternehmen im gesamten Landkreis Hildesheim Wohnqualität »zum bezahlbaren Preis«. Es ist der soziale Blick, der der Gesellschaft von Anfang an half, zeitgerecht auf die Bedürfnisse des Wohnmarktes zu reagieren. Ob Eigenheime oder Mehrfamilienhäuser – die Kreiswohnbau reagierte von Anfang an immer vorausschauend. Für die Gesellschafter der Kreiswohnbau (Landkreis, Kommunen) ist sie ein wichtiger Partner bei der städtebaulichen Entwicklung und beim Versorgungsauftrag. Insgesamt wurden seit der Gründung der Kreiswohnbau (1949) weit über 12 000 Wohneinheiten errichtet. Das entspricht bei durchschnittlich drei Personen pro Haushaltsgröße der Einwohnerzahl einer Mittelstadt. Das Verhältnis von Mietwohnungen zu Eigentumswohnungen bzw. Eigenheimen entspricht dabei etwa 1:1.

Neubau geht mit hochwertiger Modernisierung Hand in Hand, denn die Förderung der Bestandsentwicklung hat höchste Priorität: Etwa 50 Cent von jedem Euro Miete werden wieder investiert. Zum Beispiel in effizientere Wärmedämmverbundsysteme, Heizanlagen mit moderner Brennwerttechnik, kontrollierten Lüftungen für ein besseres Raumklima sowie Anpassung der Wohnungen an die geänderten Wünsche. Die Kreiswohnbau hat beim Klimaschutz Maßstäbe gesetzt: Durch den Einsatz alternativer Energien liegt der Energieverbrauch pro Wohnung mittlerweile über 25 Prozent unter dem niedersachsenweiten Durchschnitt. So betreibt die Kreiswohnbau in Sarstedt zwei Biomasseheizwerke (Holzpelletwerke). Dadurch konnte erreicht werden, dass fast jeder zehnte Sarstedter Haushalt (etwa 500 Haushalte) mit alternativer Energie versorgt wird. Dieser Beitrag zum Umweltschutz – die beiden Heizwerke reduzieren den CO_2-Ausstoß um rund 1000 Tonnen im Jahr – zahlt sich aus, und zwar sowohl für die Mieter als auch für die Schonung der natürlichen Ressourcen. Neben der energetischen Optimierung werden vor allem Balkone angebaut, Bäder

Aus »alt« wird neu: Die ehemaligen Offizierswohnungen erhielten ein neues WDVS, Vorstellbalkone u.v.m. – hier Ahrbergen, Birkenstraße.

Die Antwort der Kreiswohnbau auf den demografischen Wandel und die veränderten Marktverhältnisse: ARGENTUM – hier ARGENTUM Am Ried in Sarstedt

erneuert und Grundrisse den Wünschen der Kunden angepasst.
Auf den demografischen Wandel und die sich stets verändernden Marktverhältnisse reagiert die Kreiswohnbau mit der Produktlinie »ARGENTUM«: Intelligente Steuerung von Haus- und Wohntechnik geht mit Umweltschutz und Energieeffizienz sowie mit Barrierefreiheit und unterschiedlich großem Wohnraumbedarf Hand in Hand. Ein ansprechendes Wohnkonzept und moderne Architektur sowie eine sehr gute soziale Situation und ein einladendes Umfeld runden die Wohnanlage ab. Für das ARGENTUM Am Ried in Sarstedt wurde die Kreiswohnbau jüngst vom Niedersächsischen Sozialministerium mit dem Qualitätssiegel für Sicheres Wohnen ausgezeichnet.
Auch die Integration von Nachbarschaftstreffs hat sich etabliert. Diese werden mit Erfolg in Sarstedt, Bad Salzdetfurth und Gronau jeweils unter der Leitung sozialer Pflegedienste betrieben.
2011 wurde von den Mitarbeiterinnen und Mitarbeitern das neue Leitbild selbst erarbeitet:
Als kommunales Unternehmen tragen wir dabei im besonderen Maße gesellschaftliche Verantwortung. Um dieser gerecht zu werden, wollen wir in folgenden Bereichen eine Vorbildfunktion erfüllen:

Miteinander

Wir bieten allen Menschen, die im Landkreis Hildesheim wohnen oder wohnen möchten, attraktiven, sicheren und bezahlbaren Wohnraum. Wir kümmern uns auch um jene, die es bei ihrer Suche schwerer haben als andere. Darüber hinaus engagieren wir uns für das Miteinander der Menschen in der Region Hildesheim.

Wirtschaftlichkeit

Wir wirtschaften nachhaltig, um marktgerechten Wohnraum langfristig zu sichern und von Zuschüssen

Wir sind für Sie da! Das Team der Kreiswohnbau steht seinen Kunden, Gesellschaftern und Geschäftspartnern mit Rat und Tat zur Seite.

unserer Gesellschafter unabhängig zu bleiben.

Umwelt- und Klimaschutz

Wir stellen überdurchschnittliche Ansprüche an die Energieeffizienz unseres Gebäudebestandes. Unser besonderes Augenmerk gilt dabei auch der Nutzung regenerativer Energien. Zudem informieren wir unsere Mieter, welche Beiträge sie selbst zum Umweltschutz leisten können und versuchen, sie für diese zu gewinnen. Selbstverständlich gestalten wir unsere eigene Arbeit ebenfalls möglichst umweltgerecht.

Wir schätzen eine zuverlässige und vertrauensvolle Zusammenarbeit mit unseren Mietern, Kollegen und Geschäftspartnern. Hierfür ist uns der persönliche Kontakt wichtig. Deshalb sind wir für unsere Mieter vor Ort präsent.
Und wenn dann Ihr Leben in Ruhe verläuft und Sie uns kaum wahrnehmen, dann sind wir mehr als nur ein Vermieter, nämlich auch eine Säule Ihrer Lebensqualität.

Kreiswohnbau HILDESHEIM
...zuhause aufblühen

Beitrag von:
Kreiswohnbau Hildesheim GmbH
Kaiserstraße 21 · 31134 Hildesheim · Tel. (0 51 21) 9 76-0 · Fax (0 51 21) 9 76-66

Kundencenter Sarstedt:
Lönsstraße 4 · 31157 Sarstedt · Tel. (0 50 66) 70 51-0 · Fax (0 50 66) 70 51-29

Kundencenter Alfeld:
Kalandstraße 3 · 31061 Alfeld · Tel. (0 51 81) 91 18-0 · Fax (0 51 81) 91 18-33

info@kreiswohnbau-hi.de
www.kreiswohnbau-hi.de · www.argentum-kreiswohnbau.de

Die Gemeinnützige Baugesellschaft

Frische Ideen für neue Wohnwelten

Ein gemeinschaftliches Wohnprojekt hat die gbg in der Orleansstraße in der Oststadt initiiert.

Die Gemeinnützige Baugesellschaft zu Hildesheim ist ein Tochterunternehmen der Stadt und seit mehr als 120 Jahren auf dem Hildesheimer Wohnungsmarkt tätig. Neben Mietwohnungen in allen Stadtteilen gehören der gbg zahlreiche Sonderimmobilien, unter ihnen Stadtbild prägende Gebäude, wie das neue ibis-Styles-Hotel oder das Thega-Kinocenter sowie das Gebäude des Theaters für Niedersachsen. Ein modernes Wohnheim für Studierende gehört ebenso dazu wie Service-Wohnanlagen oder spezielle Immobilien für altersgerechtes Wohnen.

Das Engagement der gbg geht somit weit über das hinaus, was üblicherweise von einer Wohnungsbaugesellschaft erwartet wird. Und das hat einen guten Grund: Die Weiterentwicklung der Stadt. Die Gemeinnützige Baugesellschaft richtet ihren Bestand schon seit Jahren auf zukunftsfähige und nachhaltige Wohnprojekte und neue Wohnformen aus.

So ist die Planung von Modernisierungen und Neubauprojekten unter Berücksichtigung von ökonomischen, ökologischen und sozialen Aspekten eine Handlungsmaxime.

Wohnen in selbstgewählter Gemeinschaft

Kunden der gbg kommen in den Genuss einer Besonderheit: In einer neuen barrierefreien Wohnanlage können die Bewohner über die Zusammenstellung ihrer Hausgemeinschaft selbst bestimmen. Die Mieter suchen sich ihre Nachbarn aktiv aus. Die Mietparteien lernen sich bereits vor dem Einzug bei regelmäßigen Treffen kennen und beraten, wie sie den neuen gemeinsamen Lebensabschnitt angehen werden. Dabei wird die Art und Weise des Zusammenlebens gemeinsam geregelt und auch darüber entschieden, wer in ihrem Haus leben soll. Erst dann schließen sich alle Parteien in einer GbR zusammen. Nach einem Pilotprojekt mit acht Wohnungen in der Innenstadt hat die gbg ein weiteres dieser Art in der Oststadt gebaut. Anfang 2015 sind die ersten Wohnungen bezugsfertig geworden. Inzwischen hat sich eine Gemeinschaft aus Gleichgesinnten auch dort eingelebt.

Pippelsburg und Maschstraße: Barrierefreie Wohnungen bietet die gbg im neuen Quartier am Moritzberg an.

Zukunftsmodell Service-Wohnen

Mit dem Themenschwerpunkt »Service-Wohnen« richtet sich die gbg an Kunden, die die Vorzüge einer betreuten Wohnanlage in Anspruch nehmen, aber dennoch weitgehend eigenständig wohnen möchten. In Drispenstedt bietet die gbg 39 barrierefreie Zwei- und Dreizimmer-Wohnungen in einer solchen Service-Wohnanlage an.

Das Haus ermöglicht den privaten Rückzugsort bietet aber auch Gemeinschaft und die Sicherheit bei nachlassenden Kräften schnell kompetente Unterstützung zu bekommen. Neben den modernen und sicheren Wohnungen ist die Besonderheit des Hauses das Service- und Informationsbüro des Arbeiter-Samariter-Bundes (ASB). Dort können die Bewohner Serviceleistungen und ambulante Dienste direkt vor Ort in Anspruch nehmen. Der nachhaltige Erfolg dieses Wohnmodells hat dazu geführt, dass die gbg nun auch im Stadtteil Ochtersum eine Service-Wohnanlage mit integriertem Büro des ASB gebaut hat.
In einem Neubaugebiet am Steinberg sind 42 neue Wohnungen mit zwei oder drei Zimmern entstanden. Alle barrierefreien Wohnungen haben eine Terrasse oder einen Balkon. Darüber hinaus gibt es aber auch eine 4-Zimmer-Wohnung mit großzügiger Dachterrasse. Hier gibt es Gemeinschaftsräume, man kann Fahrräder abstellen, seine Freizeit gestalten und Abwechslung finden. Ebenerdige Abstellflächen für Gehhilfen und Fahrräder sind ebenfalls vorhanden. Wer Entspannung sucht, kann die Sitzecke im Eingangsbereich nutzen oder bei schönem Wetter im Garten die Sonnenstrahlen genießen.

Neue Wohnkonzepte im boomenden Stadtteil Moritzberg

Im Stadtteil Moritzberg ist in den letzten Jahren eine bemerkenswerte Metamorphose vor sich gegangen. Begünstigt durch Förderprogramme hat der ganze Stadtteil sein Gesicht verändert. Wesentlichen Anteil daran hat auch die gbg. An der Peripherie des Ortsteils Moritzberg hat die gbg Immobilien abgerissen und mit dem Bau neuer Wohnkonzepte begonnen und hat somit großen Anteil an der Neugestaltung eines interessanten Wohnquartiers in Hildesheims Westen. Die Neugestaltung des Quartiers startete mit dem Bau eines Mehrfamilienhauses an der Maschstraße. Zwei weitere Gebäude folgten. Auch diese neuen Wohnungen sind schwellenlos konzipiert. In den oberen Etagen finden sich Wohnungen mit Dachterrasse.
Parallel dazu wurden zwei Nachbargebäude komplett modernisiert und bieten nach Grundrissänderungen und Dachgeschossausbau eine attraktive Ergänzung zum beschriebenen Neubau, der gleichzeitig das Entrée zum neuen Viertel markiert. Insgesamt hat die gbg in diesem Hildesheimer Quartier in den letzten Jahren rund 10 Millionen Euro investiert.

Individuell und innovativ für Hildesheim: Das ibis-Styles-Hotel hat die gbg im April 2014 eröffnet.

Hingucker im Herzen der Stadt

Investiert wurde auch in der Innenstadt. Dort hat die gbg gemeinsam mit einer europaweit tätigen Hotelgruppe im April 2014 das ibis Styles-Hotel eröffnet. Im Stadtzentrum bietet das attraktive Haus seinen Gästen 96 klimatisierte und barrierefrei erreichbare Zimmer mit pfiffiger Einrichtung und modernsten multimedialen Möglichkeiten. Als Investor für das Sieben-Millionen-Euro-Projekt hatte die gbg ein bislang als Parkplatz genutztes Grundstück von der Stadt erworben, um es städtebaulich neu zu entwickeln. Mit Accor, dem weltweit führenden Hotelbetreiber sowie deren Lizenznehmer und Hausbetreiber, der Panthera Hospitality GmbH, hat die gbg die besten und erfahrensten Partner für dieses besondere Projekt gewonnen. Herausgekommen ist ein Schmuckstück: Das Design des Baus und der Zimmer spielt mit Farben, Formen und humorvollen Noten. Besonderer Clou ist eine extra für Hildesheim entwickelte Design-Linie, die das Motiv der Hildesheimer Rose modern und frisch interpretiert. Auch optisch ist das per Fernwärme versorgte Hotel ein echtes Highlight für Hildesheim und technisch ebenso auf der Höhe der Zeit. Schon wenige Wochen nach der Eröffnung zeigt sich: Das Haus wird gut angenommen und ist eine Bereicherung.

Betreut und doch eigenständig kann man in der Service-Wohnanlage am Steinberg in Ochtersum leben.

Beitrag von:
Gemeinnützige Baugesellschaft zu Hildesheim AG
Eckemekerstraße 36 · 31134 Hildesheim
Tel. (0 51 21) 9 67-0 · Fax (0 51 21) 9 67-125
www.gbg-hildesheim.de · info@gbg-hildesheim.de

Bei Gerland hört es sich gut an

Individuelle Beratung für Groß und Klein

»Wir hören Ihnen zu und Sie hören mit uns«, so lautet das Motto von »Gerland Hörgeräte«, ein Traditionsunternehmen, das Sven H. Bielenberg seit 1997 leitet. Mittlerweile gibt es Standorte in Hildesheim-Zentrum, in Hildesheim-Himmelsthür und in Hildesheim-Ochtersum. Das Fachgeschäft bietet eine kostenfreie Höranalyse und eine umfassende Beratung zur Unterstützung und Versorgung des Gehörs. Dabei werden alle Eigenschaften der einzelnen Hörsysteme vorgestellt und auf die individuellen Hörgewohnheiten angepasst. Hörgeräte von heute können sich im wahrsten Sinne des Wortes »sehen lassen«: Sie vereinigen Funktion mit Ästhetik.

Zentrale Lage in der Schuhstraße 28, Parkplätze um die Ecke

Kundenbegrüßung und Wartebereich

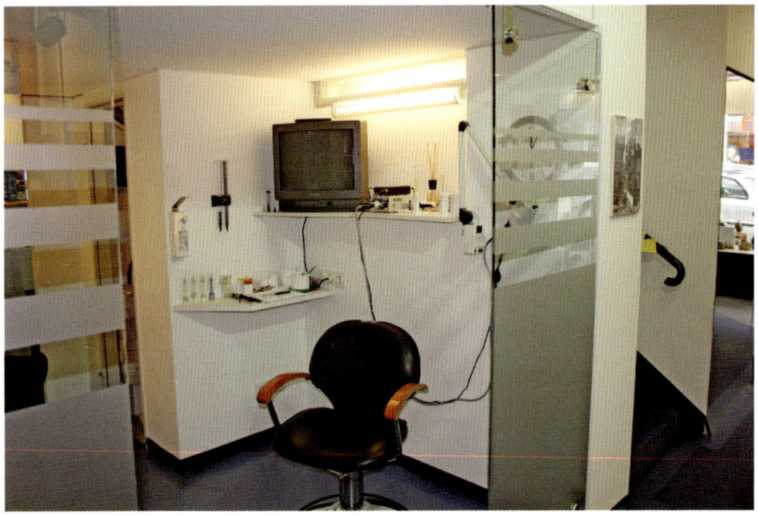

Modernste Technik für den Blick ins Ohr – Video-Otoskopie

Zum Service gehört selbstverständlich die kostenlose Reinigung und Pflege des Hörgerätes, denn regelmäßige Kontrolle und Reinigung verlängert deren Lebensdauer.
Gerland Hörgeräte hält eine Vielzahl von Hörgeräten führender Hersteller bereit und passt diese dann den unterschiedlichen Hörgewohnheiten der Kunden an. Groß und Klein kommt zu Gerland Hörgeräte. Für hörgeminderte Kinder ist es wichtig, dass sie frühzeitig mit Hörgeräten versorgt werden und diese auch regelmäßig tragen. Gerland Hörgeräte unterhält einen eigenen Raum für Kinder. Unkompliziert ist auch der Reparaturservice; zur Überbrückung stehen jederzeit Leihgeräte zur Verfügung.
Das Ohr zu schonen, dem dient der Gehörschutz, denn Lärm ist eine nicht zu unterschätzende Gefahr für den Hörsinn. Gerland Hörgeräte hält auch eine großer Anzahl verschiedener Arten von Gehörschutz parat. Das junge Team aus sich ständig weiterbildenden HörAkustikMeistern und -Meisterinnen, Gesellen und Auszubildenden trägt die Philosophie, wie sie Sven H. Bielenberg seit 1997 lebt: »Der Mensch steht bei uns im Mittelpunkt. Das ist unsere Philosophie, die uns in den vielen Jahren des Bestehens zum führenden Fachbetrieb in Hildesheim gemacht hat.«

Beitrag von:
Gerland Hörgeräte Hildesheim · HörAkustikMeister · Sven H. Bielenberg
Schuhstraße 28 · 31134 Hildesheim · Tel. (0 51 21) 3 76 82 · Fax (0 51 21) 3 54 01

An der Pauluskirche 4 · 31137 Hildesheim-Himmelsthür · Tel. (0 51 21) 28 15 270

Kurt-Schumacher-Str. 57 · 31139 Hildesheim-Ochtersum · Tel. (0 51 21) 28 17 350

info@hoeren-hildesheim.de · www.gerland-hoergeraete-hildesheim.de

Das Johanniter-Krankenhaus

Ein traditionsreiches Haus in Gronau

Das Gronauer Krankenhaus blickt auf eine lange Tradition zurück: Die Einweihung des Krankenhauses erfolgte am 29. Oktober 1908 durch den Herrenmeister des Johanniterordens, Seine Königliche Hoheit (SKH) Prinz Eitel von Preußen. Große An- und Ausbauten erfolgten in den nächsten Jahrzehnten. Der letzte große Um- und Anbau wurde 2005 vom Land Niedersachsen mit 9 Millionen Euro gefördert.

Heute ist das Johanniter-Krankenhaus Gronau mit 117 Betten im Krankenhausplan des Landes Niedersachsen verzeichnet. Jährlich werden etwa 4500 Patienten stationär und 3800 ambulant behandelt. Das Haus verfügt über folgende Abteilungen: Innere Medizin (Schwerpunkte Kardiologie und Gastroenterologie), Geriatrie, Unfallchirurgie und chirurgische Orthopädie, Allgemein- und Visceralchirurgie sowie Anästhesie und operative Intensivmedizin. Darüber hinaus gibt es die Belegabteilungen HNO und Chirurgie. Das Johanniter-Krankenhaus ist vom Landkreis Hildesheim mit der Unterhaltung des Notarztstandortes Gronau beauftragt. Es beteiligt sich in diesem Rahmen mit rund 1500 Notarzteinsätzen im Jahr am Rettungsdienst des Landkreises.

Das Johanniter-Krankenhaus Gronau beschäftigt in Voll- und Teilzeit rund 250 Mitarbeiter und ist damit einer der größten Arbeitgeber in Gronau.

Die Pflege findet auf drei Stationen und der Intensivstation mit angeschlossener Intermediate Care-Einheit statt. Besondere Prägung findet die Pflege im Johanniter-Krankenhaus Gronau durch die etwa 60 im Hause tätigen Johanniterschwestern. 1959 wurde die Krankenpflegeschule gegründet. Seit 1974 findet die theoretische Ausbildung in Kooperation mit dem Evangelischen Krankenhaus Holzminden statt. Heute können 30 Ausbildungsplätze in der Gesundheits- und Krankenpflege besetzt werden.

Die Johanniter-Krankenhaus Gronau GmbH ist in den Verbund der stationären Einrichtungen in Trägerschaft der Johanniter GmbH, Berlin, eingebunden, Gesellschafter sind die Johanniter-Krankenhaus Genthin-Stendal GmbH und die Hannoversche Genossenschaft des Johanniterordens.

Die Verbundenheit der Bevölkerung ist prägend für den besonderen Geist des Hauses seit seiner Gründungsphase. 1908 war es der Vaterländische Frauenverein, der 30 000 Mark an Spenden einsammelte und so den Bau des Hauses mit ermöglichte. Heute findet die Verwurzelung des Johanniter-Krankenhauses Gronau ihren Ausdruck im großen Zuspruch für den Förderverein, der 1997 gegründet wurde. In diesem Zeitraum traten mehr als 2100 Bürger dem Förderverein bei und unterstützten das Krankenhaus seither immer wieder finanziell und ideell.

Pflege in der Geriatrie

Aufklärungsgespräch im EndoProthetikZentrum

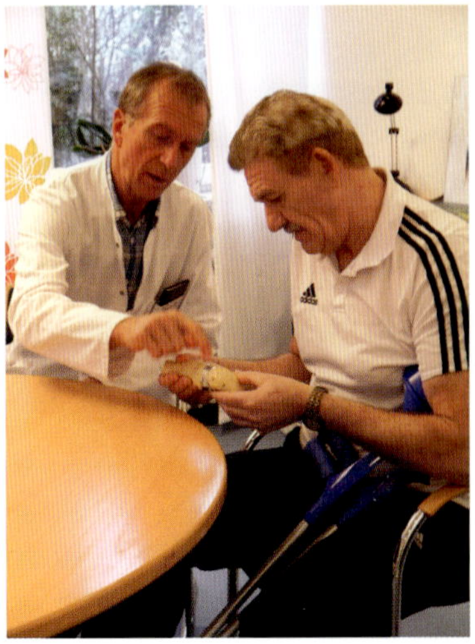

Luftbild vom Tragschrauber aus (2014)

Das Johanniter-Krankenhaus bei seiner Gründung (1908)

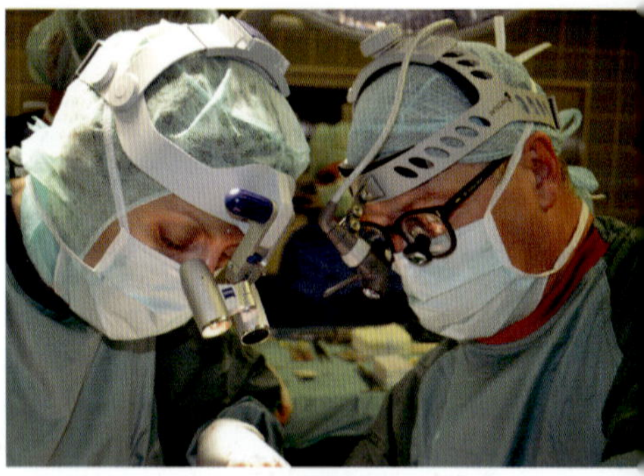

Präzisionsarbeit in der Schilddrüsenchirurgie

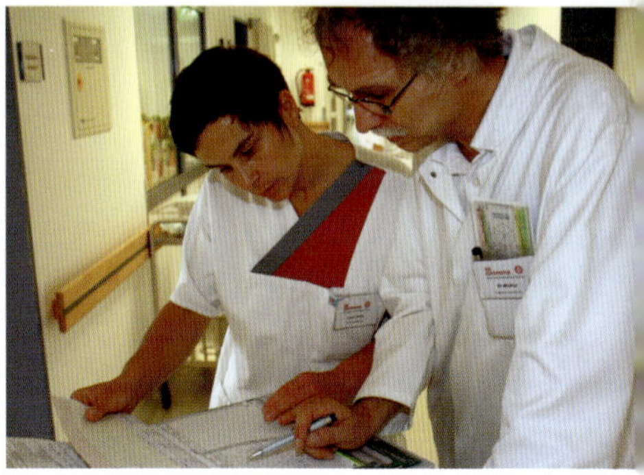

Visite in der Inneren

Beitrag von:
Johanniter-Krankenhaus
Gronau GmbH
Johanniterstraße 1 · 31028 Gronau
Tel. (0 51 82) 5 83-0
Fax (0 51 82) 5 83-112
info@johanniter-gronau.de

St. Bernward Krankenhaus in Hildesheim

Christliche Tradition und Hightech-Medizin

Modernes Schwerpunktkrankenhaus mit christlicher Tradition: Seit 1852 versorgt das St. Bernward Krankenhaus Patienten aus Hildesheim und der Region.

Seit mehr als 160 Jahren ist das St. Bernward Krankenhaus für die Versorgung kranker Menschen zuständig – in Stadt und Landkreis Hildesheim sowie weit über die Region hinaus. Mit 516 Betten zählt das christlich geprägte Schwerpunktkrankenhaus zu einer der größten katholischen Kliniken im norddeutschen Raum – und einer der traditionsreichsten. Gegründet wurde es im Juni 1852 von drei Ordensschwestern aus dem Paderborner Konvent der Barmherzigen Schwestern vom heiligen Vinzenz von Paul. Sie waren dem Ruf des Hildesheimer Bischofs Eduard Jakob Wedekin gefolgt, um sich der Pflege der Kranken aller Konfessionen in Hildesheim anzunehmen.

Im Südflügel eines ehemaligen Karthäuserklosters richteten Schwester M. Theodora Franzen, Schwester M. Laurentia Tschallner und Schwester M. Eugenia Beckers erste Krankenzimmer ein und pflegten zudem die Hildesheimer Bürger ambulant in ihren Wohnungen. Die Patientenzahl stieg schnell, mit ihr wuchs die Zahl der Krankenzimmer. Wurden 1852 insgesamt 52 Kranke in der St. Bernward Krankenanstalt behandelt, waren es 1854 bereits 311 Patienten.

Im Jahr 1857 gründeten die Barmherzigen Schwestern vom heiligen Vinzenz von Paul ein eigenes Mutterhaus in Hildesheim und trennten sich vom Paderborner Konvent. Elf Jahre später, am 5. März 1868, übereignete Bischof Wedekin der Kongregation das Eigentumsrecht am St. Bernward Krankenhaus, das sich in den kommenden Jahrzehnten stetig vergrößerte und sich etablierte.

Umgeben von Grün: Das St. Bernward Krankenhaus liegt im Herzen von Hildesheims Altstadt.

Während des Zweiten Weltkriegs erkannten die Nationalsozialisten den Hildesheimer Vinzentinerinnen die Gemeinnützigkeit ab. Eine Beschlagnahmung der Häuser konnte die Kongregation nur verhindern, weil sie der Reichswehr die Gebäude als Reservelazarette zur Verfügung stellte. Bei den großen Luftangriffen der Alliierten auf Hildesheim im Februar und März 1945 wurde das St. Bernward Krankenhaus stark in Mitleidenschaft gezogen – die Patienten kamen vorübergehend in anderen Häusern der Vinzentinerinnen unter. Nach dem Zweiten Weltkrieg wurde das Krankenhaus rasch wieder in Betrieb genommen und weiter ausgebaut.

Heute behandeln und betreuen die Ärzte und Pflegefachkräfte im

St. Bernward Krankenhaus jährlich mehr als 26 000 Patienten stationär sowie rund 60 000 Menschen ambulant. Zum Krankenhaus gehören 17 mit modernster Medizintechnik ausgestattete Kliniken – Schwerpunkte sind unter anderem die Innere Medizin, die chirurgischen Fächer sowie die Geburtshilfe und die Versorgung von Frühgeborenen. An das Krankenhaus angeschlossen sind ein Zentrum für Labordiagnostik, eine Zentralapotheke, ein Institut für Pathologie sowie ein Institut für Physikalische Therapie. Für eine umfassende ambulante Versorgung sorgen drei Facharzthäuser mit etwa 15 Praxen, ein Medizinisches Versorgungszentrum mit vier Praxen, Dialyse und ambulanter Chemotherapie sowie ein ambulantes Operationszentrum.

Seit 2013 ist das St. Bernward Krankenhaus eine gemeinnützige GmbH, die zum Elisabeth Vinzenz Verbund gehört, einem bundesweit tätigen Unternehmensverbund des Gesundheits- und Sozialwesens. GmbH und Verbund wirtschaften im Sinne einer Stiftung: Sämtliche Gewinne werden in die Häuser reinvestiert.

Neben einer erstklassigen medizinischen Versorgung haben das Wohl und die Sicherheit der Patienten die höchste Priorität. Das St. Bernward Krankenhaus betreibt ein fachübergreifendes Qualitäts- und Hygienemanagement und stellt seinen Patienten darüber hinaus zahlreiche Betreuungsangebote zur Verfügung: Sozialdienst, Seelsorge, Psychoonkologen, Grüne Damen, Patientenbegleitdienst, Ernährungsberatung, Physiotherapeuten und viele mehr kümmern sich um die Belange der Menschen. Speziell ausgebildete Pflegekräfte wie Breast Nurses, Pain Nurses, Wundexperten, OP- und Anästhesiepflegekräfte sorgen für eine kompetente, auf besondere Bedürfnisse zugeschnittene Pflege.

Als akademisches Lehrkrankenhaus der Georg-August-Universität in Göttingen leistet das St. Bernward Krankenhaus einen wertvollen Beitrag zur ärztlichen Ausbildung in Deutschland. Direkt an das Krankenhaus angegliedert ist ein Schulzentrum, in dem Altenpflege-, Gesundheits- und Krankenpflege-, Kinderkrankenpflegefachkräfte sowie Hebammen ihre Berufe erlernen. Insgesamt gibt es mehr als 180 Ausbildungsplätze. Alle Mitarbeiter des Krankenhauses können ihre Kompetenzen im Zentrum für Personalentwicklung und Weiterbildung (ZWP) erweitern.

Insgesamt sind rund 1370 Mitarbeiter im St. Bernward Krankenhaus beschäftigt. Als Vertreter einer konfessionellen Einrichtung fühlen sie sich dem christlichen Menschenbild und der caritativen Arbeit verpflichtet. Die Achtung der Würde jedes Einzelnen – unabhängig von Konfession, Religion, Nationalität und gesellschaftlichem Status – sowie das menschliche Miteinander und gegenseitiger Respekt stehen im Vordergrund. Dieser Anspruch spiegelt sich auch im Leitsatz des St. Bernward Krankenhauses wider: »Für Leib und Seele.«

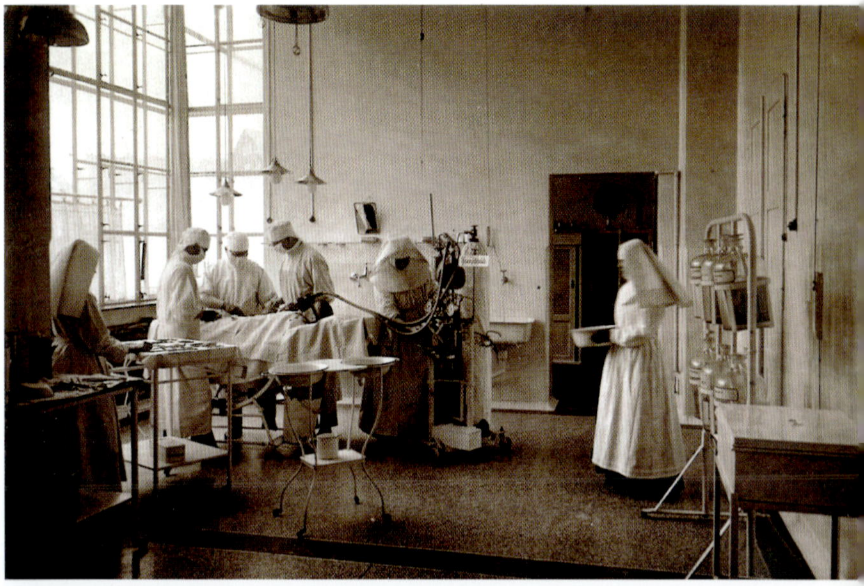

Einblicke in die Operationssäle des St. Bernward Krankenhauses – damals und heute

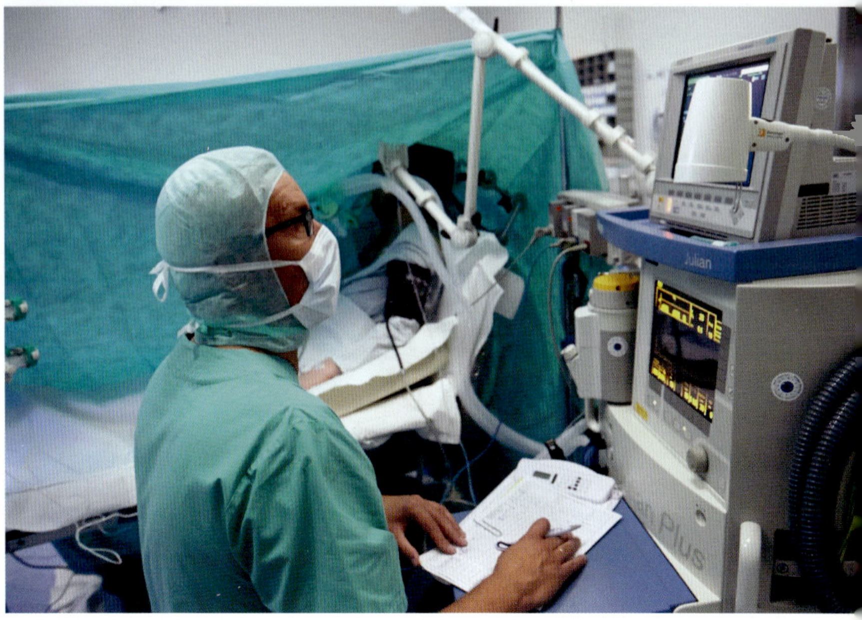

Eine Betreuung, die weit über eine gute medizinische Versorgung hinausgeht, gehört zum Grundsatz des St. Bernward Krankenhauses.

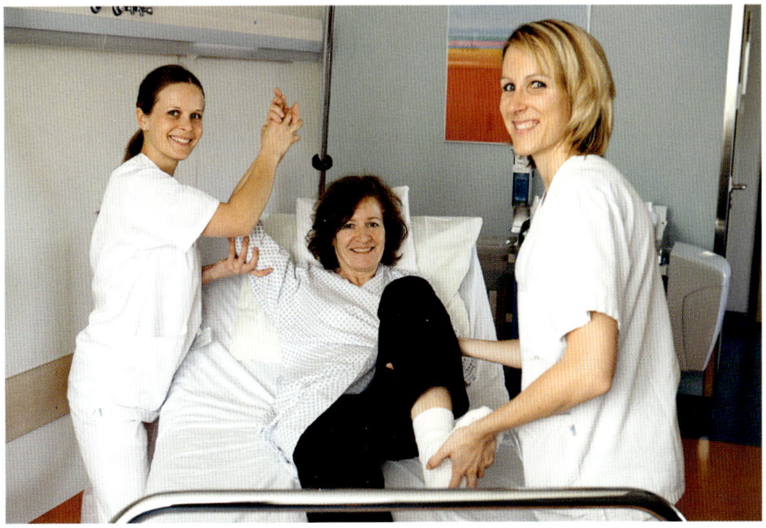

Beitrag von:
St. Bernward Krankenhaus GmbH
Treibestraße 9
31134 Hildesheim
Tel. (0 51 21) 90-0
info@bernward-khs.de
www.bernward-khs.de

Überlandwerk Leinetal

Strom.Gas.Wasser. – Fair.Transparent.Regional.

Mit der Elektrifizierung des Leinetals haben wir 1903 als Städtisches Elektrizitätswerk Gronau begonnen. Bereits im Gründungsjahr versorgten wir mit einem 40-PS-Deutz-Motor die ersten 63 Abnehmer.

Heute – mehr als 111 Jahre später – beliefern wir mit hohem technischem und kaufmännischem Sachverstand etwa 46 000 Kunden zuverlässig mit Strom, Erdgas und Trinkwasser. Dafür investieren wir in unserem Versorgungsgebiet jedes Jahr durchschnittlich 3,5 Mio. Euro und vergeben damit regelmäßig Aufträge in nennenswerter Größe an die heimische Wirtschaft. Als regional erfolgreiches Energie- und Wasserversorgungsunternehmen im Landkreis Hildesheim sorgt ÜWL für sichere Arbeitsplätze von derzeit etwa 110 Mitarbeitern.

Gesellschaftliche Verantwortung ist für uns eine Verpflichtung. Deshalb bildet das ÜWL über den eigenen aktuellen Bedarf hinaus aus und gibt jungen Menschen eine Chance für den Berufseinstieg in die Energiebranche. Derzeit sind 14 Auszubildende in technischen und kaufmännischen Berufen bei ÜWL tätig. Sie legen damit einen wichtigen Grundstein für ihre Zukunft und die der Energieversorgung – heute wie morgen sind kompetente Fachkräfte unverzichtbar.

Die Ausbildung beginnt bei uns zum 1. August eines Jahres. Bei ÜWL bilden wir in folgenden Berufen aus:

- Elektroniker/-in Betriebstechnik
- Industriekaufmann/-frau

Instandhaltungsmaßnahme an einer 20 kV Freileitung

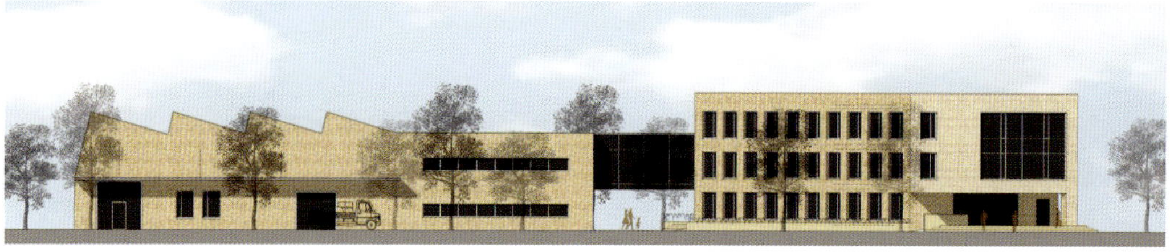

Entwurf des Neubaus Am Eltwerk 1 in Gronau (Leine)

Neubau der ÜWL-Zentrale in Gronau (Leine)

2015 ist für ÜWL ein ganz besonderes Jahr. Mit dem Einzug in unseren Neubau am alten Standort Am Eltwerk haben wir einen traditionsreichen Teil der ÜWL-Geschichte beendet und gleichzeitig ein neues Zukunftskapitel aufgeschlagen. Auf Basis moderner, aktueller Bau- und Energiestandards (u.a. Passivhausstandard, tiefe Erdwärmesonden, Dreifachverglasung, Photovoltaikanlage, multifunktionale Büroräume) setzen wir ein sichtbares Zeichen der Stabilität, Kontinuität und Innovation unseres Unternehmens in der Region. Somit ist der Neubau eine Investition in die Zukunft des Überlandwerk Leinetal, mit der wir die bisher beengten Platzverhältnisse beseitigen, unsere Prozessabläufe optimieren und unseren Kunden angemessen begegnen können.

Aktuelle Projekte

Das Überlandwerk Leinetal nutzt sein Know-how und beteiligt sich als aktiver Dienstleister an zukunftsträchtigen Großprojekten. Unter anderem sind wir Gesellschafter der »Windenergie Leinetal«, welche 2014 in Freden eine Windkraftanlage mit 2,5 Megawatt Leistung errichtet hat sowie

Geschäftsführer-Baubesprechung zum Neubau: v.l. Markus Königshofen und Volker Zündorf

Gesellschafter der »Windenergie Koppelberg«, welche in Heinde ebenfalls in 2014 zwei ähnlich groß dimensionierte Windkraftanlagen in Betrieb genommen hat.
Mit unserem aktuellsten Projekt »ÜWLgibtGAS«, haben wir seit Beginn 2015 unser Energieangebot mit Erdgas erweitert. Unsere Kunden profitieren nun zusätzlich, indem Sie ab sofort alle Leistungen aus Strom, Erdgas und Wasser aus einer Hand erhalten.

ÜWL – der regionale Partner

Energie wird in Deutschland auch überregional angeboten. Entscheidender Vorteil für Kunden eines Regionalunternehmens wie der des Überlandwerk Leinetal ist die Schnelligkeit und Zuverlässigkeit, Kundenwünsche wirtschaftlich zu erfüllen und Störungen zu beseitigen. Außerdem profitieren unsere Kunden nach wie vor von traditionell kompetenten Ansprechpartnern vor Ort, anstatt sich mit anonymen Call-Centern in der Ferne auseinanderzusetzen.
Hier sind wir wettbewerbsfähig – hier sind wir zu Hause.
Wir danken unseren Kunden und Partnern für die langjähre Unterstützung und das Vertrauen in unser Unternehmen und freuen uns über eine weiterhin nachhaltige Zusammenarbeit.

ÜWL – Mitarbeiterkollage

ÜBERLANDWERK ÜWL LEINETAL
energie
wasser

Beitrag von:
Überlandwerk Leinetal GmbH
Am Eltwerk 1 · 31028 Gronau (Leine)
Tel. (0 51 82) 588-0 · Fax (0 51 82) 588-25
info@uewl.de · www.uewl.de

Errichtung einer 2,5 MW Windkraftanlage in Freden

Zweckverband Abfallwirtschaft Hildesheim

Von einer ungeordneten Müllentsorgung zu einem modernen Dienstleistungsunternehmen – dem ZAH

Die Asche- und Müllabfuhr wurde im Jahre 1900 mit einem Pferdefuhrwerk durchgeführt.

Die Systemabfuhr beginnt in Deutschland. Wie am Drehtrommelwagen zu sehen, war nun eine staubfreie Entsorgung möglich. Dafür mussten einheitliche Ringtonnen eingeführt werden.

Vor über 100 Jahren war man noch weit von einer geordneten und sauberen Müllabfuhr entfernt. Jede Stadt und Gemeinde regelte ihre Müllentsorgung auf eigene Weise. Müll wurde zu der Zeit in Tonkuhlen oder Senken frei entsorgt. Dieses willkürliche Abladen führte zur Verschandelung des Landschaftsbildes. Auch musste durch das Einbringen an verschiedenen Stellen mit einer Verunreinigung des Grundwassers gerechnet werden.

Dieses ist in Stadt und Landkreis schon frühzeitig erkannt worden, so dass bereits im Jahr 1918 die Stadt Hildesheim die Müllabfuhr, noch mit offenen Ackerwagen, übernommen hat. Anfang der 30er Jahre wurde die Müllentsorgung mit ersten motorisierten Fahrzeugen durchgeführt.

Im Landkreis Hildesheim wurde 1954 der Müllabfuhrzweckverband (MZV) gegründet, da erkannt wurde, dass eine neuzeitliche Müllabfuhr viel zu teuer ist, um sie wirtschaftlich durch kleine Landgemeinden allein betreiben zu lassen. Der Zusammenschluss der Gemeinden im Müllabfuhrzweckverband wurde in einer vom Kreistag des Landkreises Hildesheim-Marienburg erlassenen Verbandssatzung geregelt. Träger des Zweckverbandes waren die der Müllabfuhr angeschlossenen Gemeinden. Von zunächst nur sechs Gründergemeinden, nämlich Barnten, Diekholzen, Groß Giesen, Himmelsthür, Holle und Söhlde getragen, stieg die Zahl der an die Müllabfuhr angeschlossenen Mitgliedsgemeinden rasch auf 139. So leistete der Zweckverband Entsorgungsdienste für 146 000 Bürger. Die Abfuhr erstreckte sich zunächst auf sieben Mülltouren. Davon wurden drei Touren von der im Mittelpunkt gelegenen Verbandsunterkunft Groß Düngen und vier Touren von den Außenstellen angefahren. Knapp 53 000 Mülleimer, in Größen von 35 und 50 Litern, gab es zu entleeren. 1954 wurden hierzu zwei Unimog-Sattelschlepper mit je einem Müll- und einem Fäkalienauflieger erworben. Der Sattelschlepper gestatte es, mit demselben Zugfahrzeug an drei Wochentagen Müll- und an drei Tagen zusätzlich die Fäkalienabfuhr zu betreiben.

Auch in der Stadt Hildesheim schritt die Technik voran und 1967 wurde ein eigener Betriebs-

Eine Müllkippe Anfang der 1930er Jahre. Die Entsorgung von Asche und Abfall wird zunehmend mit geschlossenen Fahrzeugen ausgeführt.

Die etwa 30 Hektar große Zentraldeponie bei Heinde von oben

Ein Rolltrommelmüllwagen der Firma FAUN mit Benzin-Elektrischem Antrieb. Am Fahrerhaus angebracht war eine Außensteuerung, damit der Fahrer neben dem Fahrzeug gehend in Ortschaften und auf den Müllkippen präzise rangieren konnte.

hof am Römerring für die städtische Müllabfuhr eingerichtet. Des Weiteren hat man immer mehr zentrale geordnete Deponien eingerichtet um die wilden Müllkippen an Dorf- und Stadträndern einzudämmen. Bis Ende der 1970er Jahre betrieben Stadt und Landkreis eigene Müllkippen bzw. Deponien. Nach Verfüllung und Schließung der letzten stadteigenen Deponie in der Scharlake in Drispenstedt Ende der 70er Jahre, verzichtete die Stadt auf die Einrichtung einer neuen Deponie. Stattdessen wurde mit dem Landkreis Hildesheim, der 1979 den Müllabfuhrzweckverband (MZV) übernahm und der das »Amt für Abfallbeseitigung« einrichtete, eine Einigung erzielt, auf die kreiseigenen Deponien Barnten, Doershelf und Lechstedt zu fahren.

1982 wurde nach einem aufwendigen Untersuchungs- und Standortfindungsverfahren die Zentraldeponie Heinde an der L 492, nahe der Autobahnabfahrt Hildesheimer Börde, errichtet. Diese Deponie war bundesweit eine der ersten Deponien, die innerhalb kürzester Zeit zusätzlich zu der reinen naturnahen Basisdichtung (Ton war im Untergrund vorzufinden) eine Kunststofffolienabdichtung bautechnisch vorsah. Das anfallende Sickerwasser wurde in verlegte Leitungen zu einer bereits vorhandenen Teichkläranlage geleitet und dort gereinigt. Im Laufe der Zeit sind die technischen Maßnahmen zur Basisdichtung der Deponie Heinde immer verbessert worden. In Spitzenzeiten wurden dort pro Jahr bis zu 250 000 Tonnen Müll abgelagert. Aufgrund der bereits in der Vergangenheit betriebenen Zusammenarbeit zwischen der Stadt und dem Landkreis Hildesheim hinsichtlich der Müllentsorgung war es nur logisch, dass am 1. Januar 1994 der Zweckverband Abfallwirtschaft Hildesheim (ZAH) mit dem Ziel der gemeinsamen Abfalentsorgung gegründet wurde.

Rund um die Uhr wird die Sickerwasserkläranlage überwacht. Hier werden – je nach Niederschlagsmenge – bis zu 30 000 Kubikmeter Sickerwasser behandelt und gereinigt.

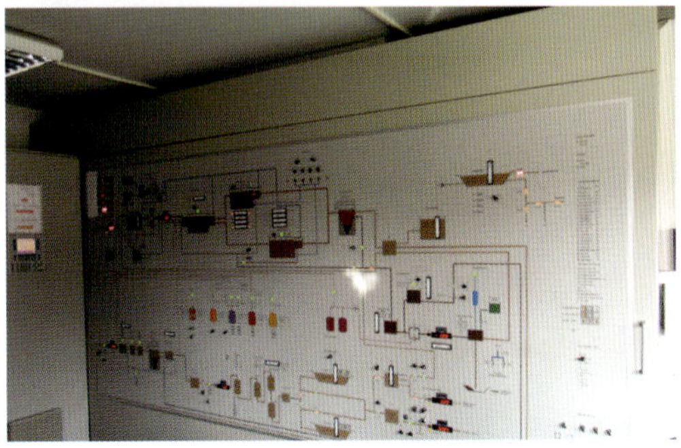

Pro Jahr werden ungefähr 120 Tonnen Schadstoffe in der Schadstoffsammelhalle angenommen und einer fachgerechten Verwertung zugeführt.

Innerhalb kürzester Zeit entwickelte sich der ZAH zu einem modernen Dienstleistungsunternehmen in der Abfallentsorgung mit Sitz in Groß Düngen. Mehr als 150 Mitarbeiter und rund 80 Fahrzeuge decken die nachfolgenden Aufgabengebiete in Stadt und Landkreis Hildesheim täglich ab:

- Haus- und Biomüllabfuhr
- Sperrmüllabfuhr
- Betrieb von fünf Wertstoffhöfen
- Gelbe Sackabfuhr (DSD)
- Deponiebetrieb
- Papierentsorgung
- Schadstoffentsorgung
- Entsorgung illegaler Müllablagerungen
- Abfallberatung und Öffentlichkeitsarbeit
- Containerdienst
- Kanalreinigung
- Fäkalienabfuhr
- Betrieb der Sickerwasserkläranlage
- Reinigung der Wertstoff- Containerstandplätze

Auf der Zentraldeponie Heinde werden die Hausmüllabfälle in einer 2005 errichteten Umschlaghalle umgeschlagen und zur thermischen Verwertung, zur Zeit zur Müllverbrennungsanlage nach Helmstedt, mit fünf Sattelzugmaschinen verbracht.

Baustellenabfälle und Althölzer werden ebenfalls angenommen, umgeschlagen und einer Verwertung zugeführt. Schadstoffe aus Haushaltungen können in der bestehenden Schadstoffsammelhalle kostenfrei angeliefert werden. Für mineralische Abfälle steht weiterhin noch das Deponiefeld Hoersten-West zur unbefristeten Ablagerung zur Verfügung. Eine moderne Sickerwasserkläranlage reinigt seit 1994 problemlos und verlässlich das anfallende Sickerwasser von den verschiedenen Deponiefeldern.

Dem Zweckverband Abfallwirtschaft Hildesheim (ZAH) ist Kundenzufriedenheit und Bürgernähe ein wichtiges Ziel der täglichen Arbeit.

Dipl.-Ing. (FH) Jens Krüger,
Verbandsgeschäftsführer

Müllfahrzeuge heutzutage: eines von 80 Fahrzeugen aus dem Fuhrpark der ZAH

100 Jahre organisierte Müllabfuhr – vom Pferdefuhrwerk zum Müllfahrzeug

Rund 150 Mitarbeiter sind kreisweit im Einsatz, um fachgerechte Entsorgungen zu gewährleisten.

Beitrag von:
Zweckverband Abfallwirtschaft Hildesheim
Bahnhofsallee 36 · 31162 Bad Salzdetfurth
Tel. (0 50 64) 905-0 · Fax (0 50 64) 905-99
info@zah-hildesheim.de · www.zah-hildesheim.de

Orts-, Firmen- und Sachregister

Wir sagen Danke

Wir sagen Danke für das Vertrauen, das uns entgegengebracht wurde. Wir sagen Lena Hermann, der Gestalterin der Seiten beim Limosa-Verlag, Danke für die gute Kooperation, für die Professionalität und für die Freundlichkeit.
Unser Dank gilt auch den vielen Mitstreitern für die Heimatpflege, die uns tatkräftig zur Seite standen. Die Zuneigung zu unserer Heimat in der Region Hildesheim war unser gemeinsamer Nenner.
Ein weiterer Dank gilt den Vertretern der Kommunen und des Landkreises, insbesondere dem Dezernat Bildung, Bau und Umwelt für die Karte der Region Hildesheim. Daran schließt sich unser Dank an die LAG-Region Leinebergland, Ralf Claus und Roland Jürgens für die zu Verfügung gestellten Fotos an.
Unser herzlicher Dank geht auch an die Unternehmen und Institutionen, ohne die ein solches Werk, zumal zu diesem Preis, nicht entstanden wäre. Dieses ist Ausdruck einer Gemeinschaftsleistung vieler außergewöhnlich engagierter Personen.
Nicht zuletzt und von Herzen sagen wir unseren Familien Danke für ihre Geduld und Unterstützung bei der Entstehung dieses Buches.

Dr. Thomas Dahms, Paloma Klages

Bildquellennachweis

Cover vorne: Ralf Claus (1), Fagus-Werk (1), Roland Jürgens (1), Kurbetriebsgesellschaft (1), Paloma Klages (1), Rahel Maria Kleinmann (1);
Seite 3: Roland Jürgens; 4: Dr. Thomas Dahms; 5: Jordi Brinkmann; 6: Büro des Ministerpräsidenten Stephan Weil (1), Pressestelle Stadt Hildesheim (1); 7: Büro des Landrats Reiner Wegner (1), LAG Leinebergland; 8: Ralf Claus (1), Paloma Klages (1), Sebastian Knoppik (1); 9: Karte: Dezernat Bildung, Bau, Umwelt Landkreis Hildesheim; 10-13: Paloma Klages (2), Matthias Quintel (1), Paloma Klages (2), Dr. Thomas Dahms (1), Roland Jürgens (1), alt-alfeld (1), Dr. Thomas Dahms (1), Paloma Klages; 14-17: Stadtarchiv Hildesheim; 18/19: Pressestelle der Stadt Hildesheim; 20/21: Andreas Lechtape (3), Hornemann-Institut HAWK (2); 22: Roland Jürgens (1), Paloma Klages (1), Rahel Maria Kleinmann (1); 23: Jens Kotlenga; 24/25: Stadtarchiv Alfeld; 26/27: Fagus-Werk; 28/29: Stadt Bad Salzdetfurth; 30/31: Kurbetriebsgesellschaft Bad Salzdetfurth mbH; 32/33: Perner; 34: Holger Pieper; 35: Gabriele Hinz (3), Dr. Thomas Dahms (1); 36/37: Stadt Sarstedt; 38: Gerd Vahlbruch (2), Dr. Thomas Dahms (1); 39: Paloma Klages (2), Sebastian Knoppik (1); 40/41: Stadt Elze; 42: Rolf Otto-Witte (1), Werner Ochs (2), Paloma Klages (1); 43: Dieter Schütte; 44/45: Samtgemeinde Gronau; 46: Dr. Thomas Dahms; 47: Günter Ohnesorge; 48/49: Samtgemeinde Duingen; 50/51: Günter Jahns (5), Paloma Klages (1); 52/53: Flecken Delligsen; 54/55: Michael Kirk (5), Sabine Milas (3); 56/57: Samtgemeinde Freden; 58: Cordula Körber; 59: Stephanie Gatz (2), E.A. Friedrich (1); 60/62: Samtgemeinde Lamspringe; 63: Samtgemeinde Lamspringe, Lamspringer September (4); 64/65: Sabine Hartmann; 66/67: Wolfgang Ness; 68/69: Werbestudio Jordens (4), Dieter Mendzigall (1); 70/71: Wolfgang Höxter (3), NABU (3); 72/73: Gemeinde Nordstemmen (5), Cornelia Kolbe-Bode (1), Jacqueline Henze (1); 74: Paloma Klages; 75: Daniel Klöhn (1), Paloma Klages (2), Sebastian Knoppik (1); 76/77: Ralf Claus (1), Paloma Klages (6), Kai Niemetz (1); 78: Paloma Klages; 79: Paloma Klages (1), Sebastian Knoppik (3); 80/81: Gemeinde Algermissen; 82-85: Gerhard Schütte; 86: Paloma Klages; 87: Gerhard Schütte; 88/89: Stefan Lindinger, Gemeinde Schellerten; 90: Paloma Klages (1), Olaf Levonen (1); 91: Paloma Klages; 92/93: Gemeinde Söhlde; 94: Detlef Rund; 95: Paloma Klages; 96/97: Gemeinde Holle; 98: Dr. Thomas Dahms; 99: Familienpark Sottrum; 100/101: Paloma Klages; 102: Christian Thomas; 103: Martin Ganzkow; 104/105: Klaus Hahne (1), Léon Paul Klages (1), Paloma Klages (2); 106/107: Handwerkskammer Hildesheim-Südniedersachsen; 108/109: HAWK; 110/111: Andreas Hartmann (1), Isa Lange (3), Clemens Heidrich (1), Stiftung Universität Hildesheim (1); 112: Olga Weiss (1), Isa Lange (2), Stiftung Universität Hildesheim (1); 113: Isa Lange (1), Andreas Hartmann (1), Stiftung Universität Hildesheim (2); 114/115: bph/Ina Funk (1), Hildesheim Marketing (2), Weltkulturerbe Fagus Werk (1); 116/117: Fagus GreCon Greten GmbH & Co. KG; 118/119: Vereinigte Kreidewerke Dammann KG; 120/121: Willibald Völsing KG; 122/123: HAW Linings GmbH; 124/125: Biolac GmbH & Co. KG; 126/127: K + S Kali GmbH; 128/129: Palandt Landmaschinen GmbH und Palandt Agrartechnik GmbH; 130/131: Manfred Lilienthal; 132/133: Hans-Werner Kalkmann; 134/135: Hi-Reg; 136: Martin Aland; 137: Dr. Thomas Dahms; 138: Nicole Rotering alfeldfoto (1), Paloma Klages (2), Roland Jürgens (1); 139: Gerhard Kraus; 140: Eintracht Hildesheim; 141: Dr. Thomas Dahms; 142/143: Achim Neubert (4), Unbekannt (1); 144: evi Hildesheim; 145: Marianne Nave; 146: Enrico Binder (3), Ingeborg Lauer (2); 147: Sebastian Knoppik (1), Kurbetriebsgesellschaft mbH; 148: Sabine Milas; 149: Holger Millies (1), Paloma Klages (2); 150: Kulturkreis Gronau (3), FTB Filmtheaterbetriebsgesellschaft mbH (1); 151: Norbert Jürgens; 152/153: tfn Theater für Niedersachsen; 154: Stadtmuseum Hildesheim; 155: Roland Jürgens (3), Léon Paul Klages (1), Paloma Klages (4), Rahel Maria Kleinmann (1); 156/157: Dommuseum Hildesheim; 158/159: Sh. Shalchi; 160: Bischöfliche Pressestelle Hildesheim (1), Roland Jürgens (1); 161: Roland Jürgens (3), Paloma Klages (3), Rahel Maria Kleinmann (1); 162: Helmut Aßmann (1), Paloma Klages (1), Sebastian Knoppik (1); 163: Sebastian Knoppik (1), Andreas-Gemeinde (3); 164: Luis Cassian Klages (1), Sebastian Knoppik (2), Serbisch-orthodoxe Diözese (1); 165: Dr. Thomas Dahms; 166/167: Lutz Engelhardt; 168: Léon Paul Klages (2), Roland Jürgens (2); 169: Roland Jürgens; 170: Dr. Thomas Dahms; 171: Gerhard Kraus; 172: Fagus-Werk; 173: Stadtarchiv Alfeld, Sebastian Knoppik (1); 174: Eberhard Püscher/Sammlung Püscher; 175: alt-alfeld; 176: Frank Osterwald; 177: Dieter Helwes (1), Paloma Klages (3); 178: Werner Sührig; 179: Patrice Kunte; 180/181: Martin Ganzkow; 182: Heike Klapprott; 183: Gerhard Schütte; 184: Wulf Grube; 185: LAG Leinebergland Nicole Rotering; 186/187: Sparkasse Hildesheim; 188/189: Volksbank Hildesheimer Börde eG; 190/191: Kreiswohnbau Hildesheim GmbH; 192/193: Gemeinnützige Baugesellschaft zu Hildesheim AG; 194: Gerland Hörgeräte Hildesheim; 195: Johanniter Krankenhaus Gronau; 196/197: St. Bernward Krankenhaus; 198/199: Überlandwerk Leinetal GmbH; 200/201: geoplana (1), Jens Krüger (5), SASE gGmbH (4); 203: Paloma Klages;
Cover hinten: Hi-Reg (1), Wolfgang Pletz (1), Paloma Klages (1), LAG Leinebergland (1);

Bildmaterial, das in den mit Adressabbindern gekennzeichneten Beiträgen zu finden ist, wurde dem Verlag von den Protagonisten des Buches zur Verfügung gestellt. Bilder der im Buch vertretenen Institutionen und Protagonisten sind demnach von diesen geliefert und verantwortet.